蘭臺國學研究叢刊 第一輯 1

論語會通 孟子會通

毛鵬基 編著

蘭臺出版社

總序

夫國學者，一國固有之學術思想也；此乃民族精神之所基，國家靈魂之所依，文化命脈之所寄。吾泱泱中華之所以卓然傲立於世數千載，端賴於此道統思想薪火相傳，燈燈無盡，代代傳衍，不絕如縷。故四大文明古國，獨中國存世於今，此誠世界文明之奇蹟，亦吾國歷代知識份子之功也。然自清末列強交侵，民初之「五四運動」以來，西潮如浪，澎湃洶湧，傳統之學術思想受到極大的衝擊，頗有「經書緒亂，書缺簡脫，禮壞樂崩」之勢。

中國自上古時代起即有史官記事之傳統，綿歷於今數千年不衰；歷代知識份子亦皆有傳承道統思想之自覺。傳統學術思想之傳承，有賴於斯。更切要者，乃在中國傳統之學術思想與人生關係密切，無一不可於日常生活中確實篤行，且隨其歲月歷練淺深之不同，而有不同之感悟，如張潮於《幽夢影》中所言：「少年讀書，如隙中窺月；中年讀書，如庭中觀月；老年讀書，如臺上玩月，皆以閱歷之淺深，為所得之淺深耳。」此乃吾國學術思想之特色和引人入勝處，亦是與西方之純哲學與人生決無關涉所不同者。

於今物質勃發，人心飄搖無著之際，中國哲學當有所裨益於世，所謂「求其放心」，進而能「為天地立心，為生民立命；為往聖繼絕學，為萬世開太平」。更有甚者，在於一國之復興，必先待國學之復興；一國之強盛，必先待國學之強盛！未見一國之富強而國學不興盛者。國學興盛，民族精神方有基礎，國家靈魂方有依憑，文化命脈方有寄託。

蘭臺於此時出版「蘭臺國學研究叢刊」，除傳承固有之國學命脈，亦是為故國招魂，更深信東方哲學是本世紀人類文化的出路，在舊傳統裡尋找新智慧，將大有益於世。希冀此叢刊的出版，能收「雲蒸霧散，興化致理，鴻猷克贊」之效。

蘭臺出版社

毛鵬基教授全集序

毛鵬基教授，江蘇宜興人，民國前三年〔1909〕生，享壽八十六歲。家世耕讀，1928年入「無錫國學專門學院」，後改為「無錫國學專修學校」，畢業旋即攷入上海商務印書館編審部工作，與同學王紹曾等人參與校印「四部叢刊」、「百衲本二十四史」等巨著。於先秦學術思想興趣濃厚，用力最多，在商務印書館任內廣泛涉獵，曾與同學馮書耕有約：共同編寫「四部鑰」，為「四部叢刊」提要勾玄，作為導讀，經七年努力，已近完成。怎奈抗戰軍興，回鄉率領青少年子弟毛鴻基等二十餘人，徒步向大後方轉進，經長途跋涉，多次涉險，終於抵達重慶，曾有「避難日記」，詳加敘述，可惜早已佚失，余幼時於父摯輩閒談中，尚略聞一二。「四部鑰」的原始文稿，也在日後的遷徙中丟失，曾為此懊惱不已。

文化和教育乃國家命脈所繫，重慶商務印書館是當時全國最大的出版機構，日寇軍機多次地毯式轟炸，商務印書館也是重要目標，在一次轟炸中，曾險些喪命。旋應召從軍，帶筆從戎；抗戰勝利，受聘南京國民大會祕書，尚未到職又奉命隻身來台在警備總部，創辦「民眾服務站」，擔起民眾組訓與調解糾紛之責，與當時工商業者相知甚稔，因熱忱服務，清廉自持，普受民眾信賴和敬重。以上校副處長除役，轉任黨職，在臺北市黨部工作時與同事馬鶴凌，理念相同，相知相惜。分離多年後，在芝山岩相遇，曾蒙題詩相贈，玆錄於后：

歸隱泥塗意自如，芝山岩下結廬居。聖徒舊是薪傳者，嘯傲林泉合著書。

菊徑松坡扉半開，扶笻親引故人來。烹茶細說還山後，傳道傳經亦快哉。

一別都門廿五年，舊時風骨更清堅。欣聞徹夜燃藜事，想見山居不羡仙。

我亦泥塗衛道人，甘為赤子老風塵。海天握手情何限，放眼乾坤且自珍。

在離開黨職後，重回學術天地，應張其昀之聘在文化學院任教，即今之中國文化大學，近三十年之久。其間曾自設「雅言出版社」，便利出刊國學專書。

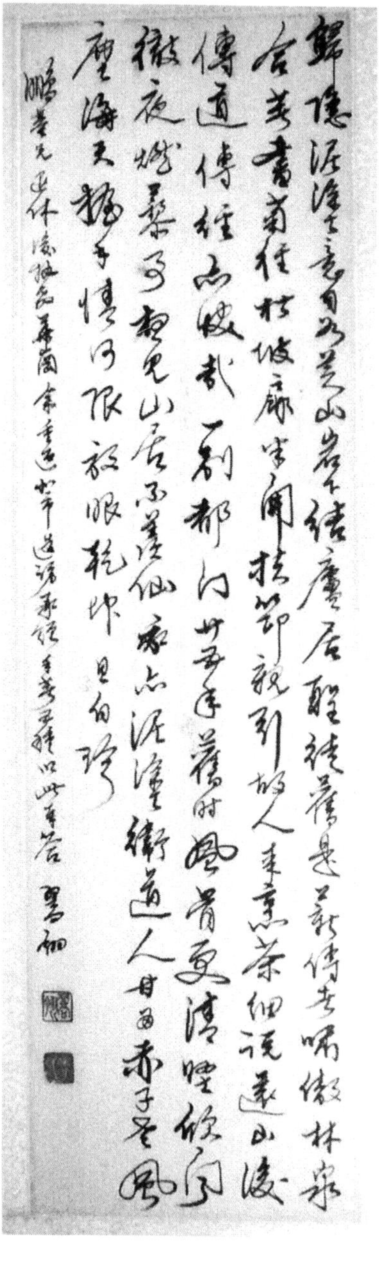

馬鶴凌〔翯翎〕先生題詩

無錫國專與民國以來國學的命脈密不可分，校長唐文治，字蔚芝，以救國救民為宗旨，抱捨我其誰的胸襟，以堅毅不撓之精神，首先創辦南洋大學，師法西洋，發展科技；繼而創辦無錫國專，傳承優良固有文化。科技與人文並重，希冀本末兼治，特從教育著手，致力培植振興國家民族的基礎人才。抗戰時期，國專也輾轉搬遷，雖然物質條件極度困窘，顛沛流離，仍弦歌不輟，絕不放棄！而唐校長當時雙眼已失明，靠助教為其讀文和板書，加上嚴重的糖尿病，身體衰弱，但仍親自授課！

錫國專招生，除嚴格筆試之外，唐校長都親自口試，精挑細選，入學者絕無僥倖，因此招生不多，卻人才輩出。「敦品勵節，修身養性」，是國專所強調的，非但在平時，而在危難之時，尤其能堅持不違。自校長以下，教師與學生都能以「孰讀精審，循序漸進，虛心涵泳，切己體察。」作為辦校和求學的圭臬。新生入學先求博覽，厚植基礎之後，再由博返約，集中在興趣相近的專項，不抄捷徑，不尚空談，不趨時尚，不畏批判，都能以發揚我國固有文明，為「舍我其誰」的終身職志！基於國專的傳統，畢業生在社會上給人的觀感，當然與眾不同。雖然不是個個「博古通今，學究天人」，但是都可以稱得上經師人師，足以表率群倫！

中華文化以人為本，重點在講求個人和社會的和諧關係，強調的就是「人倫」，是最務實的哲理。禮義道德為人生的基址，知識學問如同建築在基址上的屋宇。沒有強固的基礎，不可能有宏大的建築；沒有道德的人，學問反而更助其為惡。知識份子要學以致用，濟世利民，不泥古，不矯情，不欺暗室，去偽存誠，躬行實踐，為民表率！文化涵蓋生活中的一切，包括物質和精神兩個層面：有從橫切面看到某一時期的社會，也有從縱切面看到歷史的演變。其中支配著整個文化進程的，就是人文思想。中華文化在先秦，就已有多樣而且成熟的哲思，有文字記錄在典籍，延續了數千年之久，是世界文明史上最光輝的一頁。歷代的戰禍，對古籍的破壞，固然是無可彌補的損失，而近世國人對自身文化的蔑視，才是最大的危機！

整理古籍是目前當務之急，若不能將有學術價值的著述保存下來，時間一久就會被遺忘，甚至被煙滅。普及國學，不能祗喊口號，第一件事就要保存古籍，但是古籍浩瀚，要能精擇細選，避免遺珠之憾。第二步是要整理古籍，把內容散亂的重新編排，使之易於閱讀，便利初學者。第三步，在古籍的基礎上，配合當代的環境，闡發其精義，而不是以現代人的眼光，作狂妄的批判。有人認為，社會不斷在進步，為什麼要抱殘守缺，應該順應新時代的潮流。乍看似乎有理，但若以生物演化的速度來看，幾千年或幾萬年，在自然界只算是一瞬間而已，人類在最近一萬年內基因結構的改變，實在微乎其微。雖然人類發明了許多前人沒有的工藝技術，物質條件不斷改進中，但是今人和兩三千年前古人的遺傳基因並無差異！人與人相處的基本關係，並沒有改變：人們要追求理性和平的社會，要仰賴互助合作的關係，要父慈子孝兄友弟恭的親情，要誠信互敬的友誼，要有關心民生疾苦的政府，要有道德素養高深的領袖，諸如此類，並沒有今古或中外之別！那麼為什麼要拒絕學習前人的智慧？排斥先人的教訓？

「博學、審問、慎思、明辨、篤行」，是做學問的步驟，以現代語言來說，就是要大量涉獵，小心假設、虛心求證、實踐篤行。先要大量收集資料，瞭解其中的內容，有了充分的背景資料，再小心選定要探討的主題。主題的選定非常重要，不可以輕率大膽假設，若是弄錯方向，將是失之毫厘，差之千里。經過了謹慎思攷和研討，虛心接受事實，証明真相，確認無誤，就要切實奉行。

書固然要博要精，更重要的是能融會貫通：通情達理，捨短取長，師法先哲，以為己用。先秦諸子百家，處衰周之亂世，其言論皆以救世濟民，除弊安邦為宗旨。著眼處不同，主張也相異，做法當然也不一樣。春秋戰國是中國文化史上的大黃金時代，百家爭鳴，門戶各立，各是其是，而非其所非。各家主張自有獨到之處，但也難免一偏之譏。「諸子十家平議述要」，扼要說明各家立論的主旨和矯正當時社會亂象的方法。就各家相互批評和爭議之中，整理出各家學說的優劣點。實際上，百家之說雖然不同調，甚至相互譏評，勢同水火，但各有所用，如偏執於一家之言，就會像沈滯於泥濘之中，難以自拔。反之，若能摘取各家之長，偏者裁之，缺者補之，各家都可取法；相反又能相成，相滅亦能相生！

「論孟會通」是「論語會通」和「孟子會通」兩書的合訂本。古本論語因編次體例，均無定則，學者茫無頭緒，教者也難作有系統之講述。論語為孔子學說之精髓，孟子一書則為繼孔子之後，最能發揚儒家精神的代表，均為研習固有文化學術所必讀。為便於研習與講述，經過重新編目，以類相從，次第相關，各有所歸，不需苦思力索，即能得其融會貫通。

不語：怪力亂神，並非否定其存在，而是對未知事物，持保留態度，並非劃地自限。以孔子的智慧，尚且無法解釋許多現象，所謂知之為知之，不知為不知，不強不知為知。對一般人而言，實在沒有必要在這些方面浪費時間和精力。「齊諧選編」與「異夢選編」二書，是把古人神道設教的精神，加以宣揚，以勸善濟世存心，在物慾橫流人性墮落之世，有矯正世俗的偏差，端正人心的作用，千萬毋以迷信視之。迷信是若本無其事，卻盲從而附會之；

若確有其事，經親身體驗之奇事，不能因無法解釋，而歸之於迷信。兩書之編，旨在鍼薄俗而砭澆世，藉以有所警惕，亦有助於教化。

「傳記文述評」一書，為「傳記」與「文」正名，攷鏡源流，區別傳記文為經學、歷史、文學三大類，並詳述其原起、流裔、作法等，為傳記文體之特識創獲。

臺北市「蘭臺出版社」為宏揚中華文明，不計工本，重刊民國以來國學專著，不使日久湮滅，厥功至偉。為所當為，勇氣可嘉！謹向盧瑞琴女士與蘭臺全體仝人致敬！

中華民國壹佰零壹年壬辰上元日毛文熊謹記於臺北旅次

目次

論語會通

敍例

古籍之有待整編，尚矣。孔子之刪詩書，定禮樂，成春秋，作易繫辭傳，其殆開整編古籍之先河乎。然此自昔為難，故後世為之者，有得有失，要非片言可得而概論焉。

昔沈朗改編毛詩，以為關雎后妃之德，不足以為三百篇之首，因別撰堯舜詩二篇，又取虞人箴為禹詩，大雅文王篇為文王詩。以置關雎之前。不惟有背風始之義。抑且首尾乖張。識者固莫不詆其為陋矣。此不待改編而强為改編之失也。若袁樞資治通鑑紀事本末。就司馬光資治通鑑以時為主之編年體。而別創新例。一變而為以事為主之紀事本末。於文不加增損。其為用各殊。章氏學誠以為真能得尚書之遺意者。此可謂改編前籍而能別開生面者也。

今就四書而言。論語孟子。宜加整編。大學中庸。則無須紛更。蓋論孟均以篇首二字或三字爲篇名。初未嘗作縝密之分類。論語如學而。八佾。公冶長等皆是。孟子。如梁惠王。滕文公。離婁等皆是。編次體例。均無定則。既不足顯示各篇之內容。亦難求得其會通。學者固不免有茫無條緒之感。而教者亦難作有系統之講述。此所以宜加整編者也。蓋古人著書名篇。往往隨文起例。取辨甲乙。固未以此為病也。大學。中庸則異是。大學首揭三綱領八條目。而後每章依次釋之。無相奪倫。中庸首端言性言道。言教。言中和。為全書之綱要。以下三十二章。反覆闡明其旨。要皆不離其宗。程子所謂其書始言一理。中散為萬事。末復合為一理者。故就學。庸二書編次言之。則文理密察。就文章法則言之。亦首尾相貫。此所以無須紛更也。

孔子集歷聖之大成、垂萬世之規範、道冠古今、師表人倫、而論語一書、尤為孔子學說之精髓、自容色言動、以致治平要道、靡不畢載、不特字字珠璣、為吾人取之不盡之寶藏、而亦為五經之館鎋、六藝之喉襟、凡欲研習我國學術者、所當首先服膺也、今為便於研習講述、俾學者教者、不煩苦思力索、而能得其會通、爰將論語原書、按其篇章重加輯比、以類相從、由是全書各節，次第相關，各有所歸，例如以不義而富且貴，於我如浮雲，列於王孫賈問曰，與其媚於奧，寧媚於竈後，以三年學，不至於穀，不易得也，列於子張學干祿後，以人無遠慮，必有近憂，列於若由也，不得其死然後，以飽食終日，無所用心，難矣哉，列於宰予晝寢後，則可知孔子言論，均可推見其本原，要非無因而發，至其有關語默動靜，亦皆以類相從，次序分明，而皆可得其會通。原書各節。一仍其舊。擅犯割裂之蔽焉云爾。並逐節附註原書篇名。藉便考索。如此。則於論語所記孔子言行。在何時。在何地。所對何人。及因何而發。均有源流可尋。學者依次習之。則論語一書。雖作一篇孔子傳讀可也。而於孔子學說。儻或可收事半功倍之效歟。

本書以孔子言行。次第序列。並以孔門弟子相與言。而接聞於夫子之語。附列各有關篇章之後，讀之可見其源委所自，又各節內容，其含義涉及本書兩篇章者，則按其性質，求其適切，予以類列，不再互著。

先秦載籍，往往真贋相參，論語雖為孔門相傳遺書，但其間亦不免有為後人附益竄雜者，如陽貨篇，公山弗擾以費叛召子欲往，考弗擾叛時，孔子正攝魯司寇，率師墮費，弗擾之亂，乃孔子所教平安有以一作亂之費宰，而召司寇，甚欲應其召，且云其爲東周。寧有此理。又佛肸以中年叛。召子欲往。考佛肸以中年叛趙。爲趙襄子時事。趙襄子立。在孔子歿後五年。孔子何得被召。凡此之類。以及展轉傳鈔錯簡。或辭義不類孔門言行者。均另列一篇。以存其舊。而免掛漏。

論語註釋。自魏何晏。梁皇侃而下。無慮數十百家。而以朱子集註爲最通行。自清劉寶楠氏論語正義出。大有後來居上之勢、讀論語者、莫能外焉者也、本編注釋、雖博採眾長、而仍以朱子集註為主、其有兩義兼長、則並列以資參稽、又略仿朱子學庸章句之例、用提示及按語、以明篇章相屬之故、俾易窮源竟委、融會全書、

程子云、今人不會讀書、如讀論語、未讀時、是此等人、讀後、又只是此等人、便是不曾讀、於是知求得會通者、乃讀書之始事、得其會通、而反求諸己、有得於身於心者、

乃終之事也。本書之旨。在先求得其會通。
進而求有得於身於心。以立己立人。伯爾
君子。幸垂教焉。
中華民國五十七年歲次戊申孟夏之月
宜興毛鵬基謹撰
　竝於
是年荷月上浣屬老友毘陵夏阮邨為作
端書敬書於臺北公廨

論語會通

第一篇 孔子自述

孔子祖述堯舜，憲章文武，上集歷聖之大成，下垂萬世之師表。明禮樂，刪詩書，贊周易，修春秋，自天子王侯，中國言六藝者，莫不折衷於孔子。但孔子自述，謙之又謙，非特不敢當聖與仁，而亦不敢以君子自居。蓋其德愈盛，而心愈下，不自知其辭之謙也。

子曰：「參（曾子名，字子輿，孔子弟子）**乎！**（呼曾子之名而告之）**吾道一以貫**（貫通也。）**之。」曾子曰：「唯！」**（唯 上聲・應之速而無疑）**子出，門人問曰：「何謂也？」曾子曰：「夫子之道，忠恕而已矣！」**（里仁）

朱子云：「聖人之心，渾然一理，而泛應曲當，用各不同，曾子於其用處，蓋已隨事精察，而力行之，但未知其體之一爾。夫子知其眞積力久，將有所得，是以呼而告之。曾子果能默契其指，卽應之速而無疑也。盡己之謂忠，推己之謂恕。而已矣者，竭盡而無餘之辭也。夫子之一理渾然，而泛應曲當，譬則天地之至誠無息，而萬物各得其所也。自此以外，固無餘法，而亦無待於推矣。曾子有見於此，而難言之，故借學者盡己推己之目以著明之，欲人之易曉也。蓋至誠無息者，道之體也，萬殊之所以一本也。萬物各得其所者，道之用也，一本之所以萬殊也。以此觀之，一以貫之之實可見矣。」

按：「仁」爲孔子之中心思想，「忠恕」爲行仁之道，疑孔子所謂「一以貫之」之道，蓋卽指「仁」而言，故曾子曰：「夫子之道忠恕而已矣。」

子曰：「賜（孔子弟子，姓端木，字子貢）**也！女**（音汝）**以予爲多學而識**（識音志）**之者與**（與平聲，下同。）**？」對曰：「然！非與？」曰：「非也，予一以貫之。」**

（衞靈公）

尹氏曰：「孔子之於曾子，不待其問而直告之以此，曾子復深喻之曰唯！若子貢則先發其疑，而後告之，而子貢終亦不能如曾子之唯也。二子所學之淺深，於此可見。」

謝氏曰：「聖人之道大矣，人不能偏觀而盡識，宜其以爲多學而識之也。然聖人豈務博者哉？如天之於衆形，非物物刻而雕之也。故曰：「予一以貫之。」

子曰：「吾十有五而志（心之所之，謂之志）于學；三十而立（立、能自立於斯道）；四十而不惑（不惑、謂無所疑。）；五十而知天命（知天命、謂窮理盡性。）；六十而耳順（耳順、謂所聞皆通）；七十而從心所欲，不踰矩（謂不勉而中法度。）。」（爲政）

程子曰：「孔子生而知之也，言亦由學而至，所以勉後進人也。」

顏淵、季路侍（顏淵、季路，均孔子弟子。）。子曰：「盍（何不也。）各言爾志？」子路（即季路。）曰：「願車馬，衣（服之也。）輕裘（裘皮服），與朋友共，敝（壞也）之而無憾（憾、恨也。）。」顏淵曰：「願無伐善（伐善、謂誇大其能），無施勞（施勞、謂張大其功。）。」子路曰：「願聞子（子、指孔子。）之志。」子曰：「老者安之（養之以安），朋

友信之，少者懷之（少者懷之以恩。）」（公冶長）

程子云：「夫子安仁，顏淵不違仁，子路求仁。」又云：「先觀二子之言，後觀聖人之言，分明天地氣象。凡看論語，非但欲理會文字，須要識得聖賢氣象。」

子曰：「三軍可奪帥也，匹夫不可奪志也。」（子罕）

侯氏云：「三軍之勇在人，匹夫之志在己。故帥可奪而志不可奪。如可奪，則亦不足謂之志矣。」

子曰：「若聖（大而化之曰聖）與仁（仁、心德之全，而人道之備。），則吾豈敢！抑爲之（爲之、謂爲仁聖之道。）不厭，誨人（以仁聖之道教人。）不倦，則可謂云爾已矣。」公西華（姓公西、名赤、字子華，孔子弟子。）曰：「正唯弟子不能學也。」（述而）

朱子云：「此亦夫子謙辭也。然不厭不倦，非己有之則不能，所以弟子不能學也。」

晁氏曰：「當時有稱夫子聖且仁者，以故夫子辭之。」

❀ ❀ ❀

子曰：「君子成德之名道者三，我無能焉；仁者不憂，知者不惑，勇者不懼。」子貢曰：「夫子自道也自道、猶云自謙辭也。。」

尹氏曰：「成德以仁爲先，進學以知爲先，故夫子之言，其序有不同者以此。」

子曰：「默而識識、記也之，學而不厭，誨人不倦，何有於我哉？」（述而）

朱子云：「默識、謂不言而存諸心也。何有於我、言何者能有於我也。三者已非聖人之極至，而猶不敢當，則謙而又謙之辭也。」

子曰：「出則事公卿，入則事父兄，喪事不敢不勉，不爲酒困，何有於我哉？」(子罕)

按：此皆庸德之行，孔子特言之，以自勉勉人。

子曰：「德之不脩，學之不講，聞義不能徙，不善不能改，是吾憂也。」(述而)

尹氏曰：「德必修而後成，學必講而後明，見善能徙，改過不吝。此四者，日新之要也。苟未能之，聖人猶憂，況學者乎？」

子曰：「文，莫(莫、疑詞)吾猶人也；躬行(實踐)君子，則吾未之有得！」(述而)

朱子云：「皆自謙之辭，而足以見言行之難易緩急，欲人勉其實也。」

葉公（楚葉縣尹沈諸梁，字子高，僭稱公也。）問孔子於子路，子路不對。子曰：「女奚不曰，其為人也，發憤忘食，樂以忘憂，不知老之將至云爾。」（述而）

朱子云：「葉公不知孔子，必有非所問而問者，故子路不對。抑亦以聖人之德，實有未易明言者歟？」

逸（逸遺）民：伯夷、叔齊、虞仲（即仲雍。）、夷逸、朱張（不見經傳）、柳下惠、少連（東夷人。）

子曰：「不降其志，不辱其身，伯夷叔齊與（與，平聲）？」謂：「柳下惠少連，降志辱身矣，言中倫（倫、義理之次第也），行中慮（中慮、言有意義合人心），其斯而已矣。」謂：「虞仲夷逸，隱居放言，身中清，廢中權。我則異於是，無可無不可即孟子所謂可以仕則仕，可以止則止，可以久則久，可以速則速也。。」（微子）

謝氏曰：「七人隱遯不汙則同，其立志造行則異。伯夷叔齊，天子不得臣，諸侯不得友，蓋已遯世離群矣，下聖人一等，此其最高與？柳下惠少連，雖降志而不枉己，雖辱身而不求合，其心有不屑也，故言能中倫，行能中慮。虞仲夷逸，隱居放言，則言不合先王之法者多矣。然清而不汙也，權而適宜也，與方外之士，害義傷教而亂大倫者殊科。是以均謂之逸民。」

尹氏曰：「七人各守其一節，而孔子則無可無不可，此所以常適其可，而異於逸民之徒也。」

子曰：「述傳舊而不作作、創作，信而好古，竊比於我老彭老彭、商賢大夫。。」（述而）

朱子云：「孔子刪詩、書，定禮、樂，贊周易，修春秋，皆傳先王之舊，而未嘗有所作也。故其自言如此。蓋不惟不敢當作者之聖，而亦不敢顯然自附於古之賢人。蓋其德愈盛，而心愈下，不自知其辭之謙也。然當是時，作者略備，夫子蓋集群聖之大成而折衷之，其事雖述，而功則倍於作矣。此又不可不知也。」

子曰：「蓋有不知而作之者，我無是也。多聞擇其善者而從之，多見而識（識、記也）之，知之次也。」（述而）

朱子云：「不知而作，不知其理而妄作也。孔子自言未嘗妄作，蓋亦謙辭。然亦可見其無所不知也。所從不可不擇，記則善惡皆當存之，以備參考。如此者，雖未能實知其理，亦可以次於知之者也。」

或謂孔子曰：「子奚不爲政？」

子曰：「書（周書、君陳。）云『孝乎，惟孝友于兄弟，施於有政。』是亦爲政，奚其爲爲政？」（爲政）

朱子云：「定公初年，孔子不仕，故或人疑其不爲政也。書云孝乎者，言書之言孝如此也。善兄弟曰友，書言君陳能孝於親，友於兄弟，又能推廣此心，以爲一家之政。孔子引之，言如此則亦爲政矣，何必居於位，乃爲爲政乎？蓋孔子之不仕，有難以語或人者，故託此以告之。要之至理亦不外是。」

子貢曰：「有美玉於斯，韞藏也**匵**櫃也**而藏諸？求善賈**賈、今作價。**而沽諸？」**

子曰：「沽之哉！沽之哉！我待賈者也。」（子罕）

朱子云：「子貢以孔子有道不仕，故設此二端以問也。孔子言固當賣之，但當待賈，而不當求之耳。」

第二篇　門人誦美

朱子云：「蓋孔門自顏子以下，穎悟莫若子貢。自曾子以下，篤實無若子夏。」故此數子，對孔子之道，體會特多，而善學之。

顏淵喟（喟、歎聲）**然歎曰：「仰之彌高**（不可及。）**，鑽之彌堅**（不可入。）**，瞻之在前，忽焉在後**（恍忽不可爲象。）**。夫子循循**（循循、有次序）**然，善誘**（誘、引進）**人，博我以文，約我以禮**（教之序。）**。欲罷不能。既竭吾才，如有所立卓**（卓、立貌）**爾，雖欲從之，末**（無也）**由也已。」**（子罕）

程子曰：「此顏子所以爲深知孔子而善學之者也。」

朱子云：「此顏子深知夫子之道無窮盡，無方體，亦自言其學之所至也。蓋悅之深，而力之盡，所見益親，而又無所用其力也。」

叔孫武叔（魯大夫。）語大夫於朝曰：「子貢賢於仲尼。」子服景伯（魯大夫。）以告子貢。子貢曰：「譬之宮牆，賜（子貢名。）之牆也及肩，窺見室家之好。夫子之牆數仞（仞、七尺），不得其門而入，不見宗廟之美，百官之富。得其門者或寡矣！夫子（指叔孫武叔。）之云，不亦宜乎！」（子張）

此節爲子貢以宮牆作譬，形容孔子道德之高深者。

叔孫武叔毀（毀、謗也。）仲尼，子貢曰：「無以爲也，（猶言無用爲此）仲尼不可毀也！他人之賢者，丘陵也，猶可踰也；仲尼，日月也，無得而踰焉。人雖欲自絕（自絕於孔子。），其何傷於日月乎？多（與祇同。）見其不知量也。」（子張）

此節是子貢再以日月作譬，形容孔子道德之高深。

陳子禽（即陳亢、孔子弟子）謂子貢曰：「子爲恭也（爲恭、謂恭敬推遜其師也。），仲尼豈賢於子乎？」

子貢曰：「君子一言以爲知，一言以爲不知，言不可不慎也。夫子之不可及也，猶天之不可階（階、梯也）而升也。夫子之得邦家者，所謂立之（立之、謂植其生也）斯立，道（引也，謂教之也。）之斯行（行、從也），綏（安也）之斯來（來、歸附也。），動（鼓舞之也）之斯和（和、和順）；其生也榮（榮、謂莫不尊親。），其死也哀（哀、如喪考妣。）。如之何其可及也。」（子張）

程子曰：「此聖人之神化，上下與天地同流者也。」

謝氏曰：「觀子貢稱聖人語，乃知晚年進德，蓋極於高遠也。夫子之得邦家者，其鼓舞群動，捷於桴鼓影響，人雖見其變化，而莫窺其所以變化也。蓋不離於聖，而有不可知者存焉。此殆難以思勉及也。」

南宮适（即南容，孔子弟子）問於孔子曰：「羿（有窮之君）善射，奡（寒浞之子）盪舟（力能陸地行舟），俱不得其死然；禹（平水土。）稷（播種）躬稼（身親稼穡之事），而有天下。」夫子不答，南宮适出，子曰：「君子哉若人！尚德哉若人！」（憲問）

朱子云：「适之意，蓋以羿奡比當世之有權力者，而以禹稷比孔子也。故孔子不答。然适之意如此，可謂君子之人，而有尚德之心矣，不可以不與。故俟其出而贊美之。」

子禽問於子貢曰：「夫子至於是邦也，必聞其政，求之與？抑與之與？」

子貢曰：「夫子溫（和厚也。）良（易直也。）恭（莊敬也。）儉（節制也。）讓（謙遜也。）以得之，夫子之求之也，其諸（諸、語辭！）異乎人（人、他人）之求之與？」（學而）

謝氏曰：「學者觀於聖人威儀之間，亦可以進德矣。若子貢亦可謂善觀聖人矣，亦可謂善言德行矣。今去聖人五百年，以此五者想見其形容，尚能使人興起，而況於親炙之者乎。」

子貢曰：「夫子之文章，可得而聞也，夫子之言性與天道，不可得而聞也。」（公冶長）

朱子云：「文章、德之見乎外者，威儀文辭皆是也。性者、人所受之天理。天道者、天理自然之本體，其實一理也。言夫子之文章，日見乎外，固學者所共聞，至於性與天道，則夫子罕言之，而學者有不得聞者。蓋聖學教不躐等，子貢至是始得聞之，而歎其美也。」

第三篇 時人論評

讀孔子自述，並觀孔門弟子對孔子之誦美，與時人之論評，亦可以想見孔子之全人格。

儀衛邑名。封人掌封疆之官。請見請見孔子，曰：「君子之至於斯也，吾未嘗不得見也。」從者隨從孔子之弟子。見之使通得見。出曰：「二三子何患於喪喪、指失位去國。乎？天下之無道也久矣！天將以夫子爲木鐸木鐸、金口木舌，施政教時所振以警衆者。。」（八佾）

朱子云：「言亂極當治，天必將使夫子得位設教，不久失位也。或曰：木鐸所以徇於道路，言天使夫子失位，周流四方，以行其教，如木鐸之徇於道路也。」

達巷(鄉黨之名)黨人曰：「大哉孔子！博學而無所成名(惜其未以一善得名！)」子聞之，謂門弟子曰：「吾何執(執、謂專執一事。)？執御(御、謂駕車。)乎？執射乎？吾執御矣！」(子罕)

尹氏曰：「聖人道全而德備，不可以偏長目之也。達巷黨人見孔子之大，意其所學者博，而惜其不以一善得名於世。蓋慕聖人而不知者也。故孔子曰；欲使我何所執而得爲名乎？然則吾將執御矣。」

大宰(官名)問於子貢曰：「夫子(孔子)聖者與(與、疑辭。)？何其多能也。」

子貢曰：「固天縱(縱、猶肆也，言不爲限量也)之將聖(將、殆也)，又多能也。」

子(孔子)聞之曰：「大宰知我乎？吾少也賤，故多能鄙事。君子多乎哉？不多也。」

牢孔子弟子姓琴、字子開曰：「子云，吾不試，故藝言由不爲世用，故得於習於藝而通之。」（子罕）

太宰以多能爲聖，孔子不居聖，祗居多能；但又不以多能爲可貴，以明道不在於是也。

子路宿於石門石門、齊地，在今山東濟南長清縣西南。，晨門守城門者，魯人，亦遁世不仕，自隱姓名曰：「奚自？問其何所從來」子路曰：「自孔氏！」曰：「是知其不可，而爲之者與？」（憲問）

胡氏曰：「晨門知世之不可而不爲，故以是識孔子。然不知聖人之視天下，無不可爲之時也。」

子擊磬磬、樂器於衛，有荷荷、擔也蕢草器也。而過孔氏之門者，曰：「有心哉！擊磬乎？」

既而曰：「鄙哉！識其不能超脫硜硜石聲，亦專確之意乎？莫己知也，斯已已、止也而已矣！深則厲（以衣涉水曰厲），淺則揭（褰衣涉水曰揭）。」

子曰：「果哉（歎其果於忘世）！末（無也）之難矣（無如之何）。」（憲問）

朱子云：「此荷蕢者，亦隱士也。聖人之心，未嘗忘天下，此人聞其磬聲而知之，則非常人矣。聖人心同天地，視天下猶一家，中國猶一人，不能一日忘也。故聞荷蕢之言，而歎其果於忘世。且言人之出處，若但如此，則亦無所難矣。」

楚狂（楚人佯狂避世）接輿，歌而過孔子（夫子時將適楚，故接輿歌而過其車前也。）曰：「鳳兮鳳兮！何德之衰（鳳有道則見，無道則隱，接輿以比孔子，而譏其不能隱為德衰也）？往者不可諫，來者猶可追（言及今尚可隱去。）。已而（止也）已而！今之從政者殆（殆、危也）而（語助辭。）。」孔子下，欲與之言（接輿蓋知尊孔子，而趨向不同者也。孔子下車，蓋欲告之以出處之意。），趨而辟（辟，去聲）之（接輿自以為是，不欲聞而避之。），不得與之言。」（微子）

高士傳：「接輿姓陸名通，字接輿，楚人也。好養性，躬耕以為食。楚昭王時，通見楚政無常，乃佯狂不仕，故時人謂之楚狂。」

莊子人間世篇：「孔子適楚，接輿遊其門曰：鳳兮鳳兮！何德之衰也？來世不可待，往世不可追。天下有道，聖人成焉。天下無道，聖人生焉。方今之世，僅免刑焉。福輕乎羽，莫之知載。禍重乎地，莫之知避。已乎已乎！臨人以德。殆乎殆乎！畫地而趨。迷陽迷陽！無傷吾行。吾行卻曲，無傷吾足。山木自寇，膏火自煎也。桂可食，故伐之。漆可用，故割之。人皆知有用之用，而不知無用之用。」

韓詩外傳：「接輿躬耕而食，其妻之市，未返。楚昭王聞接輿賢，使使者齎金造門曰：『大王使臣，奉金百鎰，願請子治河南！』接輿不受，笑而不應。使者不得辭而去。妻從市歸曰：『子幼而好義，豈將老而遺之哉？門外轍迹何深也？』接輿曰：『王不知我不肖也，遣使聘我。』妻曰：『得無許之乎？』接輿曰：『夫富貴者，人之所欲也，子何惡焉？吾許之矣！』妻曰：『吾聞士，非禮不動；不為貧而易操，不為賤而改行。妾事夫子，躬耕以為食，親績以為衣，據義而動，其樂亦自足矣。若受人重祿，乘人堅良，食人肥鮮，將何以待之？』接輿曰：『吾不許也！』妻曰：『君使不從，非忠也；從之，是改行也。不如去之，乃夫負釜甑，妻載經器績麻之器，變易姓氏，莫知其所之。」

長沮、桀溺（二人隱者）耦（並耕也。）而耕，孔子過之（時孔子自楚返蔡。），使子路問津（津、濟渡處。）焉。

長沮曰：「夫執輿（執輿、執轡在車也）者，爲誰？」子路曰：「爲孔丘！」（蓋本子路御而執轡，今下問津，故夫子代之也）曰：「是魯孔丘與？」曰：「是也。」曰：「是知津矣（言數周流，自知津處，）！」

問於桀溺，桀溺曰：「子爲誰？」曰：「爲仲由！」曰：「是魯孔丘之徒與？」對曰：「然！」曰：「滔滔（水流而不反之意。）者，天下皆是也！而誰以（以、猶與也。）易之（言天下皆亂，將誰與變易之。）？且（語助詞。）而（而、汝也）與其從辟人之士也（辟人、指孔子），豈若從辟世之士哉（辟世、桀溺自謂。）？」耰（覆種也。）而不輟。

子路行以告，夫子憮然（憮然、猶悵然，惜其不喻己意也）曰：「鳥獸不可與同羣，辟世，則與鹿豕遊。吾非斯人之徒與言所當與同群者，斯人而已，而誰與？天下有道，丘不與易也天下若已平治，則我無用變易之，正為天下無道，故欲以道易之耳。」（微子）

程子曰：「聖人不敢有忘天下之心，故其言如此也。」

子路從而後，遇丈人丈人、老人也、亦隱者以杖荷荷、負荷蓧竹器，子路問曰：「子見夫子乎？」丈人曰：「四體四肢不勤，五穀不分分、辨也，孰為夫子？」植立之也。其杖而芸芸、去草也。

子路拱拱手而立知其隱者，敬之也，止子路宿，殺雞為黍而食之，見其二子焉。

明日，子路行以告，子曰：「隱者也！」使子路反反、同返見之蓋欲告之以君臣之義。，至則行矣丈人知子路必復來，故先去之，以滅其跡。

子路曰：「不仕無義（廢君臣之義。），長幼之節，不可廢也；君臣之義，如之何其廢之？欲潔其身而亂大倫（五倫），君子之仕也，行其義也，道之不行已知之矣！」（微子）

范氏曰：「隱者爲高，故往而不反。仕者爲通，故溺而不止。不與鳥獸同群，則決性命之情，以饕富貴，此二者，皆惑也。是以依乎中庸者爲難。惟聖人不廢君臣之義，而必以其正，所以或出或處，而終不離於道也。」高士傳頌：「丈人絕軌，倨接洙賢。天涯日暮，雞黍是延。載陳夫子，尋返客轅。先幾掃迹，廬窀依然。」

子曰：「道不同（不同、如善惡邪正之異），不相爲謀。」（衛靈公）

子曰：「攻乎異端（異端、非聖人之道，別爲一端。），斯害也已！」（爲政）

微生畝（微生姓，畝名）謂孔子曰：「丘（呼夫子名）！何爲是栖栖（栖栖、依依也）者與？

辭甚倨，蓋有齒德而隱者。無乃爲佞乎（言其務爲口給以悅人也）？」

孔子曰：「非敢爲佞也，疾（惡也）固（執一而不通也）也！」（憲問）

朱子云：「聖人之於達尊，禮恭而言直如此，其警之亦深矣。」

按：除孔門弟子對孔子誦美，與時人論評孔子而外，後人景仰孔子而加評論者尤衆；要以孟子與太史公所論，最爲簡要切當，茲摘附於后：

孟子曰：「伯夷聖之清者也，伊尹聖之任者也，柳下惠聖之和者也，孔子聖之時者也。孔子之謂集大成，集大成也者，金聲而玉振之也。金聲也者，始條理也。玉振之也者，終條理也。始條理者，智之事也，終條理者，聖之事也。智、譬則巧也，聖、譬則力也；由射於百步之外也，其至，爾力也，其中，非爾力也。」

太史公曰：「詩有之，『高山仰止，景行行止』。雖不能至，然心鄉往之。余讀孔氏書，想見其爲人。適魯，觀仲尼廟堂，車服禮器，諸生以時習禮其家，余低迴留之，不能去云。天下君王，至於賢人，衆矣！當時則榮，沒則已焉。孔子布衣，傳十餘世，學者宗之。自天子王侯，中國言六藝者，折中於夫子，可謂至聖矣！」

第四篇 學說中心

孔子貴仁。仁者、人心之全德；舉凡孝弟忠恕、道德禮義、知勇公正、以及恭寬信敏惠等德目，均無不在仁之範疇以內。故「君子無終食之間違仁，造次必於是，顛沛必於是」也。本篇分求仁之方、行仁之效，與孔門弟子論仁三章，凡三十二節。

第一章 求仁之方

顏淵問仁，子曰：「克（勝也）己（私欲）復禮（制勝私欲，回復到天理之禮節。）為仁。一日克己復禮，天下歸（歸、猶與也。）仁焉。為仁由己（要從自己做起），而由人乎哉？」顏淵曰：「請問其目（目、條目）？」子曰：「非禮勿視，非禮勿聽，非禮勿言，非禮勿動。」顏淵曰：「回雖不敏，請事斯語矣！」（顏淵）

朱子云：「爲仁者，所以全其心之德也。蓋心之全德，莫非天理，而亦不能不壞於人欲。故爲人者，必有以勝私欲而復於禮。則事皆天理，而本心之德，復全於我矣。又言爲仁由己，而非他人所能預，又見其機之在我而無難也。日日克之，不以爲難，則私欲淨盡，天理流行，而仁不可勝用矣。」

程子曰：「非禮處，便是私意。既是私意，如何得仁？須是克盡己私，皆歸於禮，方始是仁。」又云：「顏淵問克己復禮之目，子曰：『非禮勿視，非禮勿聽，非禮勿言，非禮勿動。』四者身之用也。由乎中而應乎外，制於外所以養其中也。顏淵事斯語，所以進於聖人。後之學聖人者，宜服膺而勿失也。因箴以自警：其視箴曰：「心兮本虛，應物無迹，操之有要，視之爲則。蔽交於前，其中則遷。制之於外，以安其內。克己復禮，久而誠矣。」其聽箴曰：「人有秉彝，本乎天性。知誘物化，遂忘其正。卓彼先覺，知止有定。閑邪存誠，非禮勿聽。」其言箴曰：「人心之動，因言以宣。發禁噪妄，內斯靜專。矧是樞機，興戎出好。吉凶榮辱，惟其所召。傷易則誕，傷煩則支。己肆物忤，出悖來違。非法不道，欽哉訓辭。」其動箴曰：「哲人知幾，誠之於始。志士勵行，守之於爲。順理則裕，從欲惟危。造次克念，戰競自持。習與性成，聖賢同歸。」

按：楊子爲我，墨子兼愛，均被孟子目爲異端，而排斥之。儒家主張親親而仁民；仁民而愛物。由親及疏，由近及遠。斯乃順乎人情，合乎天理之中庸要道，無可非議者也。惟愛既有差等，其末流之弊，難免厚此薄彼，流於自私。祇有行「仁」，方足以防止此項缺點。蓋能行仁，則民胞物與，以天地萬物爲一體，而無私欲存乎其間矣。所以孔子特別重視「仁」字，爲其學說之中心。祇就論語一書而言，記其論仁者，凡五十有八章，仁字之見於論語者，凡百有五。惟言仁之最切要者，莫如答顏淵問仁之「克己復禮」四字。故吾人研讀論語，必先特別注意此「仁」字；欲行仁，又必須先克制私欲，以禮爲視聽言動之準繩也。

子曰：「恭而無禮，則勞；慎而無禮，則葸；勇而無禮，則亂；直而無禮，則絞。」（泰伯）

朱子云：「葸，畏懼貌，絞，急切也。無禮則無節文，故有四者之弊。」

仲弓（孔子弟子姓冉，名雍。）問仁？子曰：「出門如見大賓（敬慎），使民如承大祭（鄭重），己所不欲，勿施於人。在邦無怨（無人怨恨），在家無怨。」仲弓曰：「雍雖不敏，請事斯語矣！」（顏淵）

朱子云：「敬以持己，恕以及物，則私意無所容，而心德全矣。內外無怨，亦以效言之，使自考也。」

樊遲（孔子弟子）問仁？子曰：「居處恭（恭、主容），執事敬（敬、主事），與人忠，雖之夷狄（雖到野蠻之夷狄之地。），不可棄也（亦不能拋棄此三者。）。」（子路）

程子云：「此是徹上徹下語，聖人初無二語也。充之則睟面盎背；推而達之，則篤恭而天下平矣。」

子貢問爲仁？子曰：「工欲善其事，必先利其器；居是邦也，事其大夫之賢者，友其士之仁者。」（衛靈公）

朱子云：「賢以事言，仁以德言。夫子嘗謂子貢悅不若己者，故以是告之，欲其有所嚴憚切磋，以成其德也。」

程子曰：「子貢問爲仁，非問仁也，故孔子告之以爲仁之資而已。」

子貢曰：「如有博施於民，而能濟衆，何如？可謂仁乎？」子曰：「何事於仁？必也聖乎！堯舜其猶病諸（病、心有所不足也）？夫仁者，己欲立而立人，己欲達而達人，能近取譬（譬、喻也），可謂仁之方（方、術也）也已。」（雍也）

朱子云：「博、廣也，仁以理言，通乎上下。聖以地言，則造乎極之名也。言此何止於仁，必也聖人能之乎？以己及人，仁者之心也。於此觀之，可以見天理之周流而無間矣。狀仁之體，其切於此。」

呂氏曰：「子貢有志於仁，徒事高遠，未知其方，孔子教以於己取之，庶近而可入。是乃爲仁之方，雖博施濟衆，亦由此進。」

子貢問曰：「有一言而可以終身行之者乎？」子曰：「其恕乎？己所不欲，勿施於人。」（衞靈公）

朱子曰：「推己及物，其施不窮，故可以終身行之。」

尹氏曰：「學貴於知要，子貢之問，可謂知要矣。孔子告以求仁之方也。推而極之，雖聖人之無我，不出乎此，終身行之，不亦宜乎。」

司馬牛（孔子弟子）問仁？子曰：「仁者其言也訒（訒音刃，忍也，難也。）」曰：「其言也訒，斯謂之仁已乎？」子曰：「爲之難，言之得無訒乎？」（顏淵）

朱子曰：「仁者、心存而不放，故其言若有所忍，而不易發，蓋其德之一端也。夫子以牛多言而躁，故告之以此，使其於此而謹之，則所以爲仁之方，不外是矣。」

「克（好勝）伐（自矜）怨（忿怒）欲（貪欲），不行焉，可以爲仁矣？」子曰：「可以爲難矣，仁則吾不知也。」（憲問）

朱子云：「此原憲（孔子弟子、字子思）以其所能而問也。有此四者，而能制之，使不得行，斯亦難矣。仁則天理渾然，自無四者之累，不行，不足以言之也。」

子曰：「剛（剛強）毅（堅毅）木（質樸）訥（遲鈍），近仁（四者質之近乎仁者）。」（子路）

楊氏曰：「剛毅、則不屈於物欲，木訥、則不至於外馳，故近於仁。」

子曰：「巧（好也）言令（令、善也）色，鮮矣仁。」（學而）

朱子云：「好其言，善其色，致飾於外，務以悅人，則人欲肆而本心之德亡矣。聖人辭不迫切，專言鮮，則絕無可知，學者所當深戒也。」

程子云：「知巧言令色之非仁，則知仁矣。」

子曰：「當仁，不讓於師。」（衞靈公）

朱子云：「當仁、以仁爲己任也，雖師亦無所遜，言當勇往而必爲也。蓋仁者、人所自有而自爲之，非有爭也，何遜之有？」

程子曰：「爲仁在己，無所與遜。若善名在外，則不可不遜。」

子曰：「里仁爲美，擇不處仁，焉得知？」（里仁）

朱子云：「里有仁厚之俗爲美，擇里而不居於是焉，則失其是非之本心，而不得爲知矣。」

子曰：「我未見好仁者，惡不仁者；好仁者，無以尚之，惡不仁者，其爲仁矣，不使不仁者，加乎其身。有能一日用其力於仁矣乎？我未見力不足者。蓋有之矣？我未之見也。」（里仁）

朱子云：「此章言仁之成德，雖難其人，然學者苟能實用其力，則亦無不可至之理。但用力而不至者，今亦未見其人焉。此夫子所以反覆而歎惜之也。」

子曰：「仁遠乎哉？我欲仁，斯仁至矣。」（述而）

朱子云：「仁者，心之德，非在外也。放而不求，故有以爲遠者。反而求之，則即此而在矣。夫豈遠哉？」

子曰：「富與貴，是人之所欲也，不以其道得之，不處也。貧與賤，是人之所惡也，不以其道得之，不去也。君子去仁

惡乎成名？君子無終食（終食，一飯之頃。）之閒違仁，造次（急遽苟且之時）必於是，顛沛（傾覆流離之際）必於是。」（里仁）

朱子云：「不以其道得之，謂不當得而得之。然於富貴則不處，於貧賤則不去，君子之審富貴而安貧賤也如此。」

微子（微，國名，子，爵也。）去之，箕子（箕，國名。）爲之奴，比干諫而死。孔子曰：「殷有三仁焉。」（微子）

朱子云：「微子、紂庶兄，箕子、比干、紂諸父。微子見紂無道，去之以存宗祀；箕子、比干皆諫，紂殺比干，因箕子以爲奴。箕子因佯狂而受辱。三人之行不同，而同出於至誠惻怛之意，故不咈乎愛之理，而有以全其心之德也。」

子貢曰：「管仲（齊大夫。）非仁者與？桓公（齊君）殺公子糾，不能死，又相之。」

子曰：「管仲相桓公，霸諸侯，一匡天下（匡、正也，尊周室攘夷狄，皆所以正天下也。），民到于今受其賜，微（無也）管仲，吾其被髮左衽（夷狄之俗）矣！豈若匹夫匹婦之爲諒（諒、小信也。）也？自經（經、縊也）於溝瀆，而莫之知也。」（憲問）

程子曰：「桓公、兄也，子糾、弟也，仲私於所事，輔之以爭國，非義也，桓公殺之雖過，而糾之死實當。仲始與之同謀，遂與之同死，可也；知輔之爭爲不義，雖自免以圖後功，亦可也。故聖人不責其死而稱其功。若使桓弟而糾兄，管仲所輔者正，桓奪其國而殺之，則管仲之與桓，不可同世之讎也。若計其後功而與其事桓，聖人之言，無乃害義之甚，啓萬世反覆不忠之亂乎？如唐之王珪、魏徵，不死建成之難，而從太宗，可謂害於義矣。後雖有功，何足贖哉？」

子路曰：「桓公殺公子糾，召忽死之，管仲不死，曰未仁乎？」

子曰：「桓公九合諸侯，不以兵車，管仲之力也，如其仁！如其仁！」（憲問）

朱子云：「按春秋傳：齊襄公無道，鮑叔牙奉公子小白奔莒，及無知弒襄公，管夷吾召忽奉公子糾奔魯，魯人納之，未克，而小白入，是爲桓公。使魯殺子糾，而請管召，召忽死之，管仲請囚。鮑叔牙言於桓公以爲相。子路疑管仲忘君事讎，忍心害理，不得爲仁也。九、春秋傳作糾，督也，古字通用。不以兵車、言不假威力也。如其仁、言誰如其仁者？又再言以深許之。蓋管仲雖未得爲仁人，而其利澤及人，則有仁人之功矣。」

子張問曰：「令尹官名子文姓鬭，名穀於菟。，三仕爲令尹，無喜色，三已之，無慍色，舊令尹之政，必以告新令尹。何如？」

子曰：「忠矣！」曰：「仁矣乎？」曰：「未知（未知其是否皆出於天理。），焉得仁？」

「崔子（齊大夫名杼）弒齊君，陳文子（齊大夫名須無）有馬十乘（四十匹。），棄而違之，至於他邦，則曰『猶吾大夫崔子也。』違之。之一邦，則又曰『猶吾大夫崔子也。』違之。何如？」

子曰：「清矣。」曰：「仁矣乎？」曰：「未知，焉得仁？」

（公冶長）

朱子云：「愚聞之師曰：『當理而無私心，則仁矣，今以是而觀二子之事，雖其制行之高，若不可及，然皆未有以見其必當於理，而眞無私心也。子張未識仁體，而悅於苟難，遂以小者信其大者，夫子不許也宜哉！』今以他書考之，子文之相楚，所謀者，無非僭王猾夏之事。文子之仕齊，既失正君討賊之義，又不數歲而復反於齊焉，則其不仁亦可見矣。」

第二章 行仁之效

子張孔子弟子問仁於孔子，孔子曰：「能行五者於天下，爲仁矣。」「請問之？」曰：「恭恭敬寬寬厚信信實敏勤敏惠恩惠。恭則不侮；寬則得衆；信則人任任、倚仗也。焉；敏則有功；惠則足以使人。」（陽貨）

此亦言行仁之效

朱子云：「行是五者，則心存而理得矣。於天下，言無適而不然，猶所謂雖至夷狄，不可棄者。五者之目，蓋因子張所不足而言耳。」

子曰：「民之於仁也，甚於水火；水火，吾見蹈而死者

矣，未見蹈仁而死者也。」（衛靈公）

朱子云：「民之於水火，所賴以生，不可一日無；其於仁也亦然。但水火外物，而仁在己。無水火不過害人之身，而不仁則失其心。是仁有甚於水火，而尤不可以一日無也。況水火有時而殺人，仁則未嘗殺人，亦何憚而不爲哉？」

子曰：「唯（猶獨也。）仁者，能好人，能惡人。」（里仁）

游氏曰：「好善而惡惡，天下之同情，然人每失其正者，心有所繫，而不能自克也。唯仁者無私心，所以能好惡也。」

朱子云：「蓋無私心，然後好惡當於理。程子所謂：得其公正是也。」

子曰：「不仁者，不可以久處約（約、窮困也，久約必濫。），不可以長處樂（久樂必淫。）。仁者安仁（無適不然。），知者利仁（利、猶貪也。）。」（里仁）

謝氏曰：「仁者心無內外遠近精粗之間，非有所存而不自亡；非有所理而不自亂。如目視而耳聽，手持而足行也。知者謂之有所見則可，謂之有所得則未可。有所存斯不亡，有所理斯不亂，未能無意也。安仁則一，利仁則二。安仁者，非顏閔以上，去聖人爲不遠，不知此味也。諸子雖有卓越之才，謂之見道不惑，則可，然未免於利之也。」

子曰：「知者樂樂、五教反。水，仁者樂山。知者動，仁者靜，知者樂樂、音洛。，仁者壽。」（雍也）

朱子云：「知者達於事理，而周流無滯，有似於水，故樂水。仁者安於義理，而厚重不遷，有似於山，故樂山。」

程子云：「非體仁之至深者，不能如此形容也。」

子曰：「君子而不仁者，有矣夫？未有小人而仁者也！」（憲問）

謝氏曰：「君子志於仁矣，然毫忽之間，心不在焉，則未免爲不仁也。」

子曰：「志士（有志之士）仁人（成德之人），無求生以害仁，有殺身以成仁。」（衛靈公）

朱子曰：「理當死而求生，則於心有不安矣，是害其心之德也。當死而死，則心安而德全矣。」

程子曰：「實理得之於心自別；實理者、實見得是，實見得非也。古人有捐軀隕命者，若不實見得，惡能如此？須是實見得生不重於義，生不安於死也，故有殺身以成仁者。只是成就一箇是而已。」

子曰：「苟（誠也）志於仁矣，無惡也（無爲惡之事。）。」（里仁）

楊氏曰：「苟志於仁，未必無過擧也。然而爲惡則無矣。」

宰我（孔子弟子）問曰：「仁者雖告之曰，井有仁焉，其從（從、謂隨之於井，而救之也）之也？」

子曰：「何爲其然也？君子可逝也（逝、謂使之往救），不可陷也（陷、謂陷之於井。）。可欺也（欺、謂誑之以理之所有），不可罔也（罔、謂昧之以理之所無。）。」（雍也）

劉聘君曰：「宰我信道不篤，而憂爲仁之陷害，故有此問，蓋身在井上，乃可以救井中之人。若從之於井，則不復能救之矣。此理甚明，人所易曉。仁者雖切於救人，而不私其身，然亦不應如此之愚也。」

第三章 門人論仁

有子（孔子弟子）**曰「其爲人也孝弟**（善事父母爲孝，善事兄長爲弟。）**，而好犯上**（犯上、謂干犯在上之人）**者鮮矣；不好犯上，而好作亂者**（作亂、謂悖逆爭鬭之事）**，未之有也。君子務本，**（務、專力也。）**本立而道生，孝弟也者，其爲仁之本與？」**（學而）

朱子云：「此言人能孝弟，則其心和順，少好犯上，必不好作亂也。」

程子曰：「孝弟、順德也，故不好犯上，豈復有逆理亂常之事？德有本，本立則其道充大。孝弟行於家，而後仁愛及於物，所謂親親而仁民也。故爲仁以孝弟爲本。論性，則以仁爲孝弟之本。或問：『孝弟爲仁之本，此是由孝弟可以至仁否？』曰：「非也！謂行仁自孝弟始，孝弟是仁之一事，謂之行仁之本，則可；謂是仁之本，則不可。蓋仁、是性也，孝弟、是用也。性中只有箇仁義禮智四者而已，曷嘗有孝弟來？然仁主於愛，愛莫大於愛親，故曰：孝弟也者，其爲仁之本與？」

子夏曰：「博學而篤志（學博志堅），切問（不泛問。）而近思（近思、以類而推。泛問遠思，則勞而無功），仁在其中矣。」（子張）

朱子云：「四者，皆學問思辨之事耳，未及乎力行而爲仁也。然從事於此，則心不外馳，而所存自熟。故曰仁在其中矣。」

曾子曰：「堂堂乎張也（張、指子張。），難與並爲仁矣。」（子張）

朱子云：「堂堂、容貌之盛，言其務外自高，不可輔而爲仁，亦不能有以輔人之仁也。」

子游曰：「吾友張也，爲難能也，然而未仁。」（子張）

朱子云：「子張行過高，而少誠實惻怛之意。」

第五篇　好學不厭

兌命曰：「念終始典於學。」孔子雖生知之聖，亦不例外；且無時無地不在於學。本篇分學無常師、治學方法、學以致用，與孔門弟子論學四章，凡二十七節。全部均有歷久不磨之價值，學者所當服膺而勿失也。

第一章　學無常師

衛（國名）公孫朝（衛大夫。）問於子貢曰：「仲尼焉學？」子貢曰：「文武之道（文王武王之謨訓功烈，與凡周之禮樂文章，皆是。），未墜於地，在人（言人有能記之者。），賢者識其大者，不賢者識其小者，莫不有文武之道焉。夫子焉不學，而亦何常師之有？」（子張）

子（孔子）入大（音泰）廟（太廟、魯周公廟。），每事問。或曰：「孰謂鄹（鄹、魯邑名。）人之子（指孔子。）知禮乎？入大廟，每事問。」子聞之曰：「是禮也。」（八佾）

朱子云：「此蓋孔子始仕之時，入而助祭也。孔子自少以知禮聞，故或人因此譏之。孔子言是禮者，敬謹之至，乃所以爲禮也。」

子曰：「三人行，必有我師焉，擇其善者而從之，其不善者而改之。」（述而）

朱子云：「三人同行，其一我也。彼二人者，一善一惡，則我從其善，而改其惡焉，是二人者，皆我師也。」

子曰：「見賢思齊（冀己亦有是善）焉；見不賢而內自省也（恐己亦有是惡）。」（里仁）

胡氏曰：「見人之善惡不同，而無不反諸身者；則不徒羨人而甘自棄，不徒責人而忘自責矣。」

子與人歌而善，必使反（反、復也）之（欲得其長，而取其善也），而後和之（喜得其詳，而與其善也）。」（述而）

朱子云：「此聖人氣象從容，誠意懇至，而其謙遜審密，不掩人善又如此。蓋一事之微，而衆善之集，有不可勝既者焉。讀者宜詳味之。」

第二章 治學方法

第一節 學思並重

子曰：「學而不思，則罔（昏茫不明），思而不學，則殆（危殆）。」（爲政）

朱子曰：「不求諸心，故昏而無得；不習其事，故危而不安。」

程子曰：「博學、審問、愼思、明辨、篤行五者，廢其一非學也。」

子曰：「吾嘗終日不食，終夜不寢，以思。句無益。句不如學也。」（衛靈公）

朱子云：「此爲不學者言之，蓋勞心以必求，不如遜志（書說命：「惟學遜志務時敏」）而自得也。」

李氏曰：「夫子非思而不學者，特垂語以教人爾。」

子曰：「學如不及，猶恐失之。」（泰伯）

程子曰：「學如不及，猶恐失之，不得放過。纔說姑待明日，便不可也。」

子曰：「學效也。而時習之，不亦說悅、喜意也。乎？有朋朋、同類也。自遠方來，不亦樂乎？以善及人，信從者衆，故樂。人不知而不慍，慍紆問反。含怒意。不亦君

子乎？」（學而）

朱子云：「既學而又時時習之，則所學者熟，而中心喜悅，其進自不能已矣。自遠方來，則近者可知。及人而樂者，順而易。不知而不慍者，逆而難。故惟成德者能之。」

子曰：「温故（溫習舊日所學）而知新，可以爲師矣。」（爲政）

子曰：「君子博學於文，約之以禮，亦可以弗畔矣夫？」（雍也）

第二節 爲學之序

子曰：「知之者，不如好之者；好之者，不如樂（音洛）之者。」（雍也）

尹氏曰：「知之者、知有此道也；好之者、好而未得也；樂之者、有所得而樂之也。」

張敬夫曰：「譬之五穀：知者、知其可食者也；樂者，嗜之而飽者也。知而不能好，則是知之未至也。好之而未及於樂，則是好之未至也。此古之學者所以自強而不息者歟？」

子曰：「知者不惑，仁者不憂，勇者不懼。」（子罕）

朱子云：「明足以燭理，故不惑；理足以勝私，故不憂；氣足以配道義，故不懼。此學之序也。」

第三節 學貴有恆

子在川上（川上、河邊）曰：「逝者如斯夫，不舍晝夜。」（子罕）

朱子云：「天地之化，往者過，來者續，無一息之停，乃道體之本然也。然其可知而易見者，莫如川流，故於此發以示人。欲學者時時省察，而無毫髮之間斷也。」

子曰：「南人（殷掌卜之人。）有言曰：『人而無恆（恒、常久也。），不可以作

巫醫。』善夫！「『不恆其德，或承（承、進也）之羞（此易恒卦。）』子曰：（復加子曰以別易文也：）不占而已矣。」（子路）

朱子云：「巫、所以交鬼神。醫、所以寄死生。故雖賤役，而猶不可以無常，孔子稱其言而善之。」

楊氏曰：「君子於易，苟玩其占，則知無常之取羞矣。其為無常也，蓋亦不占而已矣。」

子曰：「譬如為山（求學之道，譬如為山），未成一簣（功虧一簣），止（停止）、吾止也。譬如平地雖覆（雖傾倒。）一簣，進、吾往也。」（子罕）

朱子云：「書曰：『為山九仞，功虧一簣。』夫子之言，蓋出於此。言山成而但少一簣，其止者，吾自止也。平地而方覆一簣，其進者，吾自往耳。蓋學者自強不息，則積少成多。中道而止，則前功盡棄。其止其往，皆在我而不在人也。」

子曰：「苗而不秀者有矣夫？秀而不實者有矣夫？」（子罕）

朱子云：「穀之始生曰苗，吐華曰秀，成穀曰實。蓋學而不至於成，有如此者。是以君子貴自勉也。」

第三章 學以致用

子曰：「誦詩三百，授之以政，不達不能通達；使於四方，不能專專，獨也，使者權事制宜，受命而不受辭。對。雖多，亦奚以為？」（子路）

朱子云：「詩本人情，該物理，可以驗風俗之盛衰，見政治之得失。其言溫厚和平，長於風諭。故誦之者，必達於政而能言也。」

程子曰：「窮經將以致用也。世之誦詩者，果能從政而專對乎？然則其所學者，章句之末耳。此學者之大患也。」

子曰：「小子弟子也。！何莫學夫詩？詩可以興感發志意，可以觀考見得失，可以羣和而不流，可以怨怨而不怒。邇之事父，遠之事君人倫之道，詩無不備，二者舉重而言。多識於鳥獸草木之名。」（陽貨）

朱子曰：「學詩之法，此章盡之。讀是經者，所宜盡心也。」

子謂伯魚（伯魚、字鯉，孔子之子）曰：「女（女音汝。下同。）爲（爲、猶學也。）周南召南矣乎？人而不爲周南召南，其猶正牆面而立也與？」（陽貨）

朱子云：「周南召南，詩首篇名，所言皆修身齊家之事。正牆面而立，言即其至近之地，而一物無所見，一步不可行也。」

子曰：「加（假也）我數年，五十（史記無「五十」二字，時孔子已七十歲。）以學易，可以無大過矣。」（述而）

朱子云：「學易則明乎吉凶消長之理，進退存亡之道，故可以無大過。蓋聖人深見易道之無窮，而言此以教人，使知其不可不學，而又不可以易而學也。」

第四章 門人論學

子夏（孔子弟子姓卜名商）曰：「賢賢易色（賢人之賢，而易其好色之心，好善有誠也），事父母能竭其力，

事君能致（致、委也）其身，與朋友交，言而有信。雖曰未學，吾必謂之學矣。」（學而）

朱子云：「四者皆人倫之大者，而行之必盡其誠，學求如是而已。故子夏言有能如是之人，苟非生質之美，必其務學之至，雖或以爲未嘗爲學，我必謂之巳學也。」

游氏曰：「三代之學，皆所以明人倫也。能是四者，則於人倫厚矣。學之爲道，何以加此？子貢以文學名，而其言如此，則古人之所謂學者，可知矣。」

子夏曰：「日知其所亡（亡、無也），月無忘其所能，可謂好學也已矣！」（子張）

尹氏曰：「好學者，日新而不失。」

子游（孔子弟子，姓言，名偃）曰：「子夏之門人小子，當洒埽應對進退，則可矣；抑末（末、小學之末）也。本（大學之道）之則無，如之何？」

子夏聞之曰：「噫！言游過矣。君子之道，孰先傳焉（非以其末爲先而傳之。）？孰後倦（倦、如誨人不倦之倦。）焉（非以其本爲後而倦教。）？譬諸草木，區（猶類也。）以別矣（學者所至自有淺深，猶草木之有大小。）。君子之道，焉可誣也？（概若以高遠強而語之，是誣之也）有始有卒者（一貫之道），其惟聖人乎（不可責之門人小子）？」（子張）

程子曰：「君子教人有序，先傳以小者近者，而後教以大者遠者，非先傳以近小，而後不教以大遠也。」

曾子曰：「吾日三省吾身，爲人謀，而不忠（盡己之心謂忠）乎？與朋友交，而不信（以實之謂信。）乎？傳（受之於師）不習乎（習、謂熟習之於己）？」（學而）

朱子云：「曾子以此三者，日省其身，有則改之，無則加勉，其自治誠切如此，可謂得爲學之本矣。而三者之序，則又以忠信爲傳習之本也。」

謝氏曰：「諸子之學，皆出於聖人，其愈遠而愈失其眞。獨曾子之學，專用心於內，故傳之無弊，觀於子思孟子可見矣。惜乎！其嘉言善行，不盡傳於世也。其幸存而未泯者，學者其可不盡心乎？」

曾子曰：「以能問於不能，以多問於寡，有若無，實若虛，犯而不校，昔者吾友，嘗從事於斯矣。」（泰伯）

朱子云：「校、計校也。友、馬氏以爲顏淵是也。顏子之心，唯識義理之無窮，不見物我之有間，故能如此。」

子夏曰：「仕而優 優、有餘力也 **則學，學而優則仕。」**（子張）

朱子云：「仕與學，理同而事異，故當其事者，必先有以盡其事，而後可及其餘。然仕而學，則所以資其仕者益深。學而仕，則所以驗其學者益廣。」

子張（孔子弟子姓顓孫，名師）曰：「執德不弘，信道不篤，焉能為有？焉能為亡？」（子張）

朱子云：「有所得而守之太狹，則德孤；有所聞而信之不篤，則道廢。焉能為有無，猶言不足為輕重也。」

第六篇 誨人不倦

本篇分教育序目、教育方法、師弟之間、與對門人品評四章，凡九十二節。讀者如能各自審其個性之所近、所偏，而借以自鑑，則於爲學之道，思過半矣。

第一章 教育序目

子曰：「從我於陳蔡者，皆不及門也。」德行：顏淵閔子騫冉伯牛仲弓。言語：宰我子貢。政事：冉有季路。文學：子游子夏。（先進）上述十人均孔子弟子詳附錄

朱子云：「孔子嘗厄於陳蔡之間，弟子多從之者，此時皆不在門，故孔子思之，蓋不忘其相從於患難之中也，弟子因孔子之言，記此十人，而幷目其所長，分爲四科。孔子教人各因其材，於此可見。」

程子云：「四科乃從夫子於陳蔡者爾，門人之賢者，固不止此，曾子傳道而不與焉。故知十哲，世俗論也。」

子以四教（以四種科目教人）**：文、行、忠、信。**（述而）

程子云：「教人以學文修行，而存忠信也。忠信、本也。」

子曰：「志於道，據（執守之意）**於德，依**（不違之謂）**於仁，游**（玩物適情之謂）**於藝。」**（述而）

朱子云：「此章言人之爲學，當如是也。蓋學莫先乎立志，志道，則心存於正而不他。據德，則道得於心而不失。依仁，則德性常用而物欲不行。游藝，則小物不遺而動息有養。學者於此，有以不失先後之序，輕重之倫爲，則本末兼該，內外交養，日用之間，無少間隙，而涵泳從容，忽不自知其入於聖賢之域矣。」

子曰：「興（起也）**於詩，立於禮，成於樂。」**（泰伯）

朱子云：「詩本性情，有邪有正，其爲言既易知，而吟詠之間，抑揚反覆，其感人又易入。故學者之初，所以興起其好善惡惡之心，而不能自已者，必於此而得之。禮以恭敬辭遜爲本，而有節文度數之詳，可以固人肌膚之會，筋骸之束。故學者之中，所以能卓然，而不爲事物之所搖奪者，必於此而得之。樂有五聲十二律，更唱迭和，以為歌舞八音之節，可以養人之性情，而蕩滌其邪穢，消融其查滓。故學者之終，所以至於義精仁熟，而自和順於道德者，必於此而得之。是學之成也。」

子所雅言（雅、常也）**：詩、書、執禮**（執、守也）**，皆雅言也。**（述而）

朱子云：「詩以理情性，書以道政事，禮以謹節文，皆切於日用之實，故常言之。禮獨言執者，以人所執守而言，非徒誦說而已也。」

子曰：「詩三百，一言以蔽之（蔽、猶蓋也。）**曰「思無邪。」」**（學而）

朱子云：「詩三百十一篇，言三百者，擧大數也。思無邪，魯頌駉篇之辭。凡詩之言，善者可以感發人之善心。惡者可以懲創人之逸志。其用歸於使人得其情性之正而已。然其言微婉，且或各因一事而發，求其直指全體，則未有若此之明且盡者。故夫子言詩三百篇，而惟此一言足以盡蓋其義。其示人之意，亦深切矣。」

子曰：「關雎（周南國風詩之首篇也。）**樂而不淫**（淫者、樂之過而失其正也。）**，哀而不傷**（傷者、哀之過而害於和者也）

。」（八佾）

朱子云：「關雎之詩，言后妃之德，宜配君子。求之未得，則不能無寤寐反側之憂。求而得之，則宜其有琴瑟鐘鼓之樂。蓋其憂雖深，而不害於和。其樂雖盛，而不失其正。故夫子稱之如此。欲學者玩其辭，審其音，而有以識其性情之正也。」

第二章 教育方法

第一節 有教無類

子曰：「有教無類。」（衛靈公）

朱子云：「人性皆善，而其類有善惡之殊者，氣習之染也。故君子有教，則人皆可以復於善，而不當復論其類之惡矣。」

子曰：「自行束脩（脩、脯也，十脡為束。）以上，吾未嘗無誨焉。」（述而）

朱子云：「古者相見，必執贄以為禮，束脩、其至薄者。蓋人之有生，同具此理，故聖人之於人，無不欲其入於善。但不知來學，則無往教之禮。故苟有禮來，則無不有以教之也。」

互鄉（鄉名）難與言（習於不善，難與言善。），童子見，門人惑（惑者、疑夫子不當見也。）

子曰：「人潔（潔、修治也。）己以進，與（許也）其潔也，不保其往也（往、前日也。）：與其進也（進而來見爲善），不與其退也（退而爲不善。）。唯何甚！（不爲已甚。）」（述而）

朱子云：「蓋不追其既往，不逆其將來，以是心至，斯受之耳。」

程子云：「聖人待物之洪如此。」

孺悲欲見孔子，孔子辭以疾。將命者出戶，取瑟而歌，使之聞之。」（陽貨）

程子云：「此孟子所謂：不屑之教誨，所以深教之也。」

闕黨童子將命，或問之曰：「益者與？」子曰：「吾見其居於位也；見其與先生並行也。非求益者也，欲速成者也！」

陳亢（即子禽。）問於伯魚曰：「子亦有異聞乎（異聞、指特殊教誨）？」對曰：「未也，嘗獨立（指孔子。），鯉趨而過庭，曰『學詩乎？』對曰『未也。』『不學詩，無以言（事理通達，而心氣和平，故能言！）』鯉退而學詩。他日又獨立，鯉趨而過庭。曰『學禮乎？』對曰『未也。』『不學禮，無以立（品節詳明，而德性堅定，故能立！）』鯉退而學禮。聞斯二者。」陳亢退而喜曰：「問一得三，聞詩聞禮，又聞君子之遠其子也。」（季氏）

朱子云：「亢以私意窺聖人，疑必陰厚其子。」

尹氏曰：「孔子之教其子，無異於門人。故陳亢以爲遠其子。」

子曰：「吾有知乎哉？無知也。有鄙夫問於我，空空如也，我叩其兩端而竭焉。」（子罕）

朱子云：「孔子謙言己無知識，但其告人，雖於至愚，不敢不盡耳。叩、發動也。兩端、猶言兩頭，言終始本末，上下精粗，無所不盡。」

子曰：「二三子指諸弟子！以我為隱乎？吾無隱乎爾，吾無行而不與與、猶示也。二三子者，是丘也。」（述而）

朱子云：「諸弟子以夫子之道，高深不可幾及，故疑其有隱。而不知聖人作止語默，無非教也。故夫子以此曉之。」

第二節 因材施教

子曰：「性相近也，習相遠也。」

子曰：「唯上知與下愚不移。」（陽貨）

朱子曰：「此所謂性，兼氣質而言者也。氣質之性，固有美惡之不同矣。然以其初而言，則皆不甚相遠。但習於善則善，習於惡則惡，於是始相遠耳。惟人之氣質相近之中，又有美惡一定，而非習之所能移者。」

子曰：「中人以上，可以語上也；中人以下，不可以語上也。」（雍也）

朱子云：「語、告也，言教人者，當隨其高下而告語之，則其言易入，而無躐等之弊也。」

子曰：「中（無過不及）**庸**（平常也。）**之爲德也，其至**（至、極也）**矣乎？民鮮**（鮮、少也）**久矣。」**（雍也）

程子曰：「不偏之謂中，不易之謂庸。中者，天下之正道。庸者、天下之定理。自世教衰，民不興於行，少有此德久矣。」

子曰：「不得中行而與之，必也狂狷乎？狂者進取，狷者有所不爲也。」（子路）

朱子云：「行、道也。狂者、志極高而行不掩。狷者、行未及而守有餘。蓋聖人本欲得中道之人而教之，然既不可得，而徒得謹厚之人，則未必能自振拔而有爲也。故不若得此狂狷之人，猶可因其志節，而激厲裁抑之以進於道，非與其終於此而已也。」

子路問：「聞斯（斯、猶則也。）行諸？」子曰：「有父兄在，如之何其聞斯行之？」

冉有（孔子弟子，名求。）問：「聞斯行諸？」子曰：「聞斯行之。」

公西華（孔子弟子名赤）曰：「由（即子路。）也問『聞斯行諸？』子曰：『有父兄在。』求也問：『聞斯行諸？』子曰『聞斯行之。』赤也惑

，敢問。」子曰：「求也退退、謂懦弱退縮，故進之；由也兼人兼人、謂勝人，故退之。」（先進）

張敬夫曰：「聞義固當勇爲，然有父兄在，則有不可得而專者。若不稟命而行，則反傷於義矣。子路有聞，未之能行，唯恐有聞，則於所當爲，不患其不能爲矣，特患爲之之或過，而於所當稟命者有闕耳。若冉求之資稟，失之弱，不患其不稟命也，患其於所當爲者，逡巡畏縮，而爲之不勇耳。聖人一進之，一退之，所以約之於義理之中，而使之無過不及之患也。」

子貢問君子？子曰：「先行其言行之於未言之前。，而後從之言之於既行之後。。」（爲政）

范氏曰：「子貢之患，非言之艱，而行之艱，故告之以此。」

司馬牛問君子？子曰：「君子不憂不懼。」曰：「不憂不懼，斯謂之君子已乎？」子曰：「內省不疚（疚、病也），夫何憂何懼？」

「向魋（牛之兄）作亂，牛常憂懼，故夫子告之以此。」晁氏曰：「不憂不懼，由乎全德而無疵，故無入而不自得，非實有憂懼而排遣之也。」（顏淵）

子路問政？子曰：「先之勞之。」請益，曰：「無倦！」（顏淵）

吳氏曰：「勇者喜於有爲，而不能持久，故以此告之。」

子張問政？子曰：「居之（謂存諸心）無倦（始終如一），行之以忠（行、謂發於事；以忠則表裏如一）。」（顏淵）

程子曰：「子張少仁，無誠心愛民，則必倦而不盡心，故告之以此。」

子夏爲莒父（莒父、魯邑名）宰，問政？子曰：「無欲速，無見小利，欲速則不達（急遽無序反不達。），見小利則大事不成。」（子路）

程子曰：「子張問政，子曰：『居之無倦，行之以忠。』子夏問政，子曰：『無欲速，無見小利。』

子張常過高而未仁；子夏之病常在近小。故各以切己之事告之。」

子張問崇德（崇高也。）辨惑（辨惑、謂辨明是非而無所惑），子曰：「主忠信，徙義（猶遷善），崇德也；愛之欲其生，惡之欲其死，既欲其生，又欲其死，是惑也。」（顏淵）

楊氏曰：「堂堂乎張也，難於並為仁矣，則非誠善補過不蔽於私者，故告之如此。」

樊遲從遊於舞雩（舞雩、古祭壇）之下，曰：「敢問崇德，脩（脩、謂治而去之。）慝（慝、惡之匿於心者）辨惑？」子曰：「善哉問（善其切於為己）！先事後得，非崇德與？攻其惡（謂自攻其惡。），無攻人之惡，非脩慝與？一朝之忿，忘其身以及其親，非惑與？」（顏淵）

朱子云：「先事後得，猶言先難後獲也。爲所當爲，不計其功，則德日積而不自知矣。專於治己，而不責人，則己之惡無所匿矣。知一朝之忿爲甚微，而禍及其親爲甚大，則有以辨惑而懲其忿矣。樊遲粗鄙近利，故告之以此。三者，皆所以救其失也。」

樊遲問知（知、同智）**？子曰：「務**（專力也。）**民之義，敬鬼神而遠之，可謂知矣。」問仁？曰：「仁者先難而後獲，可謂仁矣。」（雍也）**

朱子曰：「民、亦人也，獲、謂得也。專用力於人道之所宜，而不惑於鬼神之不可知，知者之事也。先其事之所難，而後其效之所得，仁者之心也。此必因樊遲之失而告之。」

程子曰：「人多信鬼神，惑也。而不信者又不能敬。能敬能遠，可謂知矣。」

季路（即子路。）**問事鬼神？子曰：「未能事人，焉**（何也。）**能事鬼？」敢問死？曰：「未知生，焉知死？」（先進）**

朱子云：「問事鬼神，蓋求所以奉祭祀之意，而死者人之所必有，不可不知，皆切問也。然非誠敬足以事人，則必不能事神。非原始而知所以生，則必不能反終而知所以死。蓋幽明始終，初無二理，但學之有序，不可躐等。故夫子告之如此。」

子曰：「非其鬼而祭之，諂也。見義不為無勇也。」（為政）

朱子云：「非其鬼、謂非其所當祭之鬼。諂、求媚也。知而不為，是無勇也。」

子張問明？子曰：「浸潤如水之浸灌滋潤。**之譖**譖、毀人之行。**，膚受**謂利害切身。**之愬**愬、愬己之冤。**，不行焉，可謂明也已矣；浸潤之譖，膚受之愬，不行焉，可謂遠也已矣。」（顏淵）**

朱子云：「毀人者，漸漬而不驟，則聽者不覺其入，而信之深矣。愬冤者，急迫而切身，則聽者不及致詳，而發之暴矣。二者難察而能察之，則可見其心之明，而不蔽於近矣。此亦必因子張之失而告之。故其辭繁而不殺，以致丁寧之意云。」

子曰：「不逆（逆、未至而迎之也）詐（詐、謂人欺己），不億（億、未見而意之也）不信（不信、謂人疑己。），抑亦先覺者，是賢乎？」（憲問）

朱子云：「言雖不逆不億，而於人之情僞自然先覺，乃爲賢也。」

第三節　循循善誘

孔子曰：「生而知之者上也；學而知之者次也；困（謂有所不通。）而學之，又其次也。困而不學，民斯爲下矣。」（季氏）

楊氏曰：「生知、學知、以至困學，雖其質不同，然及其知之一也。故君子惟學之爲貴，困而不學，然後爲下。」

子曰：「我非生而知之者（生而知之、謂不待學而知。），好古敏（敏、速也謂汲汲也）以求之者也。」（述而）

尹氏曰：「孔子以生知之聖，每云好學者，非惟勉人也。蓋生而可知者，義理爾，若夫禮樂名物，古今事變，亦必待學，而後有以驗其實也。」

子曰：「十室（小邑）**之邑，必有忠信，如丘者焉，不如丘之好學也。」**（公冶）

朱子云：「忠信如聖人，生質之美者也。夫子生知，而未嘗不好學，故言此以勉人。言美質易得，至道難聞。學之至，則可以爲聖人。不學，則不免爲鄉人而已。可不勉哉？」

子曰：「後生可畏（畏、敬畏）**！焉知來者之不如今也？四十五十而無聞焉**（無聞、謂學問德業無聞於世）**，斯亦不足畏也已。」**（子罕）

朱子云：「孔子言後生年富力強，足以積學而有待，其勢可畏，安知其將來不如我之今日乎？然或不能自勉，至於老而無聞，則不足畏矣。言此以警人，使及時勉學也。」

子曰：「君子病病、憾恨也。無能焉，不病人之不己知也。」（衛靈公）

子曰：「不患人之不己知，患其不能也。」（憲問）

子曰：「不患人之不己知，患不知人也。」（學而）

尹氏曰：「君子求在我者，故不患人之不己知。則是非邪正，或不能辨，故以爲患也。」

子曰：「不患無位，患所以立立、謂所以立乎其位者。，不患莫己知，求爲可知也可知、謂可以見知之實。。」（里仁）

朱子云：「凡章旨同而文不異者，一言而重出也。文小異者，屢言而各出也。此章凡四見，而文皆有異，則聖人於此一事，蓋屢言之，其丁寧之意，亦可見矣。」

子曰：「由即子路。！誨女知之乎？知之爲知之，不知爲不知，是知也。」（爲政）

朱子云：「子路好勇，蓋有強其所不知以為知者，故夫子告之曰：我教汝以知之之道乎，但所知者則以為知，所不知者則以為不知。如此則雖或不能盡知，而無用自欺之蔽，亦不害其為知矣。況此而求之，又有可知之理乎。」

子曰：「由也！女聞六言六蔽（蔽、遮蔽也。）**矣乎？」對曰：「未也。」「居**（坐也）**！吾語女：好仁不好學，其蔽也愚**（愚、可限可罔）**；好知不好學，其蔽也蕩**（蕩、窮高極廣，而無所止。）**；好信不好學，其蔽也賊**（賊、傷害事物。）**；好直不好學，其蔽也絞**（絞、急切）**；好勇不好學，其蔽也亂；好剛不好學，其蔽也狂**（狂、躁率。）**。」**（陽貨）

朱子云：「六言、皆美德，然徒好之而不學以明其理，則各有所蔽。」

范氏曰：「子路勇於為善，其失之者，未能好學以明之也。故告之以此。曰勇、曰剛、曰信、曰直，皆所以救其偏也。」

子謂子夏曰：「女為君子儒（君子儒為己。），無為小人儒（小人儒為人。）。」（雍也）

謝氏曰：「子夏文學雖有餘，然意其遠者大者，或昧焉，故夫子語之以此。」

子曰：「古之學者為己，今之學者為人。」（憲問）

朱子云：「聖賢論學者用心得失之際，其說多矣，然而未有如此言之切而要者。於此明辨而日省之，則庶乎不昧其所從矣。」

宰予晝寢（當晝而寐），子曰：「朽（腐也）木不可雕也（雕，謂刻畫。），糞土之牆，不可杇也（杇，音汙，鏝也。）。於予與何誅（誅，責也。）？」

子曰：「始吾於人也，聽其言而信其行；今吾於人也，聽其言，而觀其行。於予與改是！」（公冶長）

朱子云：「宰予能言，而行不逮，故孔子自言於予之事而改此失，亦以重警之也。」

子曰：「飽食終日，無所用心，難矣哉！不有博（博、局戲）奕（弈、圍棋）者乎？爲之猶賢乎已（已、止也。）」（陽貨）

李氏曰：「聖人非教人博弈也，所以甚言無所用心之不可爾。」

子曰：「愛之能勿勞乎？忠焉能勿誨乎？」（憲問）

蘇氏曰：「愛而勿勞，禽犢之愛也。忠而勿誨，婦寺之忠也。愛而知勞之，則其爲愛也深矣。忠而知誨之，則其爲忠也大矣。」

子曰：「君子食無求飽，居無求安，敏於事而愼於言，就有道而正焉，可謂好學也已。」（學而）

朱子云：「不求安飽者，志有在而不暇及也。敏於事者，勉其所不足。愼於言者，不敢盡其所有餘也。然猶不敢自是，而必就有道之人，以正其是非，則可謂好學矣。凡言道者，皆謂事物當然之理，人之所共由者也。」

第四節 不憤不啓

子曰：「予欲無言。」子貢曰：「子如不言，則小子何述焉？」子曰：「天何言哉？四時行焉，百物生焉，天何言哉？」（陽貨）

朱子云：「學者多以言語觀聖人，而不察其天理流行之實，有不待言而著者，是以徒得其言，而不得其所以言，故夫子發此以警之。」

子曰：「不憤不啟，不悱不發，舉一隅不以三隅反，則不復也。」（述而）

朱子云：「憤者、心求通而未得之意。悱者、口欲言而未能之貌。啓、謂開其意，發、謂達其辭。物之有四隅者，舉一可知其三。反者、還之以相證之義。復、再告也。」

第三章 師弟之間

子路曾晳（名點）冉有公西華（均孔子弟子。）侍坐。

子曰：「以吾一日長乎爾（謂年稍長於爾），毋吾以也！（謂勿因我年長而難言。）居（平居之時）則曰，不吾知也（不知吾之學問經濟）；如或知爾（如有人知而欲用。），則何以哉（謂何以爲用。）？」

子路率爾（率爾、輕遽之貌。）而對曰：「千乘（乘、兵車）之國，攝（管束也。）乎大國之閒，加之以師旅（指有軍事），因（仍也）之以饑饉（穀不熟曰饑，菜不熟曰饉。），由也爲之，比及三年，可使有勇，且知方也（方、向也，謂向義）。」夫子哂之（哂、微笑也。）。

「求！（冉有名。）爾何如？」對曰：「方（地方）六七十，如（或也）五六十，求也爲之，比及三年，可使足民（使民富足）。如其禮樂，以俟君子（俟、待也。）。」

「赤（即公西華）！爾何如？」對曰：「非曰能之，願學焉；宗廟之事，（謂祭祀）如會同，（會同：指諸侯相見）端（禮服）章甫（禮冠），願爲小相焉（相、贊君之禮者。）。」「點（即曾皙）！爾何如？」鼓瑟希（希、間歇也。），鏗爾（鏗、苦耕反，瑟息聲。），舍（捨也）瑟而作（作、起也。）。對曰：「異乎三子者之撰（撰述也。）。」子曰：「何傷（何妨）乎？亦各言其志也。」曰：「莫（同暮）春者，春服（單袷衣，）既成，冠者（成年之人）五六人，童子（未成年人）六七人，浴乎沂（沂、水名。），風（乘涼）乎舞雩（舞雩、祭天禱雨之處。），詠（歌也）而歸。」夫子喟然歎（長歎）曰：「吾與點也（與、猶許也。）！」

三子者出，曾皙後，曾皙曰：「夫三子者之言何如？」子曰：「亦各言其志也已矣！」曰：「夫子何哂由也？」曰：「爲國以禮，其言不讓，是故哂之。」

「唯求則非邦也與？」「安見方六七十，如五六十，而非邦也者？」

「唯赤則非邦也與？」「宗廟會同，非諸侯而何？赤也爲之小，孰能爲之大？」（先進）

程子云：「三子皆欲得國而治之，故夫子不取。曾點狂者也，未必能爲聖人之事，而能知夫子之志，故曰浴乎沂，風乎舞雩，詠而歸，言樂而得其所也。孔子之志，在於老者安之，朋友信之，少者懷之，使萬物莫不遂其性。曾點知之，故孔子喟然歎曰，吾與點也。」

閔子（即閔子騫）侍側，誾誾（外和內剛，德器深厚。）如也；子路行行如也（行行、剛強之貌。）；冉有子貢，侃侃（正直貌，）如也。子樂。（樂得英才而教育之）「若由也不得其死然（恐不得正命而死。）！」（先進）

尹氏曰：「子路剛强，有不得其死之理，故因以戒之。其後子路卒死於衛孔悝之難。」

子謂顏淵曰：「用之則行，舍之則藏，唯我與爾有是夫！」子路曰：「子行三軍，則誰與？」子曰：「暴虎（徒搏）馮河（徒涉），死而無悔者，吾不與也！必也，臨事而懼，好謀而成者也。」（述而）

朱子云：「懼、謂敬其事，成、謂成其謀。言此皆以抑其勇而教之。然行師之要，實不外此，子路蓋不知也。」

子曰：「人無遠慮，必有近憂！」（衛靈公）

蘇氏曰：「人之所履者，容足以外，皆爲無用之地，而不可廢也。故慮不在千里之外，則患在几席之下矣。」

子曰：「不曰如之何，如之何者，吾末如之何也已矣！」

（衞靈公）

朱子云：「如之何者，熟思而審處之辭也。不如是而妄行，雖聖人亦無如之何矣。」

子（孔子）疾病，子路請禱（禱、謂禱於鬼神。）。子曰：「有諸（問有此理否）？」子路對曰：「有之，誄（哀死而述其行之辭）曰：禱爾于上下神祇（天神地祇）。」子曰：「丘之禱久矣！」（述而）

朱子云：「禱者、悔過遷善以祈神之佑也。無其理則不必禱，既曰有之，則聖人未嘗有過，無善可遷，其素行固已合於神明，故曰，丘之禱久矣。」

子疾病，子路使門人爲臣（臣、家臣），病閒（病稍好），曰：「久矣哉！由之行詐也。無臣而爲有臣，吾誰欺？欺天乎！且予與其

死於臣之手也，無寧（可寧）死於二三子之手乎（二三子、謂門弟子）？且予縱不得大葬，予死於道路乎？」（子罕）

朱子云：「夫子時已去位，無家臣，子路欲以家臣治其喪，其意實尊聖人，而未知所以尊也。」

顏淵死，子曰：「噫（傷痛聲）！天喪予！天喪予（悼道無傳，若天喪己也）！」（先進）

顏淵死，子哭之慟（慟、哀過也）。從者曰：「子慟矣！」曰：「有慟乎？非夫人（夫人、指顏淵）之為慟，而誰為？」（先進）

胡氏曰：「痛惜之至，施當其可，皆情性之正也。」

子謂顏淵曰：「惜乎！吾見其進也（進、用功前進），未見其止也（止、停止）。」（子罕）

朱子云：「顏子既死孔子惜之，言其方進而未已也。」

伯牛（孔子弟子姓冉名耕）有疾，子問之，自牖（牖、南牖也。時伯牛家以君禮尊孔子，孔子不敢當，故不入其室，而自牖執其手。）執其手，曰：「亡之，命矣夫！斯人也，而有斯疾也？斯人也，而有斯疾也？」（雍也）

侯氏曰：「伯牛以德行稱，亞於顏淵，故其將死也，孔子尤痛惜之。」

子使漆雕開（姓漆雕、字子開，孔子弟子）仕，對曰：「吾斯之未能信。」子說。（公冶長）

朱子云：「斯、指此理而言。信、謂眞知其如此，而無毫髮之疑也。開自信未能如此，未可以治人。

故夫子悅其篤志。」

子張學干祿，子曰：「多聞闕疑，慎言其餘，則寡尤；多見闕殆，慎行其餘，則寡悔。言寡尤，行寡悔，祿在其中矣。」（為政）

朱子云：「多聞多見，學之博。闕疑闕殆，擇之精。慎言行者，守之約。凡言在其中者，皆不求而自至之辭。言此以救子張之失，而進之也。」

子曰：「三年學，不至於穀，不易得也！」（泰伯）

朱子云：「穀，祿也。至，疑當作志，為學之久，而不求祿，如此之人，不易得也。」

第四章 品評門人

第一節 顏淵、子貢

子曰：「回（即顏淵）也，其心三月不違仁。其餘，則日月至焉而已矣。」（雍也）

朱子云：「三月、言其久。仁者、心之德。心不違仁者、無私欲有其德也。日月至焉者、或一日一至焉，或一月一至焉，能造其域，而不能久也。過此則聖人矣。」

子曰：「賢哉！回也。一簞食（單、竹器，食、飯也。），一瓢飲，在陋巷，人不堪其憂，回也不改其樂。賢哉回也！」（雍也）

朱子云：「顏子之貧如此，而處之泰然，不以害其樂，故夫子再言賢哉回也，以深歎美之。」

子曰：「吾與回言終日，不違（意不相背，有聽受而無問難）如愚。退而省其私（私、謂燕居獨處，非進見請問之時），亦足以發（發、謂發明所言之理），回也不愚！」（為政）

子曰：「回也非助我者也！於吾言無所不說。」（先進）

「助我若子夏之起予，因疑問而有以相長也顏子於聖人之言，默識心通，無所疑問，故夫子云然，其辭若有憾焉，實乃深喜之。」

子曰：「語之而不惰者，其回也與？」（子罕）

范氏曰：「顏子聞夫子之言，而心解力行，造次顛沛未嘗違之。如萬物得時雨之潤，發榮滋長，何有於惰？此群弟子所不及也。」

哀公（魯君）問：弟子孰爲好學？孔子對曰：「有顏回者好學，不遷怒，不貳過，不幸短命死矣！今也則亡（亡、與無同。），未聞好學者也。」（雍也）

朱子云：「遷、移也。貳、復也，怒於甲者，不怒於乙；過於前者，不復於後。顏子克己之功，至於如此，可謂眞好學矣。短命者、顏子三十二而卒也。既曰今也則亡；又言未聞好學者，蓋深惜之，又以見眞好學者之難得也。」

季康子（魯臣）問：弟子孰爲好學？孔子對曰：「有顏回者好學

，不幸短命死矣！今也則亡。」（先進）

范氏曰：「哀公康子問同，而對有詳略者，臣之告君，不可不盡。若康子者，必待其能問乃告之，此教誨之道也。」

子貢曰：「我不欲人之加諸我也，吾亦欲無加諸人。」子曰：「賜也！非爾所及也。」（公冶長）

朱子曰：「子貢言不欲人加於我之事，我亦不欲以此加之於人，此仁者之事，不待勉强，故夫子以爲非子貢所及。」

程子曰：「我不欲人之加諸我，吾亦無加諸人，仁也。施諸己而不願，亦勿施於人，恕也。恕則子貢或能及之，仁則非所及矣。」

子貢問曰：「賜也何如？」子曰：「女器也！」曰：「何器

也？」曰：「瑚璉也（夏曰瑚，商曰璉，皆宗廟盛黍稷之器，而飾以玉，器之貴重而華美者。）！」（公冶長）

朱子云：「子貢雖未至於不器，其亦器之貴者歟？」

子貢方人（方、比也）。子曰：「賜也賢乎哉（乎哉、疑辭）？夫我則不暇！」（憲問）

朱子云：「比方人物而較其短長，雖亦窮理之事，然專務為此，則心馳於外，而所以自治者疏矣。故褒之而疑其辭，復自貶以深抑之。」

謝氏曰：「聖人責人，辭不迫切，而意已獨至如此。」

子謂子貢曰：「女（女音汝，下同）與回也孰愈（愈，勝也）？」對曰：「賜也何敢望回？回也聞一以知十，賜也聞一以知二。」子曰：「弗如也！吾與（與，許也）女弗如也！」（公冶長）

胡氏曰：「子貢方人，夫子既語以不暇，又問其與回孰愈？以觀其自知如何？聞一知十，上知之資，生知之亞也。聞一知二，中人以上之資，學而知之之才也。子貢平日以己方回，見其不可企及，故喻之如此。夫子以其自知之明，而又不難於自屈，故既然之，又重許之。此其所以終聞性與天道，不特聞一知二而已也。」

子曰：「回也！其庶乎（近道）**？屢空。賜不受命**（命、天命）**，而貨殖焉**（貨殖、生殖也）**，億則屢中**（億、意度也）**。」**（先進）

朱子云：「言子貢不如顏子之安貧樂道，然其才識之明，亦能料事而多中也。」

范氏曰：「屢空者，簞食瓢飲，屢絕而不改其樂也，天下之物，豈有動其中者哉？貧富在天，而子貢以貨殖爲心，是不能安受天命矣，其言而多中者，億而已，非窮理樂天者也。夫子嘗曰賜不幸言而中，是使賜多言也。聖人之不貴言也如是。」

程子曰：「子貢之貨殖，非若後人之豐財，但此心未忘耳。然此亦子貢少時事，至聞性與天道，則不爲此矣。」

第二節 閔子騫、仲弓

子曰：「孝哉閔子騫（姓閔，名損。）！人不閒於其父母昆弟之言。」（先進）

胡氏曰：「父母兄弟稱其孝友，人皆信之無異辭者，蓋其孝友之實，有以積於中而著於外，故夫子歎而美之。」

魯人爲（爲、改作。）長府（長府、藏名，藏貨財曰府。），閔子騫曰：「仍（因也）舊貫（貫、事也），如之何？何必改作？」子曰：「夫人（指子騫。）不言，言必有中。」（先進）

王氏曰：「改作、勞民傷財，在於得已，則不如仍舊貫之善。言不妄發，發必中理，惟有德者能之。」

季氏使閔子騫爲費（費、季氏邑。）宰（宰、邑長家臣之通號。），閔子騫曰：「善爲我辭焉！如有復我者，則吾必在汶上矣（汶、水名，在齊南魯北境上。）。」（雍也）

朱子云：「閔子不欲臣季氏，令使者善爲己辭，言若再來召我，則我當去汶上。」

程子曰：「仲尼之門，能不仕大夫之家者，閔子曾子數人而已。」

謝氏曰：「學者能少知內外之分，皆可以樂道而忘人之勢。況閔子得聖人爲之依歸，彼其視季氏不義之富貴，不啻犬彘。又從而臣之，豈其心哉？在聖人則有不然者，蓋居亂邦，見惡人，在聖人則可；自聖人以下，剛則必取禍，柔則必取辱。閔子豈不能早見而豫待之乎？如由也不得其死，求也爲季氏附益，夫豈其本心哉？蓋既無先見之知，又無克亂之才故也。然則閔子其賢乎？」

子曰：「雍（即仲弓。）也！可使南面（南面、人君聽治之位。）。」仲弓問子桑伯子（魯人。）。子曰：「可也（僅可而有所未盡之辭。），簡（不煩）！」仲弓曰：「居敬（自處以敬）而行簡，以臨其民，不亦可乎？居簡而行簡，無乃大（大，音泰）簡乎？」子曰：「雍之言然！」（雍也）

程子曰：「子桑伯子之簡，雖可取而未盡善。故夫子云可也。仲弓因言內主於敬而簡，則爲要道。內存乎簡而簡，則爲疎略。可謂得其旨矣。」

子謂仲弓曰：「犂雜文牛之子騂赤色且角角、角周正。，雖欲勿用用、用以祭也，山川山川之神其舍諸言人雖不用，神必不舍也。！」（雍也）

朱子云：「仲弓父賤而行惡，故夫子以此譬之，言父之惡，不能廢其子之善。如仲弓之賢，自當見用於世也。然此論仲弓云爾，非與仲弓言也。」

范氏曰：「以瞽瞍爲父而有舜，以鯀爲父而有禹，古之聖賢，不係於世類，尚矣。子能改父之過，變惡以爲美，則可爲孝矣。」

第三節 子張、子夏

子貢問：「師子張名。與商子夏名。也孰賢？」子曰：「師也過，商也不及。」

曰：「然則師愈與？」子曰：「過猶不及。」（先進）

朱子云：「子張才高意廣，而好為苟難，故常過中。子夏篤信謹守，而規模狹隘，故常不及。愈、猶勝也。道以中庸為至，賢知之過，雖若勝於愚不肖之不及，然其失中則一也。」

第四節 子路、冉求、公西華、子貢

孟武伯（魯大夫。）問：「子路仁乎？」子曰：「不知也。」又問？子曰：「由也，千乘之國，可使治其賦也，不知其仁也。」

「求也何如？」子曰：「求也，千室之邑（千室、大邑。），百乘之家（卿大夫之家。）可使為之宰也。不知其仁也。」

「赤也何如？」子曰：「赤也束帶立於朝，可使與賓客言也，不知其仁也。」（公冶長）

朱子云：「子路之於仁，蓋日月至焉者或在或亡，不能必其有無，故以不知告之。賦、兵也，古者以田賦出兵，故謂兵爲賦；春秋傳所謂『悉索敝賦』是也。言子路之才，可見者如此，仁則不能知也。」

季康子問：「仲由可使從政也與？」子曰：「由也果果、有決斷。，於從政乎何有？」曰：「賜也可使從政也與？」曰：「賜也達達、通事理。，於從政乎何有？」曰：「求也可使從政也與？」曰：「求也藝藝、才能。，於從政乎何有？」（雍也）

程子曰：「各有所長，非惟三子，人各有所長，能取其長。季康子問三子之才可以從政乎？夫子答以皆可用也。」

子曰：「片言（半言也。）可以折獄者（折、斷也），其由也與！」子路無宿諾。（顏淵）

朱子云：「子路忠信明決，故言出而人信服之，不待其辭之畢也。宿、留也，猶宿怨之宿，急於踐言，不留其諾也。記者因夫子之言而記此，以見子路之所以取信於人者，由其養之有素也。」

子曰：「聽訟，吾猶人也，必也使無訟乎！」（顏淵）

范氏曰：「聽訟者，治其末，塞其流也。正其本，清其源，則無訟矣。」

楊氏曰：「子路片言可以折獄，而不知以禮遜爲國，則未能使人無訟者也。故又記孔子之言，以見聖人不以聽訟爲難，而以使民無訟爲貴。」

子曰：「衣敝緼袍（衣之賤者），與衣狐貉（衣之貴者）者立，而不恥者，其由也與？不忮（忮、害也）、不求（求、貪也），何用不臧（臧、善也）！」子路終身誦之。

子曰：「是道也，何足以臧？」（子罕）

子曰：「由之瑟，奚爲於丘之門？」門人不敬子路。子曰：「由也升堂矣，未入於室也。」（先進）

子路有聞，未之能行，唯恐有聞。（公冶長）

❀ ❀ ❀

季氏富於周公，而求也爲之聚斂，而附益之。子曰：「非吾徒也！小子鳴鼓而攻之，可也！」（先進）

范氏曰：「冉有以政事之才，施於季氏，故爲不善至於如此。由其心術不明，不能反求諸身，而以仕爲急故也。」

冉求曰：「非不說子之道，力不足也。」子曰：「力不足

者，中道而廢，今女畫。」（雍也）

朱子云：「力不足者，欲進而不能。畫者、能進而不欲。謂之畫者，如畫地以自限也。」

第五節　南容、公冶長、子賤

子謂南容：邦有道不廢，邦無道免於刑戮，以其兄之子妻之。」（公冶長）

朱子云：「不廢、言必見用也。以其謹於言行，故能見用於治朝，免禍於亂世也。」

子謂公冶長：可妻也，雖在縲絏之中，非其罪也。以其子妻之。」（公冶長）

朱子云：「妻、爲之妻也。縲、黑索也，絏、攣也，古者獄中以黑索拘攣罪人。長之爲人無所考，而夫子稱其可妻，其必有以取之矣。」

子謂子賤（姓宓，名不齊）：君子哉若人！魯無君子者，斯（指此人。）焉取斯斯、此德？」（公冶長）

朱子云：「子賤蓋能尊賢取友，以成其德者。故夫子既歎其賢，而又言若魯無君子，則此人何所取以成此德乎？因以見魯之多賢也。」

第六節 樊遲、申棖、宰予

樊遲請學稼（種五穀曰稼。），子曰：「吾不如老農。」請學為圃（種蔬菜曰圃。），曰：「吾不如老圃。」樊遲出，子曰：「小人（謂細民。）哉！樊須也。上好禮，則民莫敢不敬；上好義（則事合宜），則民莫敢不服；上好信，則民莫敢不用情（情、誠實也。）。夫如是，則四方之民，

襁（織縷爲之，以約小兒於背者）負其子而至矣。焉用稼？」（子路）

楊氏曰：「樊遲遊聖人之門，而問稼圃，志則陋矣，辭而闢之可也。待其出而後言其非，何也？蓋於其問也，自謂農圃之不如，則拒之者至矣。須之學疑不及此，而不能問，不能以三隅反矣，故不復及。其既出，則懼其終不喻也，求老農老圃而學焉，則其失愈遠矣。故復言之，使知前所言者，意有在也。」

子曰：「吾未見剛者（剛、堅強不屈之意者）！」或對曰：「申棖。」子曰：「棖也慾（多嗜慾），焉得剛？」（公冶長）

程子曰：「人有慾，則無剛，剛則不屈於慾。」

謝氏曰：「剛與慾，正相反。能勝物之謂剛，故常伸於萬物之上。爲物揜之謂慾，故常屈於萬物之下。自古有志者少，無志者多，宜夫子之未見也。棖之慾不可知，其爲人得非悻悻自好者乎？故或者疑以爲剛。然不知此其所以爲慾爾。」

第七節　子羔、曾子、子張、子路

柴（子羔。）也愚（知不足，而厚有餘），參（曾參）也魯（魯鈍也。），師（子張）也辟（辟、便辟也，謂習於容止，少誠實也。）由（子路）也喭（喭、粗俗也。）。（先進）

楊氏曰：「四者性之偏，語之使知自勵也。」

孔子曰：「見善如不及，見不善如探湯，吾見其人矣，吾聞其語矣（語、蓋古語也。）。隱居以求其志，行義以達其道，吾聞其語矣，未見其人也。」（季氏）

朱子云：「真知善惡而誠好惡之，顏曾閔冉之徒能之矣。求其志、守其所達之道也。達其道、行其所求之志也。蓋惟伊尹太公之流，可以當之。當時若顏子亦庶乎此，然隱而未見，又不幸而早死，故夫子云然。」

第七篇 爲人之道

孔子在論語中所言爲人之道，約佔全書三分之一，字字金科玉律，歷久不磨，千古常新。本篇分聞道知德、孝弟忠信、改過愼言、接物待人、交友之道、容色言動，與人格標準、知人論人八章，凡百六十三節。讀者如能虛心涵泳，切己體察，以求有得於身於心，則於爲人之道，其庶幾矣。

第一章 聞道知德

子曰：「君子謀道不謀食（道者，事物當然之理，人所共由者。），耕也，餒在其中矣（餒、饑餓意。）；學也，祿在其中矣。君子憂道不憂貧。」（衛靈公）

朱子云：「耕所以謀食，而未必得食；學所以謀道，而祿在其中。然其學也，憂不得乎道而已，非爲憂貧之故，而欲爲是以得祿也。」

尹氏曰：「君子治其本，而不卹其末，豈以在外者，爲憂樂哉？」

子曰：「人能弘道，非道弘人（弘、擴而大之也。）」（衛靈公）

朱子云：「人外無道，道外無人。然人心有覺，而道體無爲，故人能大其道，而道不能大其人。」

子曰：「誰能出不由戶？何莫由斯道也？」（雍也）

洪氏曰：「人知出必由戶，而不知行必由道，非道遠人，人自遠爾。」

子曰：「朝聞道（聞道則生順死安，無復遺恨。），夕死可矣！」（里仁）

程子曰：「言人不可以不知道，苟得聞道，雖死可也。」

子之武城（魯邑名。），聞弦歌之聲（弦、琴瑟也。）。夫子莞爾（莞爾、小笑貌，蓋喜之也。）而笑曰：「割雞焉用牛刀？」子游對曰：「昔者偃（子游名。）也聞諸夫子曰：『君子（以位言，謂在上者）學道則愛人，小人（亦以位言）學道則易使也。』

子曰：「二三子！偃之言是也，前言戲之耳。」（嘉子游之篤行，又以解門人之惑。）（陽貨）

朱子云：「時子游爲武城宰，以禮樂爲教，故邑人皆弦歌也。治有大小，而其治之必用禮樂，則其爲道一也。但衆人多不能用，而子游獨行之，故夫子驟聞而深喜之，因反其言以戲之。而子游以正對，故復是其言，而自實其戲也。」

柳下惠爲士師（士師，獄官。），三黜（黜，退也。）。人曰：「子未可以去乎？」曰：「直道而事人，焉往而不三黜？枉道而事人，何必去父母之邦？」（微子）

朱子云：「柳下惠三黜不去，而其辭氣雍容如此，可謂和矣。然其不能枉道之意，則有確乎其不可拔者，是則所謂必以其道，而不自失焉者也。」

子曰：「驥善馬之名不稱其力，稱其德也。」（憲問）

尹氏曰：「驥雖有力，其稱在德；人有才而無德，則亦奚足尙哉？」

子曰：「德不孤，必有鄰。」（里仁）

朱子云：「鄰、猶親也，德不孤立，必以類應；故有德者，必有其類從之，如居之有鄰也。」

子曰：「道聽而塗說，德之棄也。」（陽貨）

朱子云：「雖聞善言，不爲己有，是自棄其德也。」

王氏曰：「君子多識前言往行，以畜其德。道聽塗說，則棄之矣。」

子曰：「鄉原與愿同。，德之賊也。」（陽貨）

朱子云：「鄉原、鄉人之愿者也。蓋其同流合汚，以媚於世，故在鄉人之中，獨以愿稱。夫子以其似德非德，而反亂乎德，故以爲德之賊而深惡之。」

第二章　孝弟忠信

第一節　孝弟

子曰：「弟子入則孝，出則弟（行有常。），謹而信（言有實。），汎（廣也）愛衆，而親（近也）仁。行有餘力（猶言暇時），則以學文（以、用也。）。」（學而）

程子云：「爲弟子之職，力有餘則學文。不修其職，而先文，非爲己之學也。」

洪氏曰：「未有餘力而學文，則文滅其質；有餘力而不學文，則質勝而野。」

朱子云：「力行而不學文，則無以考聖賢之成法，識事理之當然。而所行或出於私意，非但失之於野而已。」

子游問孝？子曰：「今之孝者，是謂能養；至於犬馬，皆能有養。不敬何以別乎？」（爲政）

朱子云：「養、謂飲食供奉也，犬馬待人而食，亦若養然。言人畜犬馬，皆能有以養之，若能養其親而敬不至，則與養犬馬者何異？甚言不敬之罪，所以深警之也。」

子夏問孝？子曰：「色難（事親之際，惟色爲難。），有事弟子服其勞，有酒食先生（先生、謂父兄。）饌（飲食之。），曾（猶嘗也。）是以爲孝乎？」（爲政）

朱子云：「蓋孝子之有深愛者，必有和氣；有和氣者，必有愉色；有愉色者，必有婉容。故事親之際，惟色爲難耳。服勞服養，未足爲孝也。」

孟懿子（魯大夫仲孫氏。）問孝？子曰：「無違（不背於禮）！」樊遲（孔子弟子，名須。）御（御、爲孔子駕車。），子告之曰：「孟孫（即孟懿子）問孝於我，我對曰無違！」樊遲曰：「何謂也？」子曰：「生事之以禮，死葬之以禮，祭之以禮。」（爲政）

朱子云：「夫子以懿子未達而不能問，恐其失指，而以從親之令爲孝，故語樊遲以發之。生事、葬祭，事親之事終具矣。人之事親，自始至終，一於禮而不苟，其尊親也至矣。是時三家僭禮，故夫子以是警之。」

孟武伯（懿子之子）**問孝？子曰：「父母唯其疾之憂。」（爲政）**

朱子云：「言父母愛子之心，無所不至，惟恐其有疾病，常以爲憂也。人子體此，而以父母之心爲心，則凡所以守其身者，自不容於不謹矣，豈不可以爲孝乎？」

程子云：「告懿子，告衆人也；告武伯者，以其多可憂之事；子游能養，而或失於敬；子夏能直義，而或少溫潤之色。各因其材之高下，與其所失而告之，故不同也。」

子曰：「事父母幾諫（幾、微也）**，見志不從，又敬不違，勞而不怨。」（里仁）**

朱子云：「微諫、所謂父母有過，下氣怡色，柔聲以諫也。見志不從，又敬不違，所謂諫若不入，起敬起孝，悅則復諫也。勞而不怨，所謂與其得罪於鄉黨州閭，寧熟諫。父母怒不悅，而撻之流血，不敢疾怨，起敬起孝也。」

子曰：「父母之年，不可不知也；一則以喜，一則以懼。」（里仁）

朱子云：「知、猶記憶也，常知父母之年，則既喜其壽，又懼其衰，而於愛日之誠，自有不能已者。」

子曰：「父母在，不遠遊，遊必有方。」（里仁）

朱子云：「遠遊，則去親遠而爲日久，定省曠而音問疏。不惟己之思親不置，亦恐親之念我不忘也。遊必有方，如已告云之東，即不敢更適西。欲親必知己之所在而無憂，召己則必至而無失也。」

子曰：「父在觀其志，父沒觀其行，三年無改於父之道，可謂孝矣。」（學而）

尹氏曰：「如其道，雖終身無改，可也。如非其道，何待三年？然則三年無改者，孝子之心有所不忍故也。」

曾子曰：「吾聞諸夫子，孟莊子（孟莊子，魯大夫，名速，其父獻子，名蔑。獻子有賢德）之孝也，其他可能也；其不改父之臣，與父之政，是難能也。」（子張）

宰我問：「三年之喪，期（居年）已久矣。君子三年不爲禮，禮必壞；三年不爲樂，樂必崩（恐居喪不習而崩壞也）。舊穀既沒（沒、盡也），新穀既升（升、登也），鑽燧（燧、取火之木）改火（春取榆柳之火，夏取棗杏之火，秋取柞楢之火，冬取槐檀之火，亦一年而周也），期可已矣。」

子曰：「食夫稻，衣夫錦，於女安乎？」曰：「安！」「女（音汝，下同）安則爲之。夫君子之居喪，食旨不甘，聞樂不樂，居處不安，故不爲也。今女安則爲之！」

宰我出，子曰：「予（宰我名。）之不仁也！子生三年，然後免於父母之懷。夫三年之喪，天下之通喪也。予也有三年之愛於其父母乎？」（陽貨）

曾子曰：「吾聞諸夫子，人未有自致（致，盡其極也。）者也。必也親喪乎？」（子張）

子張曰：「書云：『高宗（商王武丁）諒陰（天子居喪之名），三年不言。』何謂也？」子曰：「何必高宗？古之人皆然！君薨，百官總己以聽於冢宰（冢宰，太宰也）三年。」（憲問）

胡氏曰：「位有貴賤，而生於父母，無以異者。故三年之喪，自天子達於庶人。子張非疑此也，殆以爲人君三年不言，則臣下無所稟令，禍亂或由以起也。孔子告以聽於冢宰，則禍亂非所憂矣。」

第二節 門人論孝

曾子有疾，召門弟子曰：「啟予足！啟予手！詩云：『戰戰（恐懼）兢兢（戒謹），如臨深淵（恐墜），如履薄冰（恐陷）。』而今而後，吾知免夫（免乎身體毀傷）？小子（門人）！」（泰伯）

曾子曰：「慎終（喪盡其禮）追遠（祭盡其誠），民德歸厚矣（謂下民化之）。」（學而）

「君子篤於親，則民興於仁。故舊不遺，則民不偷。」（學而）

第三節 忠信

子張問行？子曰：「言忠信，行篤敬，雖蠻（南蠻）貊（北狄）之邦行矣；言不忠信，行不篤敬；雖州里行乎哉？立，則見其參（言與我相參）。

於前也；在輿，則見其倚於衡也（衡、軛也）。夫然後行！」

子張書諸紳（紳、大帶之垂者）。（衛靈公）

朱子云：「子張意在得行於外，故夫子反於身而言之，猶答干祿問達之意也。」

子曰：「人而無信，不知其可也，大車無輗（輗、轅端橫木，縛軛以駕牛者。），小車無軏（軏、音月轅端上曲，鉤衡以駕馬者。），其何以行之哉？」（學而）

謂大車無輗，小車無軏，則不可以行；人而無信，亦猶車之無輗軏也。

第三章 改過慎言

第一節 改過

子曰：「法語（正言之也）之言，能無從乎？改之為貴；巽與（婉而之也）之言，能無說乎？繹（尋其緒也）之為貴。說而不繹，從而不改，吾

末如之何也已矣！」（子罕）

朱子云：「法言、人所敬憚，故必從；然不改，則面從而已。巽言、無所乖忤，故必悅；然不繹，則又不足以知其微意之所在也。」

子曰：「已矣乎！吾未見能見其過，而內自訟（口不言而心自咎。）者也。」（公治長）

朱子云：「已矣乎者，恐其終不得見，而歎之也。人有過而能自知者鮮矣；知過而能內自訟者尤鮮。能內自訟，則其悔悟深切，而能改必矣。夫子自恐終不得見而歎之，其警學者深矣。」

子曰：「過而不改，是謂過矣。」（衛靈公）

朱子云：「過而能改，則復於無過。惟不改，則其過遂成，而將不及改矣。」

子曰：「年四十而見惡焉，其終也已！」（陽貨）

朱子云：「四十成德之時，見惡於人，則止於此而已。勉人及時遷善改過也。」

子曰：「人之生也直，罔之，生也幸而免。」（雍也）

程子曰：「生理本直，罔、不直也，而亦生者，幸而免爾。」

第二節 門人論過

子貢曰：「君子之過也，如日月之食焉；過也，人皆見之。更也，人皆仰之。」（子張）

子夏曰：「小人之過也，必文。文飾之。」（子張）

朱子云：「小人憚於改過，而不憚於自欺，故必以重其過。」

子貢曰：「紂之不善，不如是之甚也。是以君子，惡居下流，天下之惡皆歸焉。」（子張）

朱子云：「下流、地形卑下之處，衆流之所歸；喻人身有汙賤之實，亦惡名之所聚也。子貢言此，欲人常自警省，不可一置其身於不善之地。非謂紂本無罪，而虛被惡名也。」

第三節 愼言

子曰：「君子欲訥於言，而敏於行。」（里仁）

謝氏曰：「放言易，故欲訥；力行難，故欲敏。」

子曰：「君子恥其言而過其行。」（憲問）

朱子云：「恥者、不敢盡之意；過者、欲有餘之辭。」

子曰：「古者言之不出，恥躬之不逮也。」（里仁）

朱子云：「言古者，以見今之不然。逮、及也，行不及言，可恥之甚。古者所以不出其言，爲此故也。」

范氏曰：「君子之於言也，不得已而後出之，非言之難，而行之難也。人惟其不行也，是以輕言之。言之如其所行，行之如其所言，則出諸其口必不易矣。」

子曰：「其言之不怍，則爲之也難。」（憲問）

朱子云：「大言不慚，則無必爲之志，而不自度其能否矣。欲踐其言，豈不難哉？」

南容三復白圭，孔子以其兄之子妻之。（先進）

朱子云：「詩大雅抑之篇曰：『白圭之玷，尚可磨也；斯言之玷，不可爲也。』南容一日三復斯言，事見家語，蓋深有意於謹言也。此邦有道所以不廢，邦無道所以免於禍。故孔子以兄子妻之。」

范氏曰：「言者，行之表；行者，言之實。未有易其言，而能謹於行者。南容欲謹其言如此，則必能謹其行矣。」

或曰：「雍（字仲弓。）也，仁而不佞（佞，口才也。）。」子曰：「焉用佞？禦（當也）人以口給（給、辯也），屢憎（憎、惡也）於人，不知其仁，焉用佞？」（公冶長）

朱子云「仲弓爲人，重厚簡默，而時人以佞爲賢，故美其優於德，而病其短於才也。佞人所以應答人者，但以口取辯，而無情實，徒多爲人所憎惡爾。我雖未知仲弓之仁，然其不佞，乃所以爲賢，不足以爲病也。再言焉用佞，所以深曉之。」

子曰：「辭達而已矣（辭取達意而止，不以富麗爲工。）！」（衛靈公）

子路使子羔爲費宰，子曰：「賊（害也）夫人之子（言子羔質美而未學，遽使治民，適以害之！）」子路曰：「有民人焉，有社稷焉，何必讀書，然後爲學？（言治民事神，皆所以爲學，何必讀書，然後爲學。）」子曰：「是故惡夫佞者！」（先進）

朱子云：「治民事神，固學者事，然必學之已成，然後可仕以行其學。若初未嘗學，而使之即仕以爲學，其不至於慢神而虐民者幾希矣。子路之言，非其本意，但理屈辭窮而取辯於口以禦人耳。故夫子不斥其非，而特惡其佞也。」

范氏曰：「古者學而後入政，未聞以政學者也。」

哀公問社於宰我（古者立社，各樹其土之所宜木以爲主也。）？宰我對曰：「夏后氏以松，殷人以柏，周人以栗。曰使民戰栗（戰栗、恐懼貌，宰我又言周所以用栗之意。）」子聞之曰：「成事不說，遂事（事雖未成，而勢不能已者。）不諫，既往不咎。」（八佾）

尹氏曰：「古者各以所宜木名其社，非取義於木也，宰我不知而妄對，故夫子責之。」

朱子云：「孔子以宰我所對，非立社之本意，又啓時君殺伐之心，而其言已出，不可復救，故歷言此以深責之，欲使謹其後也。」

子曰：「惡紫（紫、間色。）之奪朱也（朱、正色。），惡鄭聲（鄭聲淫。）之亂雅樂也（雅、正也。），惡利口（利口、捷給。）之覆邦家者。」（陽貨）

范氏曰：「天下之理，正而勝者常少，不正而勝者常多，聖人所以惡之也。利口之人，以是爲非，以非爲是，以賢爲不肖，以不肖爲賢。人君苟悅而信之，則國家之覆也不難矣。」

子曰：「巧言亂德，小不忍，則亂大謀。」（衞靈公）

朱子云：「巧言、變亂是非，聽之使人喪其所守。小不忍、如婦人之仁，匹夫之勇，是也。」

子曰：「邦有道，危高峻也。言危行；邦無道，危行言孫遜、卑順。」（憲問）

尹氏曰：「君子之持身，不可變也。至於言，則有時而不敢盡，以避禍也。然則爲國者使士言遜，豈不殆哉？」

子曰：「不在其位，不謀其政。」（泰伯）

程子曰：「不在其位，則不任其事也。若君大夫問而告者，則有之矣。」

第四章 接物待人

子曰：「可與言，而不與之言，失人；不可與言，而與之言，失言。知者不失人，亦不失言。」（衛靈公）

孔子曰：「侍於君子（君子、有德位之通稱。）有三愆（愆、過也。）：言未及之而言，謂之躁；言及之而不言，謂之隱；未見顏色而言，謂之瞽（瞽、不能察言觀色。）。」（季氏）

尹氏曰：「時然後言，則無三者之過矣。」

子曰：「可與（言可與共爲此事。）共學（知所以求之也。），未可與適道（未知所向往也。）；可與適道，未可與立（篤志固執而不變也。）；可與立，未可與權（能權輕重，使合於義猶孟子所謂：嫂溺援之以手。）。」（子罕）

楊氏曰：「知爲己，則可與共學矣。學足以明善，然後可與適道。信道篤，然後可與立。知時措之宜，然後可與權。」

洪氏曰：「易九卦，終於巽以行權。權者、聖人之大用，未能立而言權，猶人未能立而欲行，鮮不失矣。」

子曰：「放依也於利而行，多怨取多怨。！」（里仁）

程子曰：「欲利於己，必害於人，故多怨。」

子曰：「躬自厚，而薄責於人，則遠怨矣。」（衞靈公）

朱子云：「責己厚，故身益修；責人薄，故人易從。所以人不得而怨之。」

子曰：「伯夷叔齊，不念舊惡，怨是用希。」（公冶長）

朱子云：「伯夷叔齊，孤竹君之二子，孟子稱其不立於惡人之朝，不與惡人言，與鄉人立，其冠不正，望望然去之，若將浼焉。其介如此，宜若無所容矣；然其所惡之人，能改即止，故人亦不甚怨之也。」

程子云：「不念舊惡，此清者之量。」又云：「二子之心，非夫子孰能知之？」

或曰：「以德報怨何如？」子曰：「何以報德？以直報怨，以德報德。」（憲問）

朱子云：「或人之言，可謂厚矣！然以聖人之言觀之，則見其出於有意之私，而怨德之報，皆不得其平也。必如夫子之言，然後二者之報，各得其所。然怨有不讐，而德無不報，則又未嘗不厚也。」

公伯寮（魯人）愬子路於季孫。子服景伯（魯大夫。）以告曰：「夫子（指季孫。）固有惑志於公伯寮（言其有疑於寮之言），吾力猶能肆（肆，陳尸也。）諸市朝（言欲誅寮。）。」

子曰：「道之將行也與？命也！道之將廢也與？命也！公伯寮其如命何？」（憲問）

朱子云：「言此以曉景伯，安子路，而警伯寮耳。聖人之於利害之際，則不待決於命而後泰然也。」

陽貨名虎，季氏家臣。欲見孔子，孔子不見，歸孔子豚，孔子時其亡也而往拜之禮大夫有賜於士，不得受於其家，則往拜其門。遇諸塗。謂孔子曰：「來！予與爾言，曰：懷其寶而迷其邦，可謂仁乎？」曰：「不可！」「好從事而亟失時，可謂知乎？」曰：「不可！」「日月逝矣，歲不我與！」孔子曰：「諾！吾將仕矣。」（陽貨）

朱子云：「貨語皆譏孔子，而諷使速仕，孔子固未嘗如此，而亦非不欲仕也，但不仕於貨耳。陽貨之欲見孔子，雖其善意，然不過欲使助己爲亂耳。故孔子不見者，義也。其往拜者，禮也。必時其亡而往者，欲其稱也。遇諸途而不避者，不終絕也。隨問而對者，理之直也。對而不辯者，言之遜而亦無所詘也。」

子曰：「好勇、疾貧，亂也。人而不仁，疾之已甚，亂也。」（泰伯）

朱子云：「好勇而不安分，則必作亂。惡不仁之人而使之無所容，則必致亂。二者之心，善惡雖殊，然其亂則一也。」

子曰：「唯女子與小人，爲難養也！近之則不孫，遠之則怨。」（陽貨）

朱子云：「此小人，亦謂僕隸下人也。君子之於臣妾，莊以涖之，慈以畜之，則無二者之患矣。」

陳（國名）司敗（官名）問昭公（魯君）知禮乎？孔子曰：「知禮！」

孔子退。揖（司敗揖也）巫馬期（孔子弟子）而進之曰：「吾聞君子不黨，

（相助匿非曰黨）君子亦黨乎？君取於吳爲同姓（禮不娶同姓。），謂之吳孟子（諱之），君而知禮，孰不知禮？」巫馬期以告，子曰：「丘也幸！苟有過，人必知之。」（述而）

吳氏曰：「魯蓋夫子父母之國，昭公魯之先君也。司敗又未嘗顯言其事，而遽以知禮爲問，其對之宜如此也。及司敗以爲有黨，而夫子受以爲過，蓋夫子盛德，無所不可也。然其受以爲過也，亦不正言其所以過，初若不知孟子之事者，可以爲萬世之法矣。」

師（樂師）冕（樂師名，瞽者）見，及階，子曰：「階也！」及席，子曰：「席也！」皆坐，子告之曰：「某在斯，某在斯！」師冕出，子張問曰：「與師言之，道與？」子曰：「然！固相（相，助也）師之道也。」（衛靈公）

尹氏曰：「聖人處己爲人，其心一致，無不盡其誠故也。有志於學者，求聖人之心，於斯亦可見矣。」

范氏曰：「聖人不侮鰥寡，不虐無告，可見於此。推之天下，無一物不得其所矣。」

顏淵死，顏路淵之父。請子子、孔子之車，以爲之椁椁、外棺。。子曰：「才不才，亦各言其子也；鯉孔子之子也死，有棺而無椁；吾不徒行以爲之椁言未賣車徒行，爲鯉買椁。，以吾從大夫之後孔子時已致仕，尚從大夫之列。，不可徒行也。」（先進）

胡氏曰：「孔子遇舊館人之喪，嘗脫驂以賻之矣，今乃不許顏路之請何邪？葬可以無椁，驂可以脫而復求，大夫不可以徒行，命車不可以與人而鬻諸市也。且爲所識窮乏者得我，而勉强以副其意，豈誠心與直道哉？或者以爲君子行禮，視吾之有無而已，夫君子之用財，視義之可否？豈獨視有無而已哉？」

顏淵死，門人欲厚葬之。子曰：「不可！」門人厚葬之。子曰：「回也，視予猶父也！予不得視猶子也（歎不得如葬鯉之得宜。）。非我也，夫二三子也（指門人。）！」（先進）

朱子云：「喪具稱家之有無，貧而厚葬，不循理也，故夫子止之。」

子華（公西赤，孔子弟子）使（爲孔子使）於齊，冉子爲其母請粟。子曰：「與之釜（釜，六斗四升。）。」請益，曰：「與之庾（庾，十六斗。）。」冉子與之粟五秉（秉，十六斛。）。子曰：「赤之適齊也，乘肥馬，衣輕裘；吾聞之也，君子周急，不繼富。」

原思（名憲，孔子弟子。）爲之宰（孔子爲魯司寇，以思爲宰。），與之粟九百（不言其量，不可考。）。辭。子曰：

「毋！以與爾鄰里鄉黨乎。」（雍也）

程子曰：「夫子之使子華，子華之爲夫子使，義也。而冉子乃爲之請，聖人寬容，不欲直拒人，故與之少，所以示不當與也。請益，而與之亦少，所以示不當益也。求未達，而自與之多，則過矣，故夫子非之。蓋赤苟至乏，則夫子必自周之，不待請矣。原思爲宰，則有常祿，思辭其多，故又教以分諸鄰里之貧者，蓋亦莫非義也。」

第五章　交友之道

第一節　交　友

孔子曰：「益者三友，損者三友：友直則聞其過，友諒則進於誠，友多聞則進於明，益矣；友便便、習熟辟便辟，謂習於威儀而不直。，友便佞工於媚悅而不諒。，友善柔，習於口語而無聞見之實損矣。」（季氏）

尹氏曰：「自天子至於庶人，未有不須友以成者，而其損益有如是者，可不謹哉？」

孔子曰：「益者三樂（樂、五教反。），損者三樂：樂節（節謂辨其制度聲容之節）禮樂（禮樂之樂音岳），樂道人之善，樂多賢友，益矣；樂驕樂（驕樂之樂音洛，驕樂、則侈肆而不知節。），樂佚遊（佚遊、則惰慢而惡聞善），樂宴樂（宴樂之樂音洛，宴樂、則淫溺而狎小人。），損矣。」（季氏）

尹氏曰：「君子之於好樂，可不謹哉！」

子貢問友？子曰：「忠告而善道之，不可則止，毋自辱焉！」（子路）

朱子云：「友所以輔仁，故盡其心而告之，善其說以道之。然以義合者也，故不可則止。若以數而見疏，則自辱矣。」

子曰：「巧言令色，足（將樹反，過也）恭，左丘明（古之聞人）恥之，丘亦恥

之；匿怨而友其人，左丘明恥之，丘亦恥之。」（公冶長）

謝氏曰：「二者之可恥，有甚於穿窬也。左丘明恥之，其所養可知矣。夫子自言丘亦恥之，蓋竊比老彭之意。又以深戒學者，使察乎此而立心以直也。」

子曰：「晏平仲（齊大夫，名嬰）善與人交，久而敬之。」（公冶長）

程子曰：「人交久，則敬衰，久而能敬，所以爲善。」

子曰：「羣居終日，言不及義，好行小慧（小慧，私智也），難矣哉！」（衞靈公）

朱子云：「言不及義，則放辟邪侈之心滋；好行小慧，行險僥倖之機熟。難矣哉者，言其無以入德，而將有患害也。」

問人於他邦，再拜而送之。拜送使者，如親見之，敬也。

康子魯大夫。饋藥，拜而受之，曰：「丘未達，不敢嘗！」（鄉黨）

楊氏曰：「大夫有賜，拜而受之禮也。未達不敢嘗，謹疾也。必告之直也。」

朋友死，無所歸，曰：「於我殯！」

朋友之饋，雖車馬，非祭肉不拜。」（鄉黨）

朱子云：「朋友以義合，死無所歸，不得不殯。朋友不拜，祭肉則拜者，敬其祖考。朋友有通財之義，故雖車馬之重，亦不必拜也。」

第二節　門人論友

子夏之門人，問交於子張？子張曰：「子夏云何？」對曰：「子夏曰，可者與之，其不可者拒之。」子張曰：「異乎吾所聞！君子尊賢而容衆，嘉善而矜不能。我之大賢與？於人何所不容？我之不賢與？人將拒我，如之何其拒人也？」（子張）

朱子云：「子夏之言迫狹，子張譏之是也。但其所言，亦有過高之病。蓋大賢雖無所不容；然大故亦所當絕。不賢固不可以拒人；然損友亦所當遠。學者不可不察也。」

曾子曰：「君子以文會友，以友輔仁。」（子路）

朱子云：「講學以會友，則道益明；取善以輔仁，則德日進。」

有子曰：「信（約信）**近於義，言可復也**（復、踐言也。）**；恭**（致敬）**近於禮，遠恥辱也；因**（依也）**不失其親，亦可宗也**（宗、猶主也。）**。」（學而）**

朱子云：「此言人之言行交際，皆當謹之於始，而慮其所終。不然，則因仍苟且之間，將有不勝其自失之悔者矣。」

子游曰：「事君數（數、煩數也。）**，斯辱矣；朋友數，斯疏矣。」（里仁）**

胡氏曰：「事君諫不行，則當去；導友善不納，則當止。至於煩瀆，則言者輕，聽者厭矣。是以求榮而反辱，求親而反疏也。」

范氏曰：「朋友君臣，皆以義合，故其事同也。」

第六章 容色言動

尹氏曰：「甚矣！孔門諸子之嗜學也。於聖人之容色言動，無不謹書而備錄之，以貽後世。今讀其書，即其事，宛然如聖人之在目也。雖然，聖人豈拘拘而為之者哉？蓋盛德之至，動容周旋，自中乎禮耳。學者欲潛心於聖人，宜於此求焉！」

楊氏曰：「聖人之所謂道者，不離乎日用之間也。故夫子之平日一動一靜，門人皆審視而詳記之。」

子溫而厲厲、嚴肅也。**，威而不猛，恭而安。**（述而）

朱子云：「人之德性，本無不備，而氣質所賦，鮮有不偏。惟聖人全體渾然，陰陽合德，故其中和之氣，見於容貌之間者如此。門人熟察而詳記之，亦可見其用心之密矣。抑非知足以知聖人，而善言德行者，不能記。故程子以為曾子之言，學者所宜反復而玩心也。」

子夏曰：「君子有三變：望之儼然貌之莊。**；即之也溫；聽其言也厲**厲者、辭之確也。**。」**（子張）

程子云：「他人儼然則不溫；溫則不厲。惟孔子全之。」

子絕四：毋（史記作無）**意**（私意）**；毋必**（必、期必也。）**；毋固**（固、執滯）**；毋我**（我、私己）**。（子罕）**

朱子云：「四者相爲終始；起於意，遂於必，留於固，而成於我也。蓋意必常在事前，固我常在事後，至於我又生意，則物欲牽引，循環不窮矣。」

楊氏曰：「非知足以知聖人，詳視而默識，不足以記此。」

子不語：怪、力、亂、神。（述而）

朱子云：「怪異勇力悖亂之事，非理之正，固聖人所不語。鬼神造化之迹，雖非不正，然非窮理之至，有未易明者，故亦不輕易語人也。」

謝氏曰：「聖人語常而不語怪，語德而不語力，語治而不語亂，語人而不語神。」

子罕（罕、少也）**言利，與命，與仁。（子罕）**

程子云：「計利則害義，命之理微，仁之道大，皆夫子所罕言也。」

子釣而不綱（綱、以大繩屬網，絕流而漁者。）**，弋**（以生絲繫矢而射也）**不射宿**（不射宿鳥）**。（述而）**

洪氏曰：「孔子少貧賤，爲養與祭，或不得已而釣弋，如獵較是也。然盡物取之，出其不意，亦不爲也。此可見仁人之本心矣。待物如此，待人可知；小者如此，大者可知。」

子之所慎：齊（側皆反，齊也，將祭而齊其思，慮之不齊者，以交於神明也。）**、戰**（衆之生死，國之存亡繫焉。）**、疾**（吾身之所以死生存亡者。）。（述而）

尹氏曰：「夫子無所不謹，弟子記其大者耳。」

齊（齋側皆反）**，必有明衣，布**（齋必沐浴，浴竟，即着明衣，所以明潔其體也。以布爲之。）**；齊、必變食**（不飲酒茹葷。）**，居必遷坐**（易常處。）。（鄉黨）

楊氏云：「齋所以交神，故致潔變常以盡敬。」

子之燕居（閒暇無事之時）**，申申如也**（其容舒也）**，夭夭如也**（其色愉也。）。（述而）

程子云：「此弟子善形容聖人處也。爲申申字說不盡，故更着夭夭字。今人燕居之時，不怠惰放肆，必太嚴厲。嚴厲時着此四字不得。怠惰放肆時，亦着此四字不得。惟聖人便自有中和之氣。」

寢不尸（謂偃臥似死人），居不容（居、家居。容、容儀）。見齊衰者（喪服），雖狎（狎、謂素所親狎。）必變。見冕者（貴者），與瞽者，雖褻（褻、謂燕見。），必以貌（貌、禮貌。）。凶服者式之，（式、車前橫木，有所敬，則俯而式之）式負版者（負邦國圖籍。）。有盛饌，必變色而作（敬主人之禮。）。迅雷（迅、疾也），風烈（烈、猛也），必變（所以敬天之怒。）。（鄉黨）

朱子云：「此一節記孔子容貌之變。」

子見齊（齊、音咨）衰（七雷反。）者（穿喪服者），冕衣裳者（貴者之盛服。），與瞽者；見之，雖少必作（作、起也），過之必趨（趨、疾行也。）。（子罕）

范氏曰：「聖人之心，哀有喪，尊有爵，矜不成人。其作與趨，蓋有不期然而然者。」

尹氏曰：「此聖人之誠心，內外一者也。」

食（飯也）不厭精（精、鑿也），膾（切肉類。）不厭細（膾粗能害人。）。食（音嗣）饐（飯傷熱濕也。）而餲（餲、味變也。），魚餒（魚爛曰餒）而肉敗（肉腐曰敗），不食。色惡（未敗而色變也）不食。臭惡（未敗而臭變也）不食，（魚肉雖未腐爛，但色味已變，亦不可食。）。失飪（飪、烹調生熟之節）不食。不時（穀果不成熟之類。）不食。割不正，不食。不得其醬，不食。肉雖多，不使勝食氣。

惟酒無量，不及亂。沽酒，市脯（沽、市、皆買也，恐不潔傷人。），不食。不撤薑食（薑、通神明去穢惡），不多食（適可而止）。

祭於公（助祭於公），不宿肉（所得胙肉，歸即頒賜。）。祭肉，不出三日；出三日，不食之矣。

食不語（答述曰語），寢不言（自言曰言）。

雖疏食菜羹，瓜祭（魯論瓜作必，謂食前必先以少許食物祭先代爲飲食之人），必齊（敬也）如也。（鄉黨）

謝氏曰：「聖人飲食如此，非極口腹之欲；蓋養氣體，不以傷生，當如此。然聖人之所不食，窮口腹者或反食之，慾心勝，而不暇擇也。」

席不正，不坐聖人心安於正，故於位之不正者，雖小不處。。（鄉黨）

子食於有喪者之側，未嘗飽也。

子於是日哭哭、謂弔祭。，則不歌。（述而）

謝氏曰：「學者於此二者，可見聖人情性之正也。能識聖人之情性，然後可以學道。」

升車，必正立執綏綏、挽以上車之索也。，車中不內顧回視也。，不疾言，不親指。（鄉黨）

朱子云：「三者皆失容，且惑人。」

范氏曰：「正立執綏，則心體無不正，而誠意肅恭矣。蓋君子莊敬無所不在，升車則見於此也。」

孔子於鄉黨，恂恂（信實之貌）如也，似不能言者（謙慎卑順，不以賢知先人。）。其在宗廟朝廷，便便（辯也）言，唯謹爾。（鄉黨）

朱子云：「此一節，記孔子在鄉黨，宗廟、朝廷，言貌之不同。宗廟、禮法之所在；朝廷、政事之所出。言不可以不明辯，故必詳問而極言之，但謹而不放。」

鄉人飲酒，杖者（老人、六十杖於鄉）出，斯出矣。

鄉人儺（儺，乃各反，所以逐疫），朝服而立於阼階（阼階、東階也）。（鄉黨）

朱子云：「儺雖古禮，而近於戲，亦必朝服而臨之者，無所不用其誠敬也。或曰：恐其驚先祖五祀之神，欲其依己而安也。此一節記孔子鄉居之事。」

朝、與下大夫言，侃侃（剛直也。）如也。與上大夫言，誾誾（和悅而諍也。）如也。（此君未視朝時也。）君在（視朝），踧踖如也（恭敬不寧之貌），與與（威儀中適之貌）如也。（鄉黨）

張子云：「與與、不忘向君也」。

朱子云：「此一節，記孔子在朝廷事上接下之不同也。」

入公門，鞠躬（曲身）如也，如不容（公門高大，而若不容，敬之至也。）立不中門，行不履閾（閾、于逼反，門限也。）。過位（位、君之虛位，君雖不在。過之必敬。）色勃（勃、變色貌。）如也，足躩如也，其言似不足者（不敢肆也。）。攝（摳也）齊（音咨，衣下縫也。）升堂（兩手摳衣，使去地尺，恐躡之而傾跌失容也。），鞠躬如也。屏（藏也）氣似不息者（息、鼻息出入者也。）。

出、降一等（等、階之級也），逞（放也）顏色，怡怡（和悅）如也。沒階（下盡階。）趨，翼如也。復其位，踧踖如也（敬之餘也。）（鄉黨）

朱子云：「此一節記孔子在朝之容。」

執圭（圭、諸侯命圭，聘問鄰國，則使大夫執以通信），鞠躬如也，如不勝（敬之至。），上如揖，下如授（謂執圭平衡，手與心齊），勃如戰色（懼也。）足蹜蹜（舉足促狹也。），如有循（行不離地，如緣物也。）。享（獻也。既聘而享，用圭璧，有庭實。）禮，有容色（和也。）。私覿（以私禮見），愉愉（和悅也。）如也。（鄉黨）

君召使擯（擯、必刃反，主國之君所使出接賓者），色勃如也，足躩（躩、驅若反，盤辟貌。）如也（皆敬君命故也。）。揖所與立（同為擯者），左右手（揖左人，則左其手。揖右人，則右其手。），衣前後，襜（整貌）如也。趨進

疾趨而進，翼張拱端好，如鳥舒翼。如也。賓退，必復命曰，賓不顧矣。（鄉黨）

君賜食，必正席先嘗之。君賜腥，必熟而薦之。君賜生，必畜之。侍食於君，君祭，先飯。疾，君視之，東首，加朝服拖紳。君命召，不俟駕行矣。（鄉黨）

子曰：「事君盡禮，人以爲諂也。」（八佾）

廄焚，子退朝，曰：「傷人乎？」不問馬。（鄉黨）

朱子云：「非不愛馬，然恐傷人之意多，故未暇問。蓋貴人賤畜，理當如此。」

第七章　人格標準

孔子所定人格，有聖人、仁人、君子、成人、善人、士等；聖人、仁人，爲人格之極致，孔子嘗自言「若聖與仁，則吾豈敢？」非人人所可企及。而以次於聖人仁人之君子，爲陶冶人格之標準。故曰：「聖人吾不得而見之矣，得見君子者，斯可矣！」其次則爲成人爲士。

第一節 君子

子曰：「聖人（神明不測之號）**吾不得而見之矣：得見君子者斯可矣！**（君子、才德出衆之名。）」

子曰：「善人，吾不得而見之矣；得見有恆者斯可矣（恒、常久之意）**！亡**（同無）**而爲有，虛而爲盈，約而爲泰，難乎有恆矣！**（三者皆虛夸之事，凡若此者，必不能守其常也。）」（述而）

張敬夫曰：「聖人君子以學言，善人有恒者以質言。」

朱子云：「有恒者之與聖人，高下固懸絕矣，然未有不自有恒而能至於聖者也。」

子路問君子？子曰：「脩己以敬！」曰：「如斯而已乎？」曰：「脩己以安人！」曰：「如斯而已乎？」曰：「脩己以安百姓！脩己以安百姓，堯舜其猶病諸？」（憲問）

朱子云：「脩己以敬，夫子之言至矣盡矣，而子路少之，故再以其充積之盛，自然及物者告之，無他道也。人者，對己而言，百姓、則盡乎人矣。堯舜猶病，言不可以有加於此，以抑子路，使反求諸近也。蓋聖人之心無窮，世雖極治，然豈能必知四海之內，果無一物不得其所哉？故堯舜猶以安百姓為病。若曰，吾治已足，則非所以為聖人矣。」

子張問善人之道（善人、質美而未學者。）？子曰：「不踐迹，亦不入於室。」（先進）

程子云：「踐跡、如言循途守轍，善人雖不必踐舊跡，而自不為惡；然亦不能入聖人之室也。」

子曰：「質勝文則野野、野人，言鄙略也。；文勝質則史史、掌文書，多聞習事，而誠或不足也。；文質彬彬彬彬、物相雜而適均之貌。，然後君子。」（雍也）

楊氏曰：「文質不可以相勝，然質之勝文，猶之甘可以受和，白可以受采也。文勝而至滅質，則其本亡矣。雖有文將安施乎？然則與其史也寧野。」

子曰：「君子不器。器者、各適其用，而不能相通。」（爲政）

朱子云：「成德之士，體無不具，故用無不周，非特爲一才一藝而已。」

子曰：「君子貞而不諒貞、正而固也，諒則不擇是非，而必於信。。」（衛靈公）

子曰：「君子矜莊以持己曰矜而不爭無乖戾之氣，故不爭。；羣和以處衆而不黨無阿比之意，故不黨。。」（衛靈公）

孔子曰：「君子有九思：視思明（視無所蔽，則明無不見），聽思聰（聽無所壅，則聰無不聞），色（見於面者）思溫，貌（舉其身而言。）思恭，言思忠，事思敬，疑思問（思問，則疑不蓄。），忿思難（思難、則忿必懲。），見得思義（思義、則得不苟。）。」（季氏）

謝氏曰：「未至於從容中道，無時而不自省察也。雖有不存焉者寡矣，此之謂思誠！」

孔子曰：「君子有三戒：少之時，血氣（形之所待以生者，血陰而氣陽也）未定，戒之在色；及其壯也，血氣方剛，戒之在鬬；及其老也，血氣既衰，戒之在得（得、貪得也。）。」（季氏）

范氏曰：「聖人同於人者，血氣也；異於人者，志氣也。血氣有時而衰，志氣則無時而衰也。少未定，壯而剛，老而衰者，血氣也；戒於色，戒於鬬，戒於得者，志氣也。君子養其志氣，故不爲血氣所動，是以年彌高，而德彌卲也。」

孔子曰：「君子有三畏：畏（嚴憚之意）天命（天所賦之正理），畏大人，畏聖人之言。小人不知天命而不畏也，狎大人，侮（戲玩也。）聖人之言。」（季氏）

尹氏曰：「三畏者，修己之誠當然也。小人不務修身誠己，則何畏之有？」

朱子云：「知其可畏，則其戒謹恐懼，自有不能已者，而付畀之重，可以不失矣。大人聖言，皆天命所當畏，知畏天命，則不得不畏之矣。不知天命，故不識義理，而無所忌憚如此。」

子路曰：「君子尚勇乎（尚，上之也。）？」子曰：「君子（以位言。）義以為上，君子有勇而無義為亂；小人（亦以位言）有勇而無義為盜。」（陽貨）

尹氏曰：「義以為尚，則其勇也大矣！子路好勇，故夫子以此救其失也。」

子曰：「君子之於天下也，無適也（適、丁歷反，專主也。）**，無莫也**（莫、不肯也。）**，義之與比**（比、從也。）**。」**（里仁）

謝氏曰：「無可無不可，苟無道以主之，不幾於猖狂自恣乎？此佛老之學，所以自謂心無所住，而能應變，而卒得罪於聖人也。聖人之學不然！於無可無不可之間，有義存焉。然則君子之心，果有所倚乎？」

子曰：「君子義以爲質，禮以行之，孫（遜也）**以出之，信以成之，君子哉！」**（衞靈公）

朱子云：「義者，制事之本，故以爲質幹。而行之必有節文，出之必以退遜，成之必在誠實。乃君子之道。」

程子云：「義以爲質，如質幹然；禮行此，孫出此，信成此，此四句只是一事，以義爲本。」又云：「敬以直內，則義以方外，義以爲質，則禮以行之，孫以出之，信以成之。」

子貢曰：「君子亦有惡乎（惡、去聲，好惡之惡。）？」子曰：「有惡！惡稱人之惡者；惡居下流而訕上者（訕、謗毀也。）；惡勇而無禮者；惡果敢而窒者（窒、不通也。）。」

曰：「賜也！亦有惡乎？」「惡徼以爲知者（徼、古堯反，伺察也。）；惡不孫以爲勇者；惡訐以爲直者（訐、攻發人之陰私。）。」（惡訐以下，子貢之言也。）（陽貨）

朱子云：「稱人惡，則無仁厚之意；下訕上，則無忠敬之心；勇無禮，則爲亂；果而窒，則妄作。故夫子惡之。」

楊氏曰：「仁者無不愛，則君子疑若無惡矣。子貢有是心也，故問焉，以質其是非。」

侯氏曰：「聖賢之所惡如此，所謂唯仁者能惡人也。」

子曰：「君子不重（重、厚重），則不威（威、威嚴）；學、則不固（固、堅固）。主忠信人不忠信，則事皆無實，爲惡則易，爲善則難，無友不如己者友所以輔仁，不如己，則無益而有損，過則勿憚改有過當速改，不可畏難而苟安。。」（學而）

程子曰：「君子自修之道，當如是也。」

游氏曰：「君子之道，以威重爲質，而學以成之。學之道，必以忠信爲主，而以勝己者輔之。然或吝於改過，則終無以入德，而賢者亦未必樂告以善道，故以過勿憚改終焉。」

子曰：「不知命，無以爲君子也人不知命，見害必避，見利必趨，何以爲君子！不知禮，無以立也不知禮，耳目無所加，手足無所措。！不知言，無以知人也言之得失，可以知人之邪正！」（堯曰）

尹氏曰：「知斯三者，則君子之事備矣。學者少而讀之，老而不知一言爲可用，不幾於侮聖言者乎？夫子之罪人也，可不念哉！」

第二節　成　人

子路問成人成人，猶言全人。？子曰：「若臧武仲魯大夫，名紇，多智，時人謂之聖。之知；公綽（魯大夫。）之不欲；卞莊子（魯卞邑大夫、好勇，嘗刺虎。）之勇；冉求之藝（求也藝。），文之以禮樂，亦可以爲成人矣。」

曰：「今之成人者，何必然！見利思義，見危授命（不愛其身，持以與人。），久要（舊約）不忘平生（平生、平日也）之言，亦可以爲成人矣。」（既答而復言。）（憲問）

朱子云：「言兼此四子之長，則智足以窮理，廉足以養心，勇足以力行，藝足以泛應；而又節之以禮，和之以樂，使德成於內，而文見乎外；則材全德備，渾然不見一善成名之迹，中正和樂，粹然無復偏倚駁雜之蔽，而其爲人也亦成矣。然亦之爲言，非其至者，蓋就子路之所及而語之也。若論其至，則非聖人之盡人道，不足以語此。」

程子云：「知之明，信之篤，行之果，天下之達德也。若孔子所謂成人，亦不出此三者：武仲知也，公綽仁也，卞莊子勇也，冉求藝也。須合此四人之能，文之以禮樂，亦可以爲成人矣。然而論其大成，則不止於此。若今之成人，有忠信而不及於禮樂，則又其次者也。」又曰：「語成人之名，非聖人孰能之？孟子曰：『惟聖人然後可以踐形，』如此方可以稱成人之名。」

第三節　士

子貢問曰：「何如斯可謂之士矣？」子曰：「行己有恥，使於四方，不辱君命，可謂士矣！（子貢能言，故以使事告之。蓋為使之難，不獨貴於能言而已。）」

曰：（子貢又問）「敢問其次？」曰：「宗族稱孝焉，鄉黨稱弟焉！（此本立而材不足者，故為其次。）」

曰：（子貢又問）「敢問其次？」曰：「言必信，行必果，硜硜（苦耕反，小石之堅確者）然，小人哉（言其識量淺狹）！抑亦可以為次矣（下此則不復為士。）。」

曰：（子貢又問）「今之從政者（如魯三家之屬）何如？」子曰：「噫（不平歎聲）！斗筲（鄙細）之人，何足算也（算、數也）？」（子路）

程子云：「子貢之意，蓋欲為皎皎之行，聞於人者，夫子告之，皆篤實自得之事。」

憲原憲問恥？子曰：「邦有道穀穀、祿也，邦無道穀，恥也。」（憲問）

朱子云：「邦有道不能有爲，邦無道不能獨善，而但知食祿，皆可恥也。憲之狷介，其於邦無道穀之可恥，固知之矣；至於邦有道穀之可恥，則未必知也。故夫子因其問而幷言之，以廣其志，使知所以自勉，而進於有爲也。」

子曰：「篤厚而力也信好學，守死善道，危邦不入，亂邦不居，天下有道則見，無道則隱。邦有道，貧且賤焉，恥也；邦無道，富且貴焉；恥也。」（泰伯）

朱子云：「不篤信，則不能好學。然篤信而不好學，則所信或非其正。不守死，則不能以善其道。然守死而不足以善其道，則亦徒死而已。蓋守死者，篤信之效；善道者，好學之功。」

子路問曰：「何如斯可謂之士矣？」子曰：「切切（懇到）偲偲（詳勉）怡怡（和悅）如也；可謂士矣！朋友切切偲偲，兄弟怡怡。」（子路）

胡氏曰：「皆子路所不足，故告之。又恐其混於所施，則兄弟有賊恩之禍，朋友有善柔之損，故又別而言之。」

子曰：「士志於道，而恥惡衣惡食者，未足與議也。」（里仁）

朱子云：「心欲求道，而以口體之奉不若人爲恥，其識趣之卑陋甚矣！何足與議道哉？」

子曰：「士而懷居（居、謂意所便安處也。），不足以爲士矣！」（憲問）

子貢曰：「貧而無諂（諂、卑屈也。），富而無驕（驕、矜肆也。），何如？」子曰：「

可也，未若貧而樂，富而好禮者也。」子貢曰：「詩云『如切如磋，如琢如磨。』其斯之謂與？」子曰：「賜也！始可與言詩已矣，告諸往而知來者。」（學而）

朱子云：「常人溺於貧富之中，而不知所以自守，故必有二者之病；無諂無驕，則知所自守矣，而未能超乎貧富之外也。凡曰可者，僅可而有所未盡之辭也。樂則心廣體胖，而忘其貧；好禮則安處善，樂循理，亦不自知其富矣。子貢貨殖，蓋先貧後富，而嘗用力於自守，故以此為問，而夫子答之如此，蓋許其所已能，而勉其所未至也。」

子曰：「貧而無怨難，富而無驕易。」（憲問）

朱子云：「處貧難，處富易，人之常情。然人當勉其難，而不可忽其易也。」

子張問士，何如斯可謂之達矣（達者、德孚於人而行無不得之謂）？」

子曰：「何哉？爾所謂達者（子張務外，夫子蓋已知其發問之意，故反詰之，將以發其病而藥之也。）」

子張對曰：「在邦必聞，在家必聞（言名譽著聞也。）」

子曰：「是聞也，非達也（聞與達相似而不同，乃誠僞之所以分，學者不可不慎也）！夫達也者：質直而好義（內主忠信，而所行合宜），察言而觀色（審於接物），慮以下人（卑以自牧），在邦必達，在家必達（德修於己，而人信之，則所行自無窒礙矣）。夫聞也者，色取仁而行違（善其色以取於仁，而行實背之），居之不疑（又自以爲是，而無所忌憚，此不務實而專務求名者）。在邦必聞，在家必聞。」（顏淵）

程子云：「學者須是務實，不要近名；有意近名，大本已失，更學何事？爲名而學，則是僞也。今之學者，大抵爲名；爲名與爲利雖清濁不同，然其利心則一也。」

尹氏曰：「子張之學，病在乎不務實，故孔子告之皆篤實之事，充乎內而發乎外者也。當時門人親受聖人之教，而差失有如此者，況後世乎？」

第四節 門人論士君子之道

曾子曰：「可以託六尺之孤（才可以輔幼君），可以寄百里之命（攝國政。），臨大節而不可奪也（至於死生節不可奪），君子人與？君子人也！」（泰伯）

程子曰：「節操如是，可謂君子矣！」

曾子有疾，孟敬子（魯大夫，名捷）問之（問其疾。）？

曾子言曰：「鳥之將死，其鳴也哀；人之將死，其言也善（此曾子謙辭，欲敬子重視其言。）。君子所貴乎道者三（貴、猶重也。）：動容貌（容貌指一身而言。），斯遠暴（暴、粗厲）慢（放肆）矣；正顏色（非色莊。），斯近信矣；出辭（言語）氣（聲氣），斯遠鄙（鄙、凡陋）倍（與背同。）矣！籩（竹器）豆（木豆）之事，則有司存。」（泰伯）

朱子云：「道雖無所不在，然君子所重者，在此三事而已。是皆修身之要，爲政之本，學者所當操存省察，而不可有造次顛沛之違者也。若夫籩豆之事，器數之末，道之全體固無不該，然其分則有司之守，而非君子之所重矣。」

尹氏曰：「養於中則見於外，曾子蓋以修己爲爲政之本，若乃器用事物之細，則有司存焉。」

曾子曰：「君子思不出其位（此艮卦之象辭，曾子蓋嘗言之。）**。」（憲問）**

范氏曰：「物各止其所，而天下之理得矣。故君子所思不出其位，而君臣上下大小，皆得其職也。」

子夏曰：「百工居肆以成其事（肆、謂官府造作之處。）**，君子學以致其道**（致、極也）**。」（子張）**

朱子云：「工不居肆，則遷於異物，而業不精。君子不學，則奪於外誘，而志不篤。」

子夏曰：「雖小道（小道、如農圃醫卜之屬）**，必有可觀者焉，致遠恐泥**（泥、不通也。）**，是以君子不爲也。」（子張）**

楊氏曰：「百家衆技，猶耳目口鼻，皆有所明，而不能相通，非無可觀也；致遠則泥矣，故君子不爲也。」

司馬牛憂曰：「人皆有兄弟，我獨亡向魋牛之兄也，而云然者，憂其作亂而將死也！」子夏曰：「商子夏名。聞之矣，死生有命，富貴在天。君子敬而無失，與人恭而有禮，四海之內，皆兄弟也！君子何患乎無兄弟也？」（顏淵）

胡氏曰：「子夏四海皆兄弟之言，特以廣司馬之意，意圓而語滯者也，惟聖人則無此病矣。且子夏知此，而以哭子喪明，則以蔽於愛而昧於理，是以不能踐其言爾。」

曾子曰：「士不可以不弘弘、寬廣也。毅強忍也。，任重而道遠；仁以為己任，不亦重乎？死而後已，不亦遠乎？」（泰伯）

朱子云：「非弘不能勝其重，非毅無以致其遠。仁者、人心之全德，而必欲以身體而力行，可謂重矣。一息尚存，此志不容少懈，可謂遠矣。」

子張曰：「士見危致命，見得思義，祭思敬，喪思哀，其可已矣。」（子張）

朱子云：「致命、謂委致其命，猶言授命也。四者立身之大節，一有不致，則餘無足觀。故言士能如此，則庶乎其可矣。」

第八章　知人論人

詳讀孔子知人論人之言論，對孔子理想中之人格，可得更深刻之瞭解，於進德修業為人處世之道，裨益良多，學者所當反身而省察者也。

第一節　知人

子貢問曰：「鄉人皆好之，何如？」子曰：「未可也！」「鄉人皆惡之，何如？」子曰：「未可也！不如鄉人之善者，好

之；其不善者，惡之。」（子路）

朱子云：「一鄉之人，宜有公論矣，然其間亦各以類，自爲好惡也。故善者好之，惡者不惡，則必其有苟合之行。惡者惡之，而善者不好，則必其無可好之實。」

子曰：「衆惡之，必察焉；衆好之，必察焉！」（衛靈公）

楊氏曰：「惟仁者，能好人，能惡人。衆好惡之而不察，則或蔽於私矣。」

子曰：「視其所以（以、爲也，爲善者爲君子，爲惡者爲小人）；觀（比視爲詳）其所由（由、從也，事雖爲善，而意之所從來者，有未善焉，則亦不得爲君子。）；察（又較觀爲詳）其所安（所由雖善，而心所樂者不在是，則亦僞耳，豈能久而不變哉。）；人焉（焉、何也）廋（匿也）哉？人焉廋哉？」（學而）

程子曰：「在己者能知言窮理，則能以此察人如聖人也。」

子曰：「吾之於人也，誰毀（毀者稱人之惡而損其眞）誰譽（譽者揚人之善而過其實）？如有所譽

者，其有所試矣。斯民（今此之人）也，三代（夏商周。）之所以直道（無私曲。）而行也。」（衛靈公）

尹氏曰：「孔子之於人也，豈有意於毀譽之哉？蓋試而知其美故也。斯民也三代所以直道而行，豈得容私於其間哉？」

子曰：「有德者，必有言；有言者，不必有德。仁者必有勇；勇者不必有仁。」（憲問）

朱子云：「有德者，和順積中，英華發外；能言者，或便佞口給而已。仁者，心無私累，見義必爲；勇者，或血氣之強而已。」

子曰：「君子不以言舉人，不以人廢言。」（衛靈公）

子曰：「論篤是與，君子者乎？色莊者乎？」（先進）

朱子云：「言但以言論篤實而與之，則未知其爲君子者乎？爲色莊者乎？言不可以言貌取人也。」

子曰：「色厲厲、威嚴也。而內荏荏、柔弱也。，譬諸小人小人細民也，其猶穿窬之盜也與穿壁窬牆，言其無實盜名，而常畏人知也？」（陽貨）

子曰：「人之過也，各於其黨黨、類也，觀過，斯知仁矣！」（里仁）

程子曰：「人之過也，各於其類；君子常失於厚，小人常失於薄。君子過於愛，小人過於忍。」

子曰：「如有周公之才之美才美、謂智能技藝之美，使驕且吝吝，鄙嗇，其餘不足觀也已！」（泰伯）

程子曰：「此甚言驕吝之不可也。蓋有周公之德，則自無驕吝，若但有周公之才，而驕且吝，亦不足觀矣！」

子曰：「居上不寬，爲禮不敬，臨喪不哀，吾何以觀之哉？」（八佾）

朱子云：「居上主於愛人，故以寬爲本；爲禮以敬爲本；臨喪以哀爲本。既無其本，則以何者而觀其所行之得失哉？」

子曰：「君子喻喻猶曉也於義義、天理之所宜。；小人喻於利利、人情之所欲。。」（里仁）

程子曰：「君子之於義，猶小人之於利也。唯其深喻，是以篤好。」

子曰：「君子和而不同同者有阿比之意。；小人同而不和和者無乖戾之心。。」

（子路）

尹氏曰：「君子尙義，故有不同；小人尙利，安得而和？」

子曰：「君子周而不比周、普偏也。，小人比而不周比、偏黨也。。」（爲政）

朱子云：「君子小人，所爲不同，如陰陽晝夜，每每相反。然究其所以分，則在公私之際，毫釐之差耳。故聖人於周比、和同、驕泰之屬，常對擧而互言之，欲學者察乎兩間，而審其取舍之幾也。」

子曰：「君子求諸己，小人求諸人。」（衞靈公）

謝氏曰：「君子無不反求諸己，小人反是。此君子小人之所以分也。」

子曰：「君子泰而不驕；小人驕而不泰。」（子路）

朱子云：「君子循理，故安舒而不矜肆；小人逞欲，故反是。」

子曰：「君子坦坦、平也蕩蕩寬廣，小人長戚戚。」（述而）

程子曰：「君子循理，故常舒泰；小人役於物，故多憂戚。」又云：「君子坦蕩蕩，心廣體胖。」

子曰：「君子懷德存其固有之善，小人懷土溺其所處之安；君子懷刑畏法，小人懷惠貪利。」（里仁）

朱子云：「君子小人，趨向不同，公私之間而已。」

尹氏曰：「樂善，惡不善，所以爲君子；苟安務得，所以爲小人。」

子曰：「君子上達，小人下達。」（憲問）

朱子云：「君子循天理，故日進乎高明；小人徇人欲，故日究乎汙下。」

子曰：「君子不可小知，而可大受也；小人不可大受，而可小知也。」（衛靈公）

朱子云：「此言觀人之法。知、我知之也，受、彼所受也。蓋君子於細事，未必可觀，而材德足以任重；小人雖器量淺狹，而未必無一長可取。」

子曰：「君子成人之美，不成人之惡。小人反是。」（顏淵）

朱子云：「成者、誘掖獎勸，以成其事也。君子小人，所存既有厚薄之殊；而其所好，又有善惡之異。故其用心，不同如此。」

子曰：「君子易事，而難說也（說音悅）；說之不以道，不說也，及其使人也，器之（器之、謂量材而用）。小人難事，而易說也，說之雖不以道，說也；及其使人也，求備焉。」（子路）

朱子云：「君子之心，公而恕；小人之心，私而刻。天理人欲之間，每相反而已矣。」

第二節 論人

子曰：「晉文公（名重耳）譎（詭也）而不正；齊桓公（名小白）正而不譎。」（憲問）

朱子云：「二公皆諸侯盟主，攘夷狄以尊周室者也。雖其以力假仁，心皆不正；然桓公伐楚，仗義執言，不由詭道，猶為彼善於此。文公則伐衞以致楚，而陰謀以取勝，其譎甚矣！二君他事亦多類此，故夫子言此以發其隱。」

或問子產（鄭大夫，姓公孫，名僑）**？子曰：「惠人也！」問子西**（楚公子申）**？曰：「彼哉！彼哉！**（外之之辭）**」問管仲**（齊大夫）**？曰：「人也**（猶言此人）**，奪伯氏**（齊大夫）**駢邑**（地名）**三百，飯疏食，沒齒，**（齒、年也）**無怨言**（蓋桓公奪伯氏之邑，以與管仲，伯氏自知罪，而心服管仲之功，故窮約終身，而無怨言。）**。」**

〈憲問〉

朱子云：「子產之政，不專於寬，然其心則一以愛人為主，故孔子以為惠人，蓋舉其重而言也。子西能遜楚國，立昭王，而改紀其政，亦賢大夫也；然不能革其僭王之號。昭王欲用孔子，又沮之。其後卒召白公以致禍亂，則其為人可知矣。或問管仲子產孰優？曰：管仲之德，不勝其才；子產之才，不勝其德。然於聖人之學，則概乎其未有聞也。」

子謂子產，有君子之道四焉：「其行己也恭（恭、謙遜）**；其事上**

也敬（敬謹恪。）；其養民也惠；其使民也義（義、宜也。）」（公冶長）

吳氏曰：「數其事而責之者，其所善者多也；臧文仲不仁者三，不知者三，是。數其事而稱之者，猶有所未至也；子產有君子之道四焉，是也。今或以一言蓋一人，一事蓋一時，皆非也。」

蘧伯玉（衛大夫名瑗，孔子居衛，嘗主於其家）使人於孔子（使人問候孔子），孔子與之坐而問焉，曰：「夫子（指伯玉。）何爲？」對曰：「夫子欲寡其過而未能也！」使者出，子曰：「使乎！使乎！（再言使乎，以重美之。）」（憲問）

朱子云：「按莊周稱『伯玉行年五十，而知四十九年之非。』又曰：『伯玉行年六十而六十化。』蓋其進德之功，老而不倦，是以踐履篤實，光輝宣著，不惟使者知之，而夫子亦信之也。」

史記云：「孔子之所嚴事；於衛則蘧伯玉。」

子貢問曰：「孔文子（衛大夫，名圉，謚文。）何以謂之文也？」子曰：「

敏而好學，不恥下問，（凡人性敏者多不好學，位高者，多恥下問。故謚法有以勤學好問為文者。）是以謂之文也！」（公冶長）

蘇氏曰：「孔文子使太叔疾出其妻而妻之，疾通於初妻之娣，文子怒，將攻之，訪於仲尼；仲尼不對，命駕而行。疾奔宋，文子使疾弟遺室孔姞。其為人如此，而謚曰文，此子貢之所以疑而問也。孔子不沒其善，言能如此，亦足以為文矣！非經天緯地之文也。」

子謂衛公子荊（衛大夫。），善居室，始有曰：「苟（聊且粗略之意）合（聚也）矣！」少有，曰：「苟完（完、備也）矣！」富有，曰：「苟美矣！」（子路）

楊氏曰：「務為全美，則累物而驕吝之心生。公子荊皆曰苟而已，則不以外物為心，其欲易足故也。」

子曰：「甯武子（衛大夫，名俞），邦有道則知，邦無道則愚；其知可及也，其愚不可及也！」（公冶長）

朱子云：「按春秋傳，武子仕衛，當文公成公之時，文公有道，而武子無事可見，此其知之可及也。

成公無道，至於失國，而武子周旋其間，竭心盡力，不避艱險，凡其所處，皆智巧之士所深避而不肯爲者，而能卒保其身，以濟其君，此愚之不可及也。」

程子曰：「邦無道能沈晦以免患，故曰不可及也。亦有不當愚者，比干是也。」

子曰：「直哉史魚（史，官名，魚，衛大夫，名鰌）！邦有道如矢（矢，言直也），邦無道如矢。君子哉蘧伯玉！邦有道則仕，邦無道則可卷（卷，收也）而懷（藏也）之。」（衛靈公）

朱子云：「史魚自以不能進賢退不肖，既死以尸諫，故夫子稱其直，事見家語。伯玉出處，合於聖人之道，故曰君子。如於孫林父寧殖放弒之謀，不對而出，亦其事也。」

楊氏曰：「史魚之直，未盡君子之道；若蘧伯玉，然後可免於亂世。若史魚之如矢，則雖欲卷而懷之，有不可得也。」

子曰：「孟之反（魯大夫，名側）不伐，奔（敗走也）而殿（軍後曰殿），將入門，策（鞭也）其馬曰：『非敢後也，馬不進也。』」（雍也）

謝氏曰：「人能操無欲上人之心，則人欲日消，天理日明，而凡可以矜己誇人者，皆無足道矣。然不知學者欲上人之心，無時而忘也。若孟之反，可以為法矣！」

子曰：「孟公綽魯大夫。為趙魏晉卿之家老家臣之長，則優有餘；不可以為滕薛大夫滕薛二小國名，大夫、任國政者。滕薛國小政繁，大夫位高責重。。」（憲問）

胡氏曰：「知之弗豫，枉其才而用之，則為棄人矣。此君子所以患不知人也。言此則孔子之用人可知矣。」

季文子魯大夫，名行父。三思而後行若使晉，而求遭喪之禮以行，亦其一事也。。子聞之曰：「再，斯斯、語辭可矣！」（公冶長）

程子曰：「為惡之人，未嘗知有思；有思則為善矣。然至於再，則已審，三者，私意起而反惑矣，故夫子譏之。」

子問公叔文子（衛大夫，公孫拔。）於公明賈（公明姓，賈名）曰：「信乎！夫子（指公叔文子。）不言不笑不取乎？」公明賈對曰：「以告者過也！夫子時然後言，人不厭其言；樂然後笑，人不厭其笑；義然後取，人不厭其取。」子曰：「其然！豈其然乎？」（憲問）

朱子云：「文子爲人，其詳不可知，必廉靜之士，故當時以三者稱之。然此言也，非禮義充溢於中，得時措之宜者不能。文子雖賢，疑未及此。但君子與人爲善，不欲正言其非也。故曰其然！豈其然乎？蓋疑之也。」

子曰：「臧文仲（魯大夫。）居（猶藏也。）蔡（大龜也。），山節（節，柱頭斗拱）藻（水草）梲（梁上短柱），何如其知也（當時以文仲爲知，而刻山於節，畫藻於梲，爲藏龜之室，以諂瀆鬼神，安得爲知？）？」（公冶長）

張子曰：「山節藻棁，爲藏龜之室，祀爰居之義，同歸於不知宜矣！」

子曰：「臧武仲以防（防、地名，武仲所封邑）**求爲後於魯，雖曰不要君**（要、有挾而求）**吾不信也。」**（憲問）

朱子云：「武仲得罪奔邾，自邾如防，使請立後而避邑，以示若不得請，則將據邑以叛，是要君也。」

范氏曰：「要君者無上，罪之大者也。武仲之邑，受之於君，得罪出奔，則立後在君，非己所得專也。而據邑以請，由其好知而不好學也。」

楊氏曰：「武仲卑辭請後，其跡非要君者，而意實要之。夫子之言，亦春秋誅意之法也。」

子曰：「孰謂微生高（微生姓，高名，魯人。）**直**（素有直名？）**或乞醯焉**（醯、醋也）**，乞諸其鄰而與之。」**（公冶長）

范氏曰：「是曰是，非曰非，有謂有，無謂無，曰直。聖人觀人於其一介之取予，而千駟萬鍾從可知焉。故以微事斷之，所以教人不可不謹也。」

子曰：「古者民有三疾（氣失其平則爲疾，故氣稟之偏者亦謂之疾），今也或是之亡也（昔所謂疾今亦無之，傷俗之！益衰也。）。古之狂（狂者、志願太高。）也肆（肆、不拘小節），今之狂也蕩（蕩、踰大閑。）；古之矜也（矜者、持守太嚴。）廉（廉、謂稜角峭厲。），今之矜也忿戾（忿戾、則至於爭矣）；古之愚（愚者、暗昧不明。）也直（直、謂逕行自遂。），今之愚也詐而已矣（詐者、挾私妄作。）！」（陽貨）

范氏曰：「末世滋僞，豈惟賢者不如古哉？民性之蔽，亦與古人異矣。」

子曰：「狂而不直，侗（無知貌。）而不愿（愿、謹厚貌。），悾悾（無能貌。）而不信，吾不知之矣（甚絕之辭，亦不屑之教誨也！）」（泰伯）

蘇氏曰：「天之生物，氣質不齊，其中材以下，有是德，則有是病；有是病，必有是德。故馬之蹄齧者，必善走；其不善者，必馴。有是病，而無是德，則天下之棄材也。」

第八篇　爲政之道

孔子以仁爲道德之標準，以君子爲人格之目標，以大同爲政治之理想。故論語一書，對唐虞三代之治，推崇備至，夢寐以求。本篇首述孔子之政治理想，次爲政以德、爲政在人、以身作則、君臣之間、門人論政，凡六章，四十四節。讀之，對治平之道，爲政之本，均可明其梗概焉。

第一章　政治理想（唐虞三代之治）

堯曰：「咨（嗟歎聲。）爾舜！天之曆數（歷數、帝王相繼之次第、猶歲時氣節之先後。）在爾躬，允（信也）執其中（無過不及。）。四海困窮，天祿永終（四海之人困窮，則君祿永絕矣，戒之也。）！」（此堯命舜，而禪以帝位之辭。）

舜亦以命禹（舜後遜位於禹，亦以此辭命之，今見於虞書大禹謨，比此加詳。）。

曰：（曰上當有湯字）「予小子履（履蓋湯名），敢用玄牡（夏尚黑，未變其禮也。），敢昭告于皇皇后帝，有罪不敢赦，帝臣不蔽，簡（閱也）在帝心。朕躬有罪，無以萬方；萬方有罪，罪在朕躬。」自予小子履至罪在朕躬，是引商書湯誥之辭。蓋湯既放桀，而告諸侯也。言桀有罪，己不敢赦；而天下賢人，皆上帝之臣，己不敢蔽；簡在帝心，惟帝所命。又言君有罪，非民所致；民有罪，君實所爲；見其厚於責己，薄於責人之意。

周此以下，述武王事。有大賚賚，予也。，善人是富所富者，皆善人也。。雖有周親周，至也，不如仁人言紂至親雖多，不如周家之多仁人。。百姓有過，在予一人！謹權權，稱錘、量斗斛，審法度法度，禮樂制度皆是。，修廢官。四方之政行焉；興滅國，繼絕世，興滅繼絕，謂封黃帝堯舜夏商之後。舉逸民謂釋箕子之囚，復商容之位。，天下之民歸心焉。所重民，食、喪、祭。書武城重民五教，惟食喪祭。」自周有大賚以下，述武王事，武王克商，大賚於四海，見周書武城篇。寬則得衆，信則民任焉，敏則有功，公則說。寬則得衆四句，於武王之事無所見，恐或泛言帝王之道也。

以上五段文字，均爲堯曰篇原文，具載堯舜咨命之言，湯武誓師之意，與夫施諸政事者；以明聖學之所傳，一於是而已。

子曰：「大哉！堯之爲君也。巍巍乎！唯天爲大，唯堯則之。蕩蕩（廣遠）乎！民無能名焉。巍巍乎！其有成功也（成功、事業也）。煥（光明之貌）乎！其有文章（文章、禮樂法度）。」（泰伯）

朱子云：「言物之高大，莫有過於天者，而獨堯之德，能與之準。故其德之廣遠，亦如天之不可以言語形容也。」

尹氏曰：「天道之大，無爲而成；唯堯則之，以治天下，故民無得而名焉。所可名者，其功業文章，巍然，煥然而已。」

子曰：「無爲而治者（聖人德盛而民化，不待其有所作爲也），其舜也與！夫何爲哉？恭己正南面而已矣！」（衛靈公）

朱子云：「獨稱舜者，紹堯之後，而又得人以任衆職，故尤不見其有爲之迹也。恭己者，聖人敬德之容，既無所爲，則人之所見如此而已。」

子曰：「巍巍乎（高大）！舜禹之有天下也，而不與焉。」（泰伯）

子曰：「禹，吾無閒（閒、罅隙也。）然矣！菲（薄也）飲食，而致孝乎鬼神（享祀豐潔）；惡衣服，而致美乎黻冕（黻、蔽膝，冕、冠也，皆祭服。）；卑宮室，而盡力乎溝洫（溝洫、田間水道。）。禹，吾無閒然矣（豐儉適宜，無間可議。）！」（泰伯）

楊氏曰：「薄於自奉，而所勤者民之事，所致飾者宗廟朝廷之禮，所謂有天下而不與也，夫何閒然之有？」

子曰：「泰伯（周太王之長子）其可謂至德也已矣（至德、謂德之極至，無以復加。）！三以天下讓（三讓、謂固遜位也），民無得而稱焉（其遜隱微無迹可見。）！」（泰伯）

朱子云：「太王三子，長泰伯，次仲雍，次季歷。太王之時，商道寖衰，而周日強大。季歷又生子昌，有聖德，太王因有翦商之志，而泰伯不從。太王遂欲傳位季歷以及昌。泰伯知之，卽與仲雍逃之荆釁。於是太王乃立季歷。傳國至昌，而三分天下有其二，是爲文王。文王崩，子發立，遂克商而有天下，是爲武王。夫以泰伯之德，當商周之際，固足以朝諸侯有天下矣；乃棄而不取，而又泯其迹焉，則其德之至極爲何如哉？蓋其心，即夷齊扣馬之心，而事之難處，有甚焉者，宜夫子之歎息而贊美之也。泰伯不從，事見春秋傳。」

子曰：「三分天下有其二，以服事殷，周之德，其可謂至德也已矣！」（泰伯）

朱子云：「春秋傳曰，文王率商之畔國以事紂，蓋天下歸文王者六州；荊梁雍豫徐揚也。惟青兗冀，尚屬紂耳。」

范氏曰：「文王之德，足以代商，天與之，人歸之，乃不取而服事焉，所以爲至德也。」

周公謂魯公（魯公、周公子伯禽，封於魯）**曰：「君子不施**（施、陸氏本作弛，遺棄也。）**其親，不使大臣怨乎不以**（以、用也）**，故舊無大故**（大故、謂惡逆）**，則不棄也。無求備於一人！」**（微子）

李氏曰：「四者，皆君子之事，忠厚之至也。」

胡氏曰：「此伯禽受封之國，周公訓戒之辭，魯人傳誦，久而不忘也。其或夫子嘗與門弟子言之歟？」

顏淵問爲邦？子曰：「行夏之時（行夏曆。）**，乘殷之輅**（輅、大車之名。）**，服周之冕**（冕、冠也。）**；樂則韶舞**（取其盡善盡美。）**。放鄭聲**（禁絕鄭國之音）**，遠佞人**（遠卑諂辯給之人。）**；鄭聲淫，佞人殆**（殆、危也。）**！」**（衛靈公）

程子曰：「問政多矣，惟顏淵告之以此。蓋三代之制，皆因時損益，及其久也，不能無弊。周衰，聖人不作，故孔子斟酌先王之禮，立萬世常行之道，發此以爲之兆爾。由是求之，則餘皆可考也。」

張子曰：「禮樂、治之法也，放鄭聲，遠佞人，法外意也。一日不謹，則法壞矣。虞夏君臣，更相戒飭，意蓋如此。」又曰：「法立而能守，則德可久可大。鄭聲佞人，能使人喪其所守，故放遠之。」

尹氏曰：「此所謂百王不易之大法，孔子之作春秋，蓋此意也。孔顏雖不得行之於時，然其爲治之法，可得而見矣。」

朱子云：「顏子王佐之才，故問治天下之道，曰爲邦者，謙辭。夏時、謂以斗柄初昏建寅之月爲歲首也。天開於子，地闢於丑，人生於寅；故斗柄建此三辰之月，皆可以爲歲首，而三代迭用之。夏以寅爲人正，商以丑爲地正，周以子爲天正也。然時以作事，則歲月自當以人爲紀，故孔子嘗曰：『吾得夏時焉。』而說者以爲謂夏小正之屬，蓋取其時之正，與其令之善，而於此又以告顏子也。古者以木爲車而已，至商而有輅之名，蓋始異其制也。周人飾以金玉，則過侈而易敗，不若商輅之樸素渾堅，而等威已辨，爲質而得其中也。周冕有五；祭服之冠也。冠上有覆，前後有旒，黃帝以來，蓋已有之，而制度儀等，至周始備。然其爲物小，而加於衆體之上，故雖華而不爲靡；雖費而不及奢。夫子取之，蓋亦以爲文而得其中也。」

第二章 爲政以德

子曰：「爲政（政者、正也，所以正人之不正也）以德（德者、得也，得於心而不失也。），譬如北辰（北辰、北極，天之樞也），居其所（不動也。），而衆星共之（共、向也）。」（學而）

朱子云：「爲政以德，則無爲天下歸之，其象如此。」

范氏曰：「爲政以德，則不動而化，不言而信，無爲而成。所守者至簡，而能御煩；所處者至靜，而能制動；所務者至寡，而能服衆。」

子曰：「道之以政，齊之以刑，民免而無恥苟免刑罰，而無所羞愧；道導引之以德，齊之以禮禮謂制度品節，有恥且格格、正也。」（為政）

朱子云：「愚謂政者，爲治之具；刑者，輔治之法。德禮，則所以出治之本；而德又禮之本也。此其相爲終始，雖不可以偏廢；然政刑能使民遠罪而已，德禮之效，則有使民日遷善而不自知。故治民者，不可徒恃其末，又當探其本也。」

子曰：「能以禮讓爲國乎讓者，禮之實何有何有、言不難？不能以禮讓爲國，如禮何？」（里仁）

朱子云：「言有禮之實以爲國，則何難之有？不然，則禮文雖具，亦且無如之何矣，而況於爲國乎？」

子貢問政？子曰：「足食，足兵，民信之矣。」

子貢曰：「必不得已而去，於斯三者何先？」曰：「去兵。」子貢曰：「必不得已而去，於斯二者何先？」曰：「去食，自古皆有死，民無信不立！」（顏淵）

程子云：「孔門弟子善問，直窮到底；如此章者，非子貢不能問，非聖人不能答也。」

朱子云：「以人情而言，則兵食足，而後吾之信可以孚於民；以民德而言，則信本人之所固有，非兵食所得而先也。是以爲政者，當身率其民而以死守之，不以危急而棄也。」

子曰：「道（治也）千乘之國（諸侯之國）敬事而信（敬其事而信於民。），節用而愛人，使民以時（時、謂農隙之時。）。」（學而）

程子曰：「此言至淺，然當時諸侯，果能此，亦足以治其國矣。聖人言雖至近，上下皆通，此三言者，若推其極，堯舜之治，亦不過此。若常人之言，近、則淺近而已矣。」

楊氏曰：「上不敬，則民慢；不信則下疑。下慢而疑，事不立矣。敬事而信，以身先之也。易曰：『節以制度，不傷財，不害民』；蓋侈用則傷財，傷財必至於害民。故愛民必先於節用。然使之不以其時，則力本者不獲自盡，雖有愛人之心，而人不被其澤矣。然此特論其所存而已，未及爲政也。苟無是心，則雖有政不行焉。」

胡氏曰：「凡此數者，又皆以敬爲主。」

朱子云：「五者反復相因，各有次第，讀者宜細推之。」

子張問於孔子曰何如斯可以從政矣？」子曰：「尊五美，屏四惡，斯可以從政矣！」子張曰：「何謂五美？」子曰：「君子惠而不費，勞而不怨，欲而不貪，泰而不驕，威而不猛。」子張曰：「何謂惠而不費？」子曰：「因民之所利而利之，斯不亦惠而不費乎？擇可勞而勞之，又誰怨？欲仁而得仁，又焉貪？君子無衆寡，無小大，無敢慢，斯不亦泰而不驕乎？君子正其衣冠，尊其瞻視，儼然人望而畏之，斯不亦威而不猛乎？」

子張曰：「何謂四惡？」子曰：「不教而殺，謂之虐（殘酷不仁爲虐）；不戒視成，謂之暴（暴、謂卒遽無漸。）；慢令致期（致期、刻期也），謂之賊（賊者、切害之意，緩於前而急於後，以誤其民而必刑之，是謂賊害之也。）。猶之（均之）與人也（均之以物與人），出納之吝（於其出納之際，吝而不果。），謂之有司（是有司之事，非爲政之體。）。」（堯曰）

尹氏曰：「告問政者多矣！未有如此之備者也。故記之以繼帝王之治，則夫子之爲政可知也。」

子曰：「知及之，仁不能守之（私欲間之），雖得之，必失之（無以有之於身）；

知及之知足以知此理，仁能守之，不莊以涖之涖、臨也謂臨民也。不莊者、蓋氣習之偏，或有厚於內而不嚴於外者，則民不敬；知及之，仁能守之，莊以涖之，動之不以禮動之、動民也，禮、謂禮義之節文。，未善也！」（衛靈公）

朱子云：「愚謂學至於仁，則善有諸己，而大本立矣。涖之不莊，動之不以禮，乃其氣稟學問之小疵；然亦非盡善之道也。故夫子歷言之，使知德愈全，則責愈備，不可以為小節而忽之也。」

第三章　為政在人

子游為武城魯下邑。宰，子曰：「女女、音汝。得人焉爾乎？」曰：「有澹臺滅明者澹臺、姓，滅明、名。，行不由徑徑、路之小而捷者，非公事，未嘗至於偃偃、子游名。之室也。」（雍也）

朱子云：「不由徑，則動必以正，而無見小欲速之意可知。非公事不見邑宰，則其有以自守，而無枉己殉人之私可見矣。」又云：「持身以滅明為法，則無茍賤之羞；取人以子游為法，則無邪媚之惑。」

楊氏曰：「為政以人才為先，故孔子以得人為問。如滅明者，觀其二事之小，而其正大之情可見矣。後世有不由徑者，人必以為迂；不至其室，人必以為簡。非孔子之徒，其孰能知而取之？」

仲弓為季氏宰，問政？子曰：「先有司（有司、衆職也，宰雖兼衆職，然事必先之於彼，而後考其成。），赦小過，舉賢才（賢、有德者，才、有能者。）。」曰：「焉知賢才而舉之？」曰：「舉爾所知，爾所不知，人其舍諸？」（子路）

程子曰：「人各親其親，然後不獨親其親。仲弓曰焉知賢才而舉之，子曰舉爾所知，爾所不知，人其舍諸？便見仲弓與聖人用心之大小。推此義，則一心可以興邦，一心可以喪邦，只在公私之間。」

范氏曰：「不先有司，則君行臣職矣；不赦小過，則下無全人矣；不舉賢才，則百職廢矣。失此三者，不可以為季氏宰，況天下乎？」

哀公（魯君名將）問曰：「何爲則民服？」孔子對曰：「舉直錯（錯、捨置也。）諸枉（枉、不直也。），則民服；舉枉錯諸直，則民不服。」（為政）

程子曰：「舉錯得宜，則人心服。」

謝氏曰：「好直而惡枉，天下之至情也。順之則服，逆之則去，必然之理也。然或無道以照之，則以直爲枉，枉爲直者多矣！是以君子大居敬而貴窮理也。」

樊遲問仁？子曰：「愛人（仁之施。）！」問知？子曰：「知人（知之務。）！」樊遲未達，子曰：「舉直錯諸枉，能使枉者直。」樊遲退，見子夏曰：「鄉也吾見於夫子而問知，子曰：『舉直錯諸枉，能使枉者直，』何謂也？」子夏曰：「富哉言乎（歎其所包者廣，不止言知。）！舜有天下，選於衆，舉皋陶，不仁者遠矣；湯有天下，選於衆，舉伊尹，不仁者遠矣。」（顏淵）

曾氏曰：「遲之意，蓋以愛欲其周，而知有所擇，故疑二者之相悖爾。」

程氏曰：「聖人之語，因人而變化，雖若有淺近者，而其包含無所不盡。觀於此章可見矣。非若他人之言，語近則遺遠，語遠則不知近也。」

尹氏曰：「學者之問也，不獨欲聞其說；又必欲知其方；不獨欲知其方，又必欲為其事。如樊遲之問仁知也，夫子告之盡矣。樊遲未達，故又問焉，而猶未知其何以為之也。及退而問諸子夏，然後有以知之。使其未喻，則必將復問矣。既問於師，又辨諸友，當時學者之務實也如是。」

子言衛靈公之無道也，康子季康子，魯大夫。曰：「夫如是，奚而不喪喪、失位？」孔子曰：「仲叔圉即孔文子治賓客，祝鮀治宗廟，王孫賈治軍旅；夫如是，奚其喪？三人皆衛臣，雖未必賢，而其才可用。靈公用之，又各當其才。」（憲問）

尹氏曰：「衛靈公之無道宜喪也，而能用此三人，猶足以保其國，而況有道之君，能用天下之賢才者乎？詩曰：『無競維人，四方其訓之』。」

子曰：「爲命（命、辭命。）裨諶（以下四人皆鄭大夫）草創之，世叔（即子太叔）討論之，行人子羽脩飾之，東里子產潤色之。」（憲問）

朱子云：「鄭國之爲辭命，必更此四賢之手而成，詳審精密，各盡所長。是以應對諸侯，鮮有敗事。孔子言此蓋善之也。」

舜有臣五人（禹、稷、契、皐陶、伯益。），而天下治。武王曰：「予有亂臣十人（亂、治也。）。」孔子曰：「才難不其然乎？唐（堯。）虞（舜。）之際，於斯爲盛，有婦人（邑姜）焉，九人（周公旦、召公奭、太公望、畢公、榮公、太顛、閎夭、散宜生、南宮适。）而已！」（泰伯）

朱子云：「言周室人才之多，維唐虞之際，乃盛於此。降自夏商，皆不能及，然猶但有此數人爾，是以才之難得也。」

公叔文子衛大夫，公孫枝。之臣家臣、臣。大夫僎，與文子同升諸公公、公朝，謂薦之與己同進爲公朝之臣。。子聞之曰：「可以爲文矣文者、順理而成章之謂，謚法亦有錫民爵位曰文者。！」（憲問）

洪氏曰：「家臣之賤而引之使與己並，有三善焉：知人一也，忘己二也，事君三也。」

子曰：「臧文仲魯大夫。其竊位者與言不稱其位，而有愧於心，如盜得而陰據之也？知柳下惠魯大夫展獲，字禽，食邑柳下，謚曰惠。之賢，而不與立也不與之並立於朝。。」（衛靈公）

范氏曰：「臧文仲爲政於魯，若不知賢，是不明也；知而不舉，是蔽賢也。不明之罪小，蔽賢之罪大，故孔子以爲不仁，又以爲竊位。」

子曰：「如有王者，必世而後仁。」（子路）

朱子云：「王者，謂聖人受命而興也。三十年爲一世。仁、謂教化浹也。」

程子云：「周自文武至於成王，而後禮樂興，即其效也。」

子曰：「善人為邦百年，亦可以勝殘化殘暴之人使不為惡。去殺矣化民於善可不用刑殺。，誠哉是言也！」（子路）

朱子云：「為邦百年，言相繼而久也。蓋古有是言，而夫子稱之。」

尹氏曰：「勝殘去殺，不為惡而已，善人之功如是。若夫聖人，則不待百年，其化亦不止此。」

子曰：「善人教民七年，亦可以即即、就也戎兵也矣！」（子路）

朱子云：「教民者，教之孝弟忠信之行，務農講武之法。民知親其上，死其長，故可以即戎。」

子曰：「以用也不教民戰，是謂棄之。」（子路）

朱子云：「言用不教之民以戰，必有敗亡之禍，是棄其民也。」

第四章 以身作則

季康子問政於孔子曰：「如殺無道，以就有道，何如？」孔子對曰：「子爲政，焉用殺？子欲善，而民善矣！君子之德風，小人之德草，草上之風，必偃（偃，仆也）。」（顏淵）

尹氏曰：「殺之爲言，豈爲上之語哉？以身教者從，以言教者訟，而況於殺乎！」

季康子患盜，問於孔子。孔子對曰：「苟子之不欲（欲，貪欲），雖賞之不竊！」（顏淵）

朱子云：「言子不貪欲，則雖賞民使之爲盜，民亦知恥而不竊。」

胡氏曰：「季氏竊柄，康子奪嫡，民之爲盜，固其所也。盍亦反其本耶？孔子以不欲啓之，其旨深矣。奪嫡事見春秋傳。」

季康子問政於孔子？孔子對曰：「政者，正也。子帥以正，孰敢不正？」（顏淵）

范氏曰：「未有己不正，而能正人者。」

胡氏曰：「魯自中葉，政由大夫，家臣效尤，據邑背叛，不正甚矣！故夫子以是告之。欲康子以正自克，而改三家之故。惜乎！康子之溺於利欲而不能也。」

子曰：「其身正，不令而行；其身不正，雖令不從。」

子曰：「苟正其身矣，於從政乎何有？不能正其身，如正人何？」（子路）

季康子問：「使民敬忠以勸，如之何？」子曰：「臨之以莊（容貌端莊），則敬；孝慈（孝親慈衆），則忠；舉善（善者舉之）而教不能，則勸。」（爲政）

張敬夫曰：「此皆在我所當爲，非爲欲使民敬忠以勸而爲之也。然能如是，則其應，蓋有不期然而然者矣。」

子曰：「上好禮，則民易使也。」（憲問）

謝氏曰：「禮達而分定，故民易使。」

子曰：「民可使由之，不可使知之。」（泰伯）

朱子云：「民可使之由於事理之當然，而不能使之知其所以然也。」

程子云：「聖人設教，非不欲人家喻而戶曉也，然不能使之知，但能使之由之爾！」

按：「民可使由之，不可使知之」之說，與孫中山先生「知難行易」之力行哲學，先後如出一轍。後人不察，甚有誣爲愚民政策者，何不思之甚耶？

第五章 君臣之間

定公（魯君，名宋。）問：「君使臣，臣事君，如之何？」孔子對曰：「君使臣以禮，臣事君以忠（二者皆理之當然，各欲自盡而已。）。」（八佾）

尹氏曰：「君臣以義合者也，故君使臣以禮，則臣事君以忠。」

子路問事君？子曰：「勿欺也，而犯之犯、謂犯顏諫諍。。」（憲問）

范氏曰：「犯、非子路之所難也，而以不欺爲難，故夫子教以先勿欺而後犯也。」

子曰：「事君敬其事，而後後與後獲之後同。其食食、祿也。」（衛靈公）

朱子云：「君子之仕也，有官守者修其職，有言責者盡其忠，皆以敬吾之事而已。不可先有求祿之心也。」

子曰：「鄙夫庸惡陋劣之稱可與事君也與哉？其未得之也，患得之患不能得之。；既得之，患失之。苟患失之，無所不至矣小則吮癰舐痔，大則弒父與君，皆生於患失而已。！」（陽貨）

胡氏曰：「許昌靳裁之有言曰：『士之品，大概有三：志於道德者，功名不足以累其心；志於功名者富貴不足以累其心；志於富貴而已者，則亦無所不至矣。』志於富貴者，即孔子所謂鄙夫也。」

第六章 門人論政

孟氏（魯大夫孟孫氏）使陽膚（曾子弟子）爲士師（獄官），問於曾子？曾子曰：「上失其道，民散久矣（民散，謂情義乖離）！如得其情，則哀矜而勿喜。」（子張）

謝氏曰：「民之散也，以使之無道，教之無素。故其犯法也，非迫於不得已，則陷於不知也。故得其情，則哀矜而勿喜。」

哀公問於有若曰：「年饑，用（國用）不足，如之何（哀公蓋欲加賦以足用。）？」

有若對曰：「盍（何不也。）徹乎（徹、通也，均也，周制一夫受田百畝，而與同溝共井之人通力合作，計畝均收，民得其九，公取其一，故謂之徹。）？」

曰：「二（魯自宣公稅畝，十取其二。），吾猶不足！如之何其徹也？」對曰：「百

姓足，君孰與不足？百姓不足，君孰與足？」（顏淵）

楊氏曰：「仁政必自經界始，經界正，而後井地均，穀祿平，而軍國之需，皆量是以爲出焉。故一徹而百度擧矣，上下寧憂不足乎？以二猶不足而教之徹，疑若迂矣，然什一，天下之中正，多則桀，寡則貉，不可改也。後世不究其本，而惟末之圖，故征斂無藝，費出無經，而上下困矣。又惡知盍徹之當務而不爲迂乎？」

子夏曰：「君子信而後勞其民；未信，則以爲謗己也。信而後諫；未信，則以爲厲厲、猶病也。己也。」（子張）

朱子云：「信，謂誠意惻怛，而人信之也。事上使下，皆必誠意交孚，而後可以有爲。」

第九篇　周遊列國

孔子栖栖遑遑，周流憂世，凡三十餘年。終以道不得行，有乘桴浮海之歎。

第一章　去魯適齊

魯國孟孫、叔孫、季孫三家，僭竊專橫，目無魯君。魯昭公二十五年（時孔子三十五歲），謀驅逐三家中尤專橫之季孫，因左右不得其人，反被迫出奔於齊，魯國因而大亂。孔子目擊似此無法無天情形，又無力挽救，所以忍痛去父母之邦而適齊。

齊景公（齊君，名杵臼）問政於孔子，孔子對曰：「君君、臣臣、父父、子子。」公曰：「善哉！信如君不君，臣不臣，父不父，子不子，雖有粟，吾得而食諸？」（顏淵）

楊氏曰：「君之所以君，臣之所以臣，父之所以父，子之所以子，是必有道矣。景公知善夫子之言，而不知反求其所以然，蓋悅而不繹者，齊之所以卒於亂也。」

子在齊聞韶（韶、舜樂）**三月**（史記三月上有學之二字）**不知肉味**（蓋心一於是而不及乎他）**，曰：「不圖爲樂之至於斯也。」**（述而）

子曰：「齊一變，至於魯；魯一變，至於道。」（孔子之時，齊俗急功好利，喜誇詐，乃霸政之餘習。魯則重禮教，崇信義，猶有先王之遺風焉。但人亡政息，不能無廢墜爾。道則先王之道也。言二國之政，俗有美惡，故其變而至道有難易。」）（雍也）

齊景公待孔子，曰：「若季氏，則吾不能，以季孟之閒待之。」曰（復曰）**：「吾老矣，不能用也！」孔子行。**（微子）

朱子云：「魯三卿，季氏最貴，孟氏爲下卿。孔子去之，事見世家。然此言必非面語孔子，蓋自以告其臣，而孔子聞之爾。」

按：孔子在齊，頗受齊國朝野之推崇，與齊賢大夫晏平仲交情尤篤，而最感興趣者，爲聞韶樂。本欲在齊行其道，奈齊景公善善而不能用，孔子乃去齊返魯。

第二章 自齊返魯

孔子自齊返魯後，聲望愈隆，惟是時季氏僭於公室，陪臣執國政，大夫以下，皆僭竊，離乎正道。故孔子不仕，退而修詩書禮樂，弟子彌眾。其後爲魯司寇，並兼攝相事，內政外交兼修，文事武備並舉。夜不閉戶，道不拾遺，魯國大治。齊人聞而懼曰：「孔子爲政必霸；霸則吾地近焉，我之爲先並矣，盍致地焉？」犂鉏曰：「請先嘗沮之，沮之不可，則致地，庸遲乎？」於是選齊國中女子好者八十人，皆衣文衣，而舞康樂，文馬三十駟，遺魯君。陳女樂文馬於城南高門外，季桓子微服往觀再三。將受，乃語魯君爲周道游，往觀終日，怠於政事。子路曰：「夫子可以行矣！」孔子曰：「魯今且郊，如致膰乎大夫，則吾猶可以止。」桓子卒受齊女樂，郊又不致膰俎於大夫，孔子遂行。

定公（魯君）**問一言而可以興邦，有諸？孔子對曰：「言不可以若是其幾也！**（幾、期也，言一言之間，未可以如此，而必期其效，）**人之言曰**（當時有此言也）**：爲君難，爲臣不易；如知爲君之難也**（知爲君難，則不敢怠忽）**，不幾乎一言而興邦乎？」**

曰（定公問）：「一言而喪邦，有諸？」孔子對曰：「言不可以若是其幾也！人之言曰：予無樂乎爲君（言他無所樂），唯其言而莫予違也（但樂不違予言）。如其善而莫之違也，不亦善乎？如不善而莫之違也（則忠言不致於耳，君日驕而臣日諂），不幾乎一言而喪邦乎？」（子路）

謝氏曰：「知爲君之難，則必敬以持之。惟其言而莫予違，則讒諂面諛之人至矣。邦未據興喪也，而興喪之源分於此。然則非識微之君子，何足以知之？」

齊人歸女樂，季桓子（魯大夫，名斯）受之，三日不朝，孔子行。」（微子）

尹氏曰：「受女樂而怠於政事如此，其簡賢棄禮，不足與有爲可知矣，夫子所以行也。所謂見幾而作，不俟終日者與？」

第三章 去魯適衛

孔子去魯適衞，主於子路妻兄顏讎由家。衞侯待之不薄，每年致送粟六萬，後以禮貌稍衰，道不能行而去衞。

子適衞，冉有僕（僕、御車也。）**，子曰：「庶**（衆也）**矣哉！」冉有曰：「既庶矣，又何加焉？」曰：「富之！」曰：「既富矣，又何加焉？」曰：「教之！」**（子路）

朱子云：「庶而不富，則民生不遂，故制田里，薄賦歛以富之。富而不教，則近於禽獸，故必立學校，明禮義以教之。」

第四章　子畏於匡

孔子在衞十月，即如陳，經過匡時，匡人以爲陽虎而拘之，因陽虎曾爲暴於匡，孔子貌似陽虎。圍既解，即過蒲返衞，主蘧伯玉家。

子畏（畏、謂有戒心）**於匡**（匡地名。）**，曰：「文王既沒，文**（道之顯者謂之文。）**不在茲**（茲、此也，孔子自謂。）

乎？天之將喪斯文也，後死者孔子自謂不得與於斯文也；天之未喪斯文也，匡人其如予何？」（子罕）

馬氏曰：「言天若欲喪此文，則不必使我得與於此文。今我既得與於此文，則是天未欲喪此文也。天既未欲喪此文，則匡人其奈我何？言必不能違天害己也。」

子畏於匡，顏淵後後、謂相失在後。，子曰：「吾以女汝、指顏淵。爲死矣！」曰：「子在，回何敢死謂不赴鬥而必死也？」（先進）

胡氏曰：「先王之制，民生於三，事之如一，惟其所在，則致死焉。況顏淵之於孔子，恩義兼盡，又非他人之爲師弟子者而已！即夫子不幸而遇難，回必捐生以赴之矣。捐生以赴之幸而不死，則必上告天子，下告方伯，請討以復讎，不但已也。夫子而在，則回何爲而不愛其死，以犯匡人之鋒乎？」

第五章 微服過宋

孔子居衛月餘，靈公與夫人同車，宦者雍渠參乘，使孔子爲次乘，招搖市過之，孔子醜之，因去衛過曹適宋。在宋時，宋桓魋又謀加害，因桓魋自爲石槨，三年不成，工匠皆病，夫子愀然曰：「若是其靡也，死不如速朽之愈！」故桓魋恨之。當孔子與生徒在大樹下習禮時，桓魋即拔其樹，以示深惡痛絕。孔子乃微服過宋，愴惶出走。直至鄭國，方與生徒重聚。

子曰：「已矣乎？吾未見好德，如好色者也！」（衛靈公）

朱子云：「好好色，惡惡臭，誠也。好德如好色，斯誠好德矣，然民鮮能之。」

按：此節對衛靈公與南子同車，招搖過市而言。

子曰：「天生德於予，桓魋（宋司馬，向魋也，出於桓公，故又稱桓氏）**其如予何？」**（述而）

朱子云：「魋欲害孔子，孔子言天既賦我以如是之德，則桓魋其奈我何？言必不能違天害己也。」

第六章　自陳回衛

孔子過鄭，未逗留，即至陳國，主於司城貞子家。居三載，因受客卿禮遇，雖有建樹；復因吳王夫差伐陳，取三邑而去，晉楚相爭，陳國又將波及。孔子本危邦不居之旨，乃離陳回衛。行經蒲時，適公叔氏以蒲叛，蒲人止孔子。弟子中有公良孺者，爲人長賢有勇力，與蒲人力鬥，蒲人懼，與之盟，而出孔子東門。孔子至衛，靈公郊迎，但無大作爲，不能用孔子。孔子因道不能行，不勝感慨。

子曰：「苟有用我者，朞月（謂一周歲之月）而已可也（可者，僅辭，言綱紀布也。），三年有成（有成，謂治功成也）！」（子路）

朱子云：「此蓋爲衛靈公不能用而發。」

王孫賈（衛國之權臣。）問曰：「與其媚（媚、親順也。）於奧（室西南隅爲奧），寧媚於竈（竈、五祀之一，夏所祭也。），何謂也？」子曰：「不然！獲罪於天，無所禱也。」（八佾）

朱子云：「時俗之語，因以奧有常尊，而非祭之主。竈雖卑賤，而當時用事。喻自結於君，不如阿附權臣也。賈衛之權臣，故以此諷孔子。天、即理也，其尊無對，非奧竈之可比也。逆理則獲罪於天矣，豈媚於奧竈所能禱而免乎？言但當順理，非特不當媚竈，亦不可媚於奧也。」

子曰：「飯（食之也。）疏食（粗飯也。）飲水，曲肱而枕之，樂亦在其中矣；

不義而富且貴，於我如浮雲！」（述而）

朱子云：「聖人之心，渾然天理，雖處困極，而樂亦無不在焉。其視不義之富貴，如浮雲之無有，漠然無所動於中也。」

子曰：「富而可求也，（設言富若可求）雖執鞭（賤者之事）之士，吾亦爲之；如不可求，從吾所好（則安於義理，不徒取辱。）！」（述而）

蘇氏曰：「聖人未嘗有意於求富也，豈問其可不可哉？爲此語者，特以明其決不可求爾。」

子曰：「不有祝（祝、宗廟之官）鮀（衛大夫，字子魚，有口才。）之佞，而有宋朝（朝、宋公子，有美色。）之美，難乎免於今之世矣（言衰世好諛悅色，非此難免，蓋傷之也。）！」（雍也）

孔子既不見用於衛，乃離衛往晉，但行之中途，聞趙簡子殺竇鳴犢與舜華二人，即回陬鄉，並云：「竇鳴犢舜華，晉國之賢大夫也，趙簡子未得志之時，須此兩人而後從政。及其已得志，殺之乃從政。某聞之也，刳胎殺夭，則麒麟不至郊；竭澤涸漁，則蛟龍不合陰陽；覆巢毀卵，則鳳凰不翔。何則？君子諱傷其類也。夫鳥獸之於不義也，尚知辟之，而況乎某哉？」在陬鄉並作陬操一首，備極傷感。其詞曰：「周道衰微，禮樂陵遲；文武既墜，吾將焉歸？周遊天下，靡邦可依。鳳鳥不識，珍寶梟鴟。眷然顧之，慘然心悲。巾車命駕，將適唐都。黃河洋洋，攸攸之魚。臨津不濟，還轅息陬。傷予道窮，哀彼無辜。翱翔於衛，復我舊廬。從吾所好，其樂只且。」孔子在陬鄉休息未久，乃回衛國，主蘧伯玉家。靈公問陳，不對而行。

衛靈公問陳於孔子？孔子對曰：「俎豆之事，則嘗聞之矣；軍旅之事，未之學也。明日遂行！」（衛靈公）

尹氏曰：「衛靈公無道之君也，復有志於戰伐之事，故答以未學而去之。」

第七章　去衛如陳

孔子離衛，再往陳國。是年夏，衛靈公薨，魯國同時有火災。是年秋，季桓子病死，當病危時，曾囑其子季康子曰：「我卽死，若必相魯；相魯必召仲尼！」

子在陳曰：「歸與！歸與！吾黨之小子指門人之在魯者。狂簡志大而略於事，斐然成章言其文理成就，有可觀者。，不知所以裁之裁、割正也。？」（公冶長）

朱子云：「此孔子周流四方，道不行而思歸之歎也。夫子初心，欲行其道於天下，至是而知其終不用也。於是始欲成就後學，以傳道於來世。又不得中行之士而思其次。以為狂士志意高遠，猶或可與進於道也。但恐其過中失正，或陷於異端耳，故欲歸而裁之也。」

第八章　自蔡至葉

孔子在陳，仍不見用，乃離陳往蔡。此時孔子已六十一歲。至蔡時，適蔡國大亂，蔡昭侯為其大夫所弒，楚國又興兵侵擾，孔子因離蔡而往葉暫避。

葉公葉、楚縣，沈諸梁為縣尹，僭稱公。問政？子曰：「近者說，遠者來。」（子路）

朱子云：「被其澤則悅，聞其風則悅而來，然必近者悅，而後遠者來也。」

葉公語孔子曰：「吾黨有直躬者直躬、直者，身而行。，其父攘羊有因而盜，曰攘。，

而子證之。」孔子曰：「吾黨之直者，異於是！父爲子隱，子爲父隱，直在其中矣。」（子路）

朱子云：「父子相隱，天理人情之至也，故不求爲直，而直在其中矣。」

謝氏曰：「順理爲直；父不爲子隱，子不爲父隱，於理順耶？瞽瞍殺人，舜竊負而逃，遵海濱而處，當是時，愛親之心勝，其父直不直，何暇計哉？」

第九章 在陳絕糧

孔子在葉，爲時未久，仍轉回蔡國。此次返蔡，曾住三年之久，但道仍不能行，乃由蔡往陳。適吳伐陳。楚又起兵救陳，軍於城父，聞孔子在陳蔡之間，楚使人聘孔子，孔子將往拜禮，陳蔡大夫謀曰：「孔子賢者，所刺譏，皆中諸侯疾。今者久留陳蔡之間，諸大夫所設行，皆非仲尼之意，今楚大國也，來聘孔子，孔子用於楚，則陳蔡用事大夫危矣。」於是乃相與發徒役，圍孔子於野，不得行。講誦絃歌雖不稍衰，但生活所需，無由接濟，以致絕糧七日。乃使子貢至楚，楚昭王派兵迎接，然後得免於厄。

在陳絕糧，從者病，莫能興（興、起也。）子路慍見曰：「君子亦有窮乎

？」子曰：「君子固窮，小人窮斯濫矣！」（衛靈公）

朱子云：「聖人當行而行，無所顧慮。處困而亨，無所怨悔，於此可見。學者宜深味之！」

子曰：「由呼子路之名而告之！知德者鮮矣。」（衛靈公）

朱子云：「德、謂義理之得於己者，非己有之，不能知其意味之實也。此章蓋為慍見而發也。」

子曰：「歲寒，然後知松柏之後彫也！」（子罕）

范氏曰：「小人在治世，或與君子無異；惟臨利害，遇事變，然後君子之所守可見也。」

謝氏曰：「士窮見節義，世亂識忠臣，欲學者必周於德。」

第十章　離楚回衛

孔子脫陳蔡之厄，應聘至楚，又被阻於楚令尹子西，同時楚昭王又病死於外，道不能行，乃離楚回衛。

子路曰：「衛君謂出公輒，是時出公輒不父其父，而禰其祖，名實紊矣待子而爲政，子將奚先？」子曰：「必也正名乎？」子路曰：「有是哉？子之迂也！迂、謂遠於事情，言非今日之急務。奚其正？」子曰：「野鄙俗哉！由也。君子於其所不知，蓋闕如也責其率爾妄對。名不正不當其實，則言不順；言不順，則事不成；事不成，則禮樂不興事得其序之謂禮，物得其和之謂樂，事不成則無序而不和，故禮樂不興。；禮樂不興，則刑罰不中禮樂不興，則施之政事，皆失其道，故刑罰不中；刑罰不中，則民無所措手足。故君子名之必可言也，言之必可行也，君子於其言，無所苟而已矣！」（子路）

胡氏曰：「衛世子蒯聵，恥其母南子之淫亂，欲殺之不果，而出奔。靈公欲立公子郢，郢辭。公卒，夫人立之，又辭。乃立蒯聵之子輒，以拒蒯聵。夫蒯聵欲殺母，得罪於父，而輒據國以拒父，皆無父之人也，其不可有國也明矣。夫子爲政，而以正名爲先，必將具其事之本末，告諸天王，請于方伯，命公子郢而立之。則人倫正，天理得，名正言順，而事成矣。夫子告之之詳如此，而子路終不喻也，故事輒不去，卒死其難。徒知食焉不避其難之爲義，而不知食輒之食，爲非義也。」

謝氏曰：「正名雖爲衛君而言，然爲政之道，皆當以此爲先。」

冉有曰：「夫子爲（爲，猶助也。）衛君乎？」子貢曰：「諾（應辭）！吾將問之。」（時孔子居衛，外人以蒯聵得罪於父，而輒嫡當立，故疑而問之。）入曰：「伯夷叔齊（孤竹君之二子，互讓君位，隱於首陽山而餓死）何人也？」曰：「古之賢人也！」曰：「怨（猶悔也。）乎？」曰：「求仁而得仁，又何怨？」出曰：「夫子不爲也！」（述而）

朱子云：「君子居是邦，不非其大夫，況其君乎？故子貢不斥衛君，而以夷齊爲問。夫子告之如此，則其不爲衛君可知矣。伯夷以父命爲尊，叔齊以天倫爲重。其遜國也，皆求其所以合乎天理之正，而即乎人心之安。既而各得其志焉，則視棄其國，猶敝屣爾，何怨之有？若衛輒之據國拒父，而惟恐失之，其不可同年而語明矣。」

子曰：「魯（魯國周公之後）衛（衛國康叔之後）之政，兄弟也（魯衛本兄弟之國，而是時衰亂，政亦相似，故孔子歎之）！」（子路）

蘇氏曰：「是歲魯哀公七年，衛出公五年也。衛之政，父不父，子不子；魯之政，君不君，臣不臣。卒之哀公遜于邾而死於越；出公奔宋，亦死於越。其不相遠如此。」

第十一章　自衛返魯

孔子雖楚回衛後，衛侯仍不能用，道不得行。適季康子以幣召孔子，孔子乃自衛返魯。是時已六十八歲，滿以此次返國，必得重用；不意魯侯以國老待之，而不付以實權，仍不得行其道，孔子亦不求仕，不勝感慨，而有乘桴浮海之歎。

冉子（即冉有。）退朝（季氏之私朝。），子曰：「何晏也（晏、晚也）？」對曰：「有政（國政）！」子曰：「其事也（家事）！如有政，雖不吾以（以、用也），吾其與聞之（禮、大夫雖不治事，猶得與聞國政。）。」（子路）

朱子云：「是時季氏專魯，其於國政，蓋有不與同列議於公朝，而獨與家臣謀於私室者，故夫子爲不知者而言，此必季氏之家事耳！若是國政，我嘗爲大夫，雖不見用，猶當與聞。今既不聞，則是非國政也。語意與魏徵獻陵之對略相似，其所以正名分，抑季氏，而教冉有之意深矣。」

（雍也）

子曰：「觚（棱也，或曰酒器，或曰木簡，皆器之有棱者。）不觚（當時失其制而不爲棱），觚哉！觚哉（言不得爲觚也）！」

程子云：「觚而失其形制，則非觚也。舉一器，而天下之物，莫不皆然。故君而失其君之道，則不君；臣而失其臣之職，則爲虛僞。」

陳成子（齊大夫，名恒）弒簡公，孔子沐浴而朝，告於哀公（魯君）曰：「陳恒弒其君，請討之（臣弒其君，人人得而誅之，雖已告老，而猶請哀公討之。）！」公曰：「告夫三子！」（三子、指魯季孫、叔孫、孟孫。）孔子曰：「以吾從大夫之後，不敢不告也！」君

曰：「告夫三子者！時魯政在三家，哀公不得專」之三子告，不可。孔子曰：「以吾從大夫之後，不敢不告也！」（憲問）

程子云：「左氏記孔子之言曰『陳恒弒其君，民之不予者半，以魯之衆，加齊之半，可克也。』此非孔子之言，誠若此言，是以力不以義也。若孔子之志，必將正名其罪，上告天子，下告方伯，而率與國以討之。至於所以勝齊者，孔子之餘事也，豈計魯人之衆寡哉？當是時，天下之亂極矣，因是足以正之，周室其復興乎？魯之君臣終不從之，可勝惜哉！」

❀ ❀ ❀

子欲居九夷東方之夷有九種，欲居之者，亦乘桴浮海之意，或曰：「陋如之何？」子曰：「君子居之，何陋之有？」（子罕）

朱子云：「君子所居則化，何陋之有？」

子曰：「夷狄之有君，不如諸夏之亡亡、通無也！」（八佾）

程子云：「夷狄且有君長，不如諸夏之僭亂，反無上下之分也。」

尹氏曰：「孔子傷時之亂而歎之也。無、非實無也，雖有之，不能盡其道爾。」

子曰：「鳳（靈鳥）鳥不至（舜時，鳳凰來儀；文王時鳴於岐山。），河不出圖（伏羲氏出，河中龍馬負圖，聖王之瑞），吾已矣夫（已、止也）！」（子罕）

張子曰：「鳳至圖出，文明之祥。伏羲舜文之瑞不至，則夫子之文章，知其已矣。」

子曰：「道不行，乘桴（桴、木筏）浮于海，從我者其由與（由、子路名。）？」子路聞之喜！子曰：「由也好勇過我，無所取材！」（公冶長）

程子曰：「浮海之歎，傷天下之無賢君也。子路勇於義，故謂其能從已，皆假設之言耳。子路以爲實然，而喜夫子之與己，故夫子美其勇，而譏其不能裁度事理，以適於義也。」

子曰：「莫我知也夫！」子貢曰：「何爲其莫知子也？」子

曰：「不怨天（不得於天，而不怨天。），不尤人（不合於人，而不怨人。），下學（但知下學）而上達。（而自然上達。）知我者其天乎？」（憲問）

朱子云：「此但自言其反己自修，順序漸進耳，無以甚異於人而致其知也。然深味其語意，則見其中，自有人不及知，而天獨知之之妙。蓋在孔門，唯子貢之知幾足以及此，故特語以發之。惜乎！其有所未達也。」

子曰：「君子疾沒世，而名不稱焉！」（衛靈公）

范氏曰：「君子學以爲己，不求人知，然沒世而名不稱焉，則無爲善之實可知矣。」

子曰：「甚矣！吾衰也。久矣！吾不復夢見周公。」（述而）

朱子云：「孔子盛時，志欲行周公之道，故夢寐之間，如或見之。至其老而不能行也，則無復是心，而亦無復是夢矣。故因此而自歎其衰之甚也。」

子曰：「賢者辟世天下無道而隱，若伯夷、太公是也。；其次辟地去亂國，適治邦。；其次辟色；禮貌衰，則去之。其次辟言有違言，而後去也。。」（憲問）

程子云：「四者雖以大小次第言之，然非有優劣也，所遇不同耳。」

子曰：「作起也者言起而隱去者七人矣！」（憲問）

李氏曰：「言起而隱去者今七人矣，不可知其誰何？必求其人以實之，則鑿矣。」

第十篇　明禮正樂

三代之樂，至周而大備。惟時至春秋，已殘闕失次，僭竊橫生，三家僭雍徹，季氏且旅泰山舞八佾。安上治民，失所憑依，以至禍亂相尋；臣弒其君者有之，子弒其父者有之。孔子周流四方，知道終不得行，乃明禮正樂，以奠定國家治平之基。

子曰：「夏禮吾能言之，杞（夏之後。）不足徵（徵、證也）也；殷禮吾能言之，宋（殷之後。）不足徵也。文獻不足故也，足（若足）則吾能徵之矣。」（八佾）

朱子云：「孔子言二代之禮，我能言之，而二國不足取以爲徵，以其文獻不足故也。文獻若足，則吾能取之，以證吾言矣。」

子曰：「周監（監、視也）於二代（二代夏商），郁郁（文盛貌。）乎文哉！吾從周。」

（八佾）

尹氏曰：「三代之禮，至周大備，夫子美其文而從之。」

子張問十世王者易姓受命爲一世。可知也自此以後，十世之事可前知乎。？子曰：「殷因所因謂三綱五常。於夏禮謂文質三統，文質、謂夏尚忠，商尚質，周尚文。三統謂夏正建寅爲人統，商正建丑爲地統，周正建子爲天統。，所損益，可知也。周因於殷禮，所損益，可知也。其或繼周者，雖百世可知也。」

（爲政）

朱子云：「三綱五常，禮之大體，三代相繼，皆因之而不能變。其所損益，不過文章制度，小過不及之間。而其已然之迹，今皆可見，則自今以往，或有繼周而王者，雖百世之遠，所因所革，亦不過此，豈但十世而已乎？聖人所以知來者蓋如此，非若後世讖緯術數之學也。」

林放魯人問禮之本見世之爲禮者，專事繁文，而疑其本之不在是也。？子曰：「大哉問時方逐末，而放獨有志於本，故大其問。

！禮、與其奢也寧儉；喪、與其易也（易、治也）寧戚。」（八佾）

朱子云：「禮貴得中，奢易，則過於文；儉戚、則不及而質。二者皆未合禮。然凡物之理，必先有質，而後有文，則質乃禮之本也。」

子夏問曰：「巧笑倩兮（倩、好口輔也），美目盼兮（盼、目黑白分也），素（粉地畫之質也）以爲絢（絢、采色，畫之飾也）兮（此逸詩也），何謂也？」子曰：「繪事（繪畫之事）後素（後於素也）。」曰：「禮後乎？」子曰：「起（猶發也）予（言能起發我之志意）者商也！始可與言詩已矣。」（八佾）

楊氏曰：「甘受和，白受采，忠信之人，可以學禮；苟無其質，禮不虛行。此繪事後素之說也。孔子曰：『繪事後素。』子夏曰：『禮後乎？』可謂繼其志矣！非得之言意之表者能之乎？商賜可與言詩者以此。若夫玩心於章句之末，則其爲詩也固而已矣！所謂起予，則亦相長之義也。」

子曰：「麻冕（緇布冠。）禮也，今也純（純、絲也），儉（較用麻省約。）吾從衆；拜下（君與臣行禮，當拜於堂下。）禮也，今拜乎上，泰也（驕慢）。雖違衆，吾從下。」（子罕）

程子曰：「君子處世，事之無害於義者，從俗可也。害於義，則不可從也。」

子曰：「奢則不孫（孫順也），儉則固（固、陋也）；與其不孫也，寧固！」（述而）

晁氏曰：「不得已，而救時之敝也。」

子曰：「以約（不侈然自放之謂約）失之者鮮矣！」（里仁）

尹氏曰：「凡事約則鮮失，非止為儉約也。」

子曰：「管仲之器小哉（言其不知聖賢大學之道）！」或曰：「管仲儉乎？」曰：

「管氏有三歸（三歸、臺名，事見說苑），官事不攝（攝、兼也，家臣不能具官，一人常兼數事），焉得儉？」「然則管仲知禮乎（或人又問）？」曰：「邦君樹塞門（設屏於門，以蔽內外。），管氏亦樹塞門；邦君爲兩君之好（好、謂好會。）有反坫（坫、在兩楹之間，獻酬飲畢則反爵於其上），管氏亦有反坫，管氏而知禮，孰不知禮（謂其僭用諸侯之禮）？」（八佾）

朱子云：「孔子譏管仲之器小，其旨深矣，或人不知而疑其儉，故斥其奢，以明其非儉；或人又疑其知禮，故又斥其僭，以明其不知禮。蓋雖不明言小器之所以然，而其所以小者，於此亦可見矣。故程子曰：『奢而犯禮，其器之小可知。』蓋器大，則自知禮而無此失，此言當深味也。」

子曰：「禘（王者之大祭。）自既灌（灌、方祭之始，用酒灌地，以降神）而往者（自灌以後），吾不欲觀之矣。」（八佾）

趙伯循云：「成王以周公有大勳勞，賜魯重祭，故得禘於周公之廟，以文王爲所出之帝，而周公配之，然非禮矣。蓋魯祭非禮，孔子本不欲觀，至此而失禮之中，又失禮焉，故發爲此歎。」

或問禘之說？子曰：「不知也，知其說者之於天下也，其如示（示、與視同。）**諸斯乎？」指其掌**（弟子記夫子言此而自指，言明且易也。）。（八佾）

祭如在，祭神如神在。子曰：「吾不與祭，如不祭！」（此門人記孔子祭祀之誠意。）（八佾）

朱子云：「先王報本追遠之意，莫深於禘，非仁孝誠敬之至，不足以與此，非或人之所及也。而不王不禘之法，又魯之所諱者，故以不知答之。蓋知禘之說，則理無不明，誠無不格，而治天下不難矣。聖人於此，豈眞有所不知也哉？」

范氏曰：「君子之祭，七日戒，三日齋，如見所祭者，誠之至也。是故郊則天神格，廟則人鬼享，皆由己以致之也。有其誠，則有其神；無其誠，則無其神，可不謹乎？吾不與祭如不祭，誠爲實，禮爲虛也。」

子貢欲去告朔之餼羊餼、生牲也。。子曰：「賜也！爾愛其羊愛、猶惜也。，我愛其禮。」（八佾）

朱子云：「告朔之禮，古者天子常以季冬頒來歲十二月之朔于諸侯，諸侯受而藏之於祖廟。月朔，則以特羊告廟，請而行之。魯自文公始不視朔，而有司猶供此羊，故子貢欲去之。子貢蓋惜其無實而妄費，然禮雖費，羊存，猶得以識之而可復焉；若併去其羊，則此禮遂亡矣，孔子所以惜之。」

子曰：「君子無所爭，必也射乎？揖讓而升大射之禮，耦進三揖而後升堂也，下而飲謂射畢揖降，以俟衆耦皆降，勝者乃揖不勝者升，取觶立飲，其爭也君子！」（八佾）

朱子云：「言君子恭遜不與人爭，惟於射而後有爭。然其爭也，雍容揖遜乃如此，則其爭也君子，而非小人之爭矣。」

子曰：「射鄉射禮文，不主皮，爲力不同科科、等也，古之道也。」

（八佾）

朱子云：「古者射以觀德，但主於中，而不主於貫革，蓋以人之力有強弱不同等也。記曰：『武王克商，散軍郊射，而貫革之射息。』正謂此也。周衰禮廢，列國兵爭，復尚貫革，故孔子歎之。」

孔子謂：「季氏八佾（八佾、舞列也，天子八，大夫四）舞於庭（季氏以大夫僭用天子之樂。），是可忍也，孰不可忍也（此事尚忍為之，何事不可忍為。）？」（八佾）

謝氏曰：「君子於其所不當為，不敢須臾處，不忍故也。而季氏忍此矣，則雖弑父於君，亦何所憚而不為乎？」

三家（魯三卿。）者以雍（雍周頌篇名。）徹（祭畢而收其俎也。天子宗廟之祭，以雍徹），子曰：「相（助也）維辟公，（辟公、諸侯也）天子穆穆（穆穆、深遠之意，天子之容也。），奚取於三家之堂（謂其僭竊妄作）？」（八佾）

程子曰：「周公之功固大矣，皆臣子之分所當為，魯安得獨用天子禮樂哉？成王之賜，伯禽之受，皆非也。其因襲之弊，遂使季氏僭用八佾，三家僭雍徹，故仲尼譏之。」

季氏旅（旅、祭名）於泰山（禮諸侯祭封內山川，季氏祭之僭也。），子謂冉有曰（冉有時爲季氏家臣）：「女弗能救與（救其僭竊之罪）？」對曰：「不能！」子曰：「嗚呼！曾謂泰山，不如林放乎（林放知禮之本）？」（八佾）

范氏曰：「冉有從季氏，夫子豈不知其不可告也？然而聖人不輕絕人，盡己之心，安知冉有之不能救，季氏之不可諫也？既不能正，則美林放以明泰山之不可誣，是亦教誨之道也。」

子曰：「禮云禮云（敬而將之以玉帛則謂禮），玉帛云乎哉？樂云樂云（和而發之以鐘鼓則謂樂），鐘鼓云乎哉？」（陽貨）

朱子云：「遺其本而專事其末，則豈禮樂之謂哉？」

程子云：「禮只是一個序，樂只是一個和。只此兩字，含蓄多少義理。天下無一物無禮義，且如置此兩椅，一不正，便是無序；無序便乖；乖便不和。又如盜賊，至爲不道，然亦有禮樂；蓋必有統屬，必相聽順，乃能爲盜。不然，則叛亂無統，不能一日相聚而爲盜也。禮樂無處無之，學者須要識得。」

子曰：「人而不仁（則人心亡矣。），如禮何？人而不仁，如樂何？言雖欲用禮樂，而禮樂不爲之用也。」（八佾）

有子曰：「禮之用，和爲貴；先王之道，斯爲美，小大由之。有所不行，知和而和，不以禮節之，亦不可行也。」（學而）

子曰：「吾自衞反魯，然後樂正，雅頌各得其所。」（子罕）朱子云：「魯哀公十一年冬，孔子自衞返魯，是時周禮在魯，然詩樂亦頗殘闕失次。孔子周流四方，參互考訂，以知其說。晚知道終不行，故歸而正之。」

子謂：「韶（韶、舜樂），盡美矣，又盡善也。」謂：「武（武、武王樂。）盡美矣

，未盡善也。」（八佾）

朱子云：「美者、聲容之盛；善者、美之實也。舜紹堯致治，武王伐紂救民，其功一也，故其樂皆盡美。然舜之德性之也，又以揖遜而有天下。武王之德反之也，又以征誅而得天下。故其實有不同者。」

子語魯大師（太師、樂官名）樂曰：「樂其可知也：始作翕（翕、合也）如也；從（音縱）之純（和也）如也；皦（明也）如也；繹（相續不絕也。）如也以成（樂之一終也。）。」（八佾）

謝氏曰：「五音六律不具，不足以爲樂。翕如、言其合也。五音合矣，清濁高下，如五味之相濟而後和，故曰純如。合而和矣，欲其無相奪倫，故曰皦如。然豈宮自宮，商自商乎？不相反而相連，如貫珠可也，故曰繹如也，以成。

子曰：「師摯（樂師）之始，關雎之亂（亂、樂之卒章），洋洋乎（美盛意。），盈耳哉！」（泰伯）

朱子云：「孔子自衛返魯，而正樂，適師摯在官之初，故樂之美盛如此。」

子曰：「先進於禮樂，野人（謂郊外之民。）也；後進於禮樂，君子也（謂賢士大夫。）。如用之（謂用禮樂）則吾從先進。」（先進）

朱子云：「先進後進，猶言前輩後輩。孔子既述時人之言，又自言其如此，蓋欲損過以就中也。」

程子曰：「先進於禮樂，文質得宜，今反謂之質朴而以爲野人；後進之於禮樂，文過其質，今反謂之彬彬而以爲君子。蓋周末文勝，故時人之言如此，不自知其過於文也。」

孔子曰：「天下有道，則禮樂征伐，自天子出（先王之制，諸侯不得變禮樂，專征伐）；天下無道，則禮樂征伐，自諸侯出。自諸侯出，蓋十世希不失矣；自大夫出，五世希不失矣；陪臣（家臣）執國命，三世

希不失矣。逆禮愈甚，則其失之愈速，大約世數，不過如此。天下有道，則政不在大夫。天下有道，則庶人不議。」（季氏）

四書通云：「此章備述春秋之終始：禮樂征伐自天子出，是春秋以前時節；自諸侯出，隱桓莊閔之春秋也；自大夫出，僖文宣成之春秋也；陪臣執國命，襄昭定哀之春秋也。」

孔子曰：「祿之去公室，五世矣魯自文公薨，公子遂殺子赤，立宣公，而君失其政。歷成、襄、昭、定、凡五公。，政逮於大夫逮、及也，四世矣自季武子始專國政，歷悼、平、桓子，凡四世，故夫三桓三桓、三家皆桓公之後，亦稱三桓。之子孫微矣。」（季氏）

蘇氏曰：「禮樂征伐自諸侯出，宜諸侯之強也，而魯以失政；政逮於大夫，宜大夫之強也，而三桓以微何也？強生於安；安生於上下之分定。今諸侯大夫，皆陵其上，則無以令其下矣，故皆不久而失之也。」

大師魯樂官之長。摯適齊，亞飯以樂侑食之官，三飯、四飯均同干適楚；三飯繚適蔡；四飯缺適秦。鼓擊鼓方叔入於河河內；播搖也鼗小鼓，兩旁有耳。武入於漢漢中；少師樂官之佐陽、擊磬襄，入於海海島。」（微子）

張子云：「周衰樂廢，夫子自衛返魯，一嘗治之，其後伶人賤工，識樂之正。及魯益衰，三桓僭妄，自太師以下，皆知散之四方，逾河蹈海以去亂。聖人俄頃之助，功化如此。如有用我期月而可，豈虛語哉？」

第十一篇 附益錯簡

梁任公云：「先秦書贋品極多，學者最宜愼擇。論語爲孔門相傳寶典，大致可信。雖然，其中未嘗無一部份經後人附益竄亂；大抵各篇之末，時有一二章非原本者。蓋古用簡書，傳鈔收藏皆不易，故篇末空白處，往往以書外之文綴記塡入。在本人不過爲省事備忘起見，非必有意作僞，至後來展轉傳鈔，則以此誤混正文。周秦古書中，似此者不少，論語亦有其例：如雍也篇『子見南子』章，鄉黨篇末『色斯擧矣』章，季氏篇末『齊景公』章，微子篇『周公謂魯公』章『周有八士』章，皆或與孔門無關，或文義不類，疑皆非原文。」特另立本篇，以存其舊，而免掛漏之譏。

子見南子衛靈公之夫人，有淫行。**，子路不說**音悅。**，夫子矢**矢、誓也。**之曰：「予所否**否、謂不合於禮不由其道。**者，天厭之**厭、棄絕也。**！天厭之！」**（雍也）

朱子云：「孔子至衛，南子請見，孔子辭謝，不得已而見之。蓋古者仕於其國，有見其小君之禮。而子路以夫子見此淫亂之人爲辱，故不悅。聖人道大德全，無可不可，其見惡人，固謂在我有可見之禮，則彼之不善，我何與焉？然此豈子路所能測哉？故重言以誓之，欲其姑信此，而深思以得之也。」

邦君之妻，君稱之曰夫人；夫人自稱曰小童；邦人稱之曰君夫人；稱諸異邦曰寡小君；異邦人稱之亦曰君夫人。

吳氏曰：「凡語中所載如此類者，不知何謂？或古有之，或夫子嘗言之，不可考也。」

❀ ❀ ❀ ❀

色斯舉矣，翔而後集。曰：「山梁雌雉（梁，橋也），時哉！時哉（言雉之飲啄得其時）！」子路共之，三嗅而作（嗅，石經作戛，謂雉鳴也。）。」（鄉黨）

❀ ❀ ❀ ❀

齊景公有馬千駟，死之日，民無德而稱焉。伯夷叔齊，餓於首陽之下，民到于今稱之。「誠不以富，亦祇以異。」其斯之謂與（此錯簡）？」（季氏）

胡氏曰：「程子以為『誠不以富，亦祇以異。』當在齊景公有馬千駟之上；今詳文勢，似當在此句之上。言人之所稱，不在於富，而在於異也。」

周有八士：伯達、伯适、仲突、仲忽、叔夜、叔夏、季隨、季騧。（微子）

朱子云：「或曰，成王時人，或曰，宣王時人。蓋一母四乳，而生八子也。然不可考矣。」

公山弗擾季氏宰。以費畔，召，子欲往。子路不說曰：「末之也已言道既不行無所往矣。！何必公山氏之之之、往也也？」子曰：「夫召我者，而豈徒哉言必用我？如有用我者，吾其為東周乎！」（陽貨）

梁任公云：「考弗擾叛時，孔子正爲魯司寇，率師墮費，弗擾正因反抗孔子政策而作亂，其亂亦由孔子手平之。安有以造反縣令，而敢召執政？其執政方督師討賊，乃應以召，且云其爲東周；寧有此理？」

佛肸（晉大夫趙氏之中牟宰。）召，子欲往，子路曰：「昔者由也，聞諸夫子曰：『親於其身爲不善者，君子不入也。』佛肸以中牟畔，子之往也如之何？」子曰：「然！有是言也。不曰堅乎？磨而不磷；不曰白乎？涅而不緇；吾豈匏瓜也哉！焉能繫而不食？」（陽貨）

梁任公云：「佛肸以中牟叛趙，爲趙襄子時事，見韓詩外傳。趙襄子之立，在孔子卒後五年，孔子何從與佛肸有交涉？」（參看崔東壁遺書內洙泗考信錄）

君子不以紺（紺、深青揚赤色齋服。）緅（絳色）飾（領緣也。），紅紫（間色不正）不以爲褻服（褻服、私居服也。）。當暑，袗絺綌（袗、單也，葛之精者曰絺，麤者曰綌）必表而出之（謂先着裏衣，表絺綌而出之於外，欲其不見體也。）。緇（黑色）衣羔裘，黃衣狐裘，素衣麑裘。褻裘長，短右袂。必有寢衣，長一身有半。狐貉之厚以居。去喪無所不佩。非帷裳，必殺之。羔裘玄冠，不以弔。吉月，必朝服而朝。（鄉黨）

蘇氏曰：「此孔子遺書，雜記曲禮，非特孔子事也。」

子曰：「吾猶及史之闕文也，有馬者借人乘之，今亡已夫！」（衞靈公）

胡氏曰：「此章義疑，不可強解。」

季氏將伐顓臾（顓臾、魯附庸國。），冉有季路見於孔子曰：「季氏將有事於顓臾。」

孔子曰：「求！無乃爾是過與？夫顓臾，昔者先王以為東蒙（山名）主，是社稷之臣也，且在邦域之中矣；何以伐為？」

冉有曰：「夫子（指季氏。）欲之，吾二臣者，皆不欲也！」

孔子曰：「求！周任（古良史。）有言曰：『陳力就列（列、位也）不能者止。』危而不持，顛而不扶，則將焉用彼相矣？且爾言過矣！虎兕出於柙，龜玉毀於櫝中，是誰之過與？」

冉有曰：「今夫顓臾，固而近於費（費、季氏邑。），今不取，後世必爲子孫憂！」

孔子曰：「求！君子疾夫舍曰欲之，而必爲之辭。丘也聞有國有家者，不患寡，而患不均；不患貧，而患不安。蓋均無貧，和無寡，安無傾。夫如是，故遠人不服，則脩文德以來之；既來之，則安之。今由與求也，相夫子（夫子、指季氏），遠人不服而不能來也；邦分崩離析而不能守也；而謀動干戈於邦內，吾恐季孫之憂，不在顓臾，而在蕭牆之內也。」（季氏）

洪氏曰：「伐顓臾之事，不見於經傳，其以夫子之言，而止也與？」

季子然（魯季氏子弟。）問：「仲由冉求可謂大臣與？」子曰：「吾以子爲異之問（異、非常也，），曾由與求之問！所謂大臣者，以道事君，不

可則止。今由與求也，可謂具臣矣（具臣、謂備臣數。）。」曰：「然則從之者與？」子曰：「弒父與君，亦不從也。」（先進）

尹氏曰：「季氏專權僭竊，二子仕其家而不能正也，知其不可而不能止也，可謂具臣矣。是時季氏已有無君之心，故自多其得人，意其可使從己也，故曰弒父與君，亦不從也。其庶乎二子可免矣。」

梁任公云：「考冉有季路並無同時仕於季氏之事。」

按：以上兩節，均不類孔子語氣。

原壤夷俟（夷、蹲踞也，俟、待也。），子曰：「幼而不孫弟，長而無述焉（述、猶稱也。），老而不死，是爲賊！」以杖叩其脛。（憲問）

朱子云：「原壤、孔子之故人，母死而歌，蓋老氏之流，自放於禮法之外者。賊者、害人之名，以其自幼至長，無一善狀，而久生於世，徒足以敗常亂俗，則是賊而已矣。脛、足骨也，孔子旣責之，而因以所曳之杖，微擊其脛，若使勿蹲踞然。」

按：此節亦不類孔子語氣，孔子責人，寬而不迫，責門弟子最嚴之詞，亦祇云「難矣哉！」全部論語僅兩見「難矣哉」三字。對故人似不至斥其「老而不死」。

子夏曰：「大德不踰閑，小德出入可也。」（子張）

朱子云：「大德小德，猶言大節小節。閑、闌也，所以止物之出入，言人能先立乎其大者，則小節雖或未盡合理，亦無害也。」

吳氏云：「此章之言，不能無弊，學者詳之。」

子游曰：「喪致乎哀而止致極其哀，不尚文飾。。」（子張）

楊氏曰：「喪與其易也寧戚，不若禮不足，而哀有餘。」

朱子云：「按而止二字之意，亦微有過高遠，而簡略細微之弊，學者詳之。」

棘子成（衛大夫。）曰：「君子質而已矣，何以文爲？」子貢曰：「惜乎！夫子（指棘子成）之說君子也，駟不及舌！文，猶質也；質猶文也。虎豹之鞟（鞟、皮去毛者），猶犬羊之鞟。」（顏淵）

朱子云：「夫棘子成矯當時之弊，固失之過，而子貢矯子成之弊，又無本末輕重之差，胥失之矣。」

唐棣之華，偏其反而。豈不爾思？室是遠而。子曰：「未之思也！夫何遠之有？」（子罕）

附錄

孔子世家

司馬遷史記

孔子生魯昌平鄉陬邑。其先宋人也，曰孔防叔。防叔生伯夏。伯夏生叔梁紇。紇與顏氏女野合而生孔子。禱於尼丘得孔子，魯襄公二十二年而孔子生。生而首上圩頂，故因名曰丘云，字仲尼，姓孔氏。

丘生而叔梁紇死，葬於防山。——防山在魯東——由是孔子疑其父墓處，母諱之也。

孔子爲兒嬉戲，常陳俎豆，設禮容。

孔子母死，乃殯五父之衢，蓋其愼也。陬人輓父之母誨孔子父墓，然後往，合葬於防焉。

孔子要絰，季氏饗士，孔子與往。陽虎絀曰：「季氏饗士，非敢饗子也」。孔子由是退。

孔子年十七，魯大夫孟釐子病不能相禮。且死，誡其嗣懿子曰：「孔丘聖人之後，滅於宋。其祖弗父何始有宋而嗣，讓厲公。及正考父佐戴武宣公，三命茲益恭，故鼎銘云：「一命而僂；再命而傴；三命而俯。循牆而走，亦莫敢余侮。饘於是，粥於是，以餬余口」。其恭如是。吾聞聖人之後，雖不當世，必有達者。今孔丘年少好禮，其達者歟！吾卽沒，若必師之」。及釐子卒，懿子與魯人南宮敬叔往學禮焉。

是歲季武子卒，平子代立。

孔子貧且賤。 及長，嘗爲委吏，料量平。 嘗爲司職吏，而畜蕃息。 由是爲司空。 已而去魯，斥乎齊，逐乎宋衞，困於陳蔡之間，於是反魯。

孔子長九尺有六寸，人皆謂之長人而異之。

魯復善待，由是反魯。

魯南宮敬叔言魯君曰：「請與孔子適周」。 魯君與之一乘車，兩馬，一豎子，俱適周，問禮，蓋見老子云。 辭去，而老子送之曰：「吾聞富貴者送人以財，仁者人送人以言。 吾不能富貴，竊仁人之號，送子以言曰： 聰明深察而近於死者，好議人者也。 博辯廣大危其身者，發人之惡者也。 爲人子者，毋以有己。 爲人臣者，毋以有己」。

孔子自周反於魯，弟子稍益進焉。

是時也， 晉平公淫，六卿擅權，東伐諸侯；楚靈王兵彊，陵轢中國；齊大而近於魯。魯小弱，附於楚，則晉怒；附於晉，則楚來伐；不備於齊，齊師侵魯。

魯昭公之二十年，而孔子蓋年三十矣。

齊景公與晏嬰來適魯， 景公問孔子曰：「昔秦穆公國小處辟，其霸，何也」？ 對曰：「秦國雖小，其志大，處雖辟，行中正；身舉五羖，爵之大夫，起纍紲之中，與語三日，授之以政。以此取之，雖王，可也；其霸，小矣」。景公說。

孔子年三十五，而季平子與郈昭伯以鬥雞故，得罪魯昭公。昭公率師擊平子，平子與孟氏叔孫氏三家共攻昭公，昭公師敗，奔於齊，齊處昭公乾侯。其後頃之，魯亂，孔子適齊，為高昭子家臣，欲以通於景公。

與齊太師語樂，聞韶音，學之三月，不知肉味。齊人稱之。

景公問政孔子。孔子曰：「君君，臣臣，父父，子子」。景公曰：「善哉！信如君不君，臣不臣，父不父，子不子，雖有粟，吾豈得而食諸」？他日，又復問政於孔子。孔子曰：「政在節財」。景公說，將欲以尼谿田封孔子。晏嬰進曰：「夫儒者滑稽而不可軌法；倨傲自順，不可以為下；崇喪遂哀，破產厚葬，不可以為俗；游說乞貸，不可以為國。自大賢之息，周室既衰，禮樂缺有間；今孔子盛容飾，繁登降之禮，趨詳之節，累世不能殫其學，當年不能究其禮。君欲用之以移齊俗，非所以先細民也」。後景公敬見孔子，不問其禮。

異日，景公止孔子曰：「奉子以季氏，吾不能。以季孟之閒待之」。

齊大夫欲害孔子，孔子聞之。景公曰：「吾老矣！弗能用也」。孔子遂行，反乎魯。

孔子年四十二，魯昭公卒於乾侯，定公立。　定公立五年，夏，季平子卒，桓子嗣立。

季桓子穿井，得土缶，中若羊。問仲尼云：「得狗」。　仲尼曰：「以丘所聞，羊也，丘聞之，木石之怪，夔，罔閬。　水之怪，龍，罔象。　土之怪，墳羊」。

吳伐越，墮會稽，得骨節專車。　吳使使問仲尼「骨何者最大」？仲尼曰：「禹致群神於會稽山，防風氏後至，禹殺而戮之，其節專車，此為大矣」。　吳客曰：「誰為神」？　仲尼曰：「山川之神，足以綱紀天下，其守為神，社稷為公侯，皆屬於王者」。客曰，「防風何守」？　仲尼曰：「汪罔氏之君，守封禺之山，為釐姓。　在虞夏商為汪罔。　於周為長翟。　今謂之大人」。客曰：「人長幾何」；

仲尼曰：「僬僥氏三尺，短之至也。　長者不過十之，數之極也」。於是吳客曰：「善哉聖人」！

桓子嬖臣曰仲梁懷，與陽虎有隙，陽虎欲逐懷，公山不狃止之。　其秋，懷益驕，陽虎執懷，桓子怒，陽虎因囚桓子，與盟而醳之，陽虎由此益輕季氏。　季氏亦僭於公室，陪臣執國政，是以魯自大夫以下皆僭，離於正道。　故孔子不仕，退而修詩書禮樂。　弟子彌眾，至自遠方，莫不受業焉。

定公八年，公山不狃不得意於季氏，因陽虎為亂，欲廢三桓之適，更立其庶孽，——陽虎素所善者——遂執季桓子，桓子詐之，得脫。　定公九年，陽虎不勝，奔於齊。是時，孔子年五十一，公山不狃以費畔季氏，使人召孔子。　孔子循道彌久，溫溫無所試，莫能己用，曰：「蓋周文起豐鎬而王。　今費雖小，儻庶幾乎」！欲往，子路不說，止孔子。孔子曰：「夫召我者，豈徒哉？如用我，其爲東周乎」！然亦卒不行。

其後，定公以孔子爲中都宰，一年，四方皆則之。由中都宰爲司空，由司空爲大司寇。

定公十年，春，及齊平。夏，齊大夫黎鉏言於景公曰：「魯用孔丘，其勢危齊」。乃使使告魯，爲好會，會於夾谷。魯定公且以乘車好往。孔子攝相事曰：「臣聞有文事者，必有武備；有武事者，必有文備。古者，諸侯出疆，必具官以從。請具左右司馬」。定公曰：「諾」。具左右司馬。會齊侯夾谷，爲壇位，土階三等，以會遇之禮相見。揖讓而登，獻酬之禮畢，齊有司趨而進曰：「請奏四方之樂」。景公曰：「諾」。於是旍、旄、羽、袚、矛、戟、劍、撥、鼓噪而至。孔子趨而進，歷階而登，不盡一等，舉袂而言，曰：「吾兩君爲好會，夷狄之樂何爲於此？請命有司」。有司卻之，不去，則左右視晏子與景公。景公心怍，麾而去之。有頃，齊有司趨而進曰：「請奏宮中之樂」。景公曰：「諾」。優、倡、侏、儒，爲戲而前。孔子趨而進，歷階而登，不盡一等，曰：「匹夫而營惑諸侯者，罪當誅。請命有司」。有司加法焉，手足異處。景公懼而動，知義不若，歸而大恐，告其羣臣，曰，「魯以君子之道輔其君，而子獨以夷狄之道教寡人，使得罪於魯君，爲之奈何」。有司進，對曰：「君子有過，則謝以質；小人有過，則謝以文；君若悼之，則謝以質」。於是齊侯乃歸所侵魯之鄆汶陽龜陰之田，以謝過。

定公十三年，夏，孔子言於定公曰，「臣無藏甲，大夫無百雉之城」。使仲由爲季氏宰，將墮三都。於是叔孫氏先墮郈。季氏將墮費，公山不狃叔孫輒率費人襲魯公與三子，入于季氏之宮，登武子之台，費人攻之，弗克，矢及公側。孔子命申句須樂頎下伐之，費人北，國人追之，敗諸姑蔑，二子奔齊，遂墮費。將墮成，公斂處父謂孟孫曰：「墮城，齊人必至于北門。且成，孟氏之保鄣，無成，是無孟氏也。我將弗墮」。十二月，公圍成，弗克。

定公十四年，孔子年五十六，由大司寇攝行相事，有喜色。門人曰：「聞君子禍至不懼，福至不喜」。孔子曰：「有是言也，不曰樂其以貴下人乎」！於是誅魯大夫亂政者少正卯。

與聞國政三月，粥羔豚者弗飾賈。男女行者別於塗。塗不拾遺。四方之客至乎邑者，不求有司，皆予之以歸。齊人聞而懼曰：「孔子爲政，必霸；霸則吾地近焉，我之爲先并矣。盍致地焉」？黎鉏曰：「請先嘗沮之，沮之而不可，則致地，庸遲乎」？

於是選齊國中女子好者八十人，皆衣文衣而舞康樂，文馬三十駟，遺魯君，陳女樂文馬於魯城南高門外。季桓子微服往觀再三，將受，乃語魯君爲周道游，往觀終日，怠於政事。子路曰：「夫子可以行矣」！孔子曰：「魯今且郊，如致膰乎大夫，則吾猶可以止」。桓子卒受齊女樂，三日不聽政；

郊文不致膰俎於大夫。孔子遂行。宿乎屯，而師己送，曰：「夫子則非罪」？孔子曰：吾歌，可夫？歌曰：「彼婦之口，可以出走。彼婦之謁，可以死敗。蓋優哉游哉，維以卒歲」！師己反。桓子曰：「孔子亦何言」？師已以實告。桓子喟然嘆曰：「夫子罪我，以羣婢故也夫」！

孔子遂適衛，主於子路妻兄顏濁鄒家。

衛靈公問孔子，「居魯得祿幾何」？對曰：「奉粟六萬」。衛人亦致粟六萬。居頃之，或譖孔子於衛靈公，靈公使公孫余假一出一入。孔子恐獲罪焉，居十月，去衛。

將適陳，過匡，顏高爲僕，以其策指之，曰：「昔吾入此，由彼缺也」，匡人聞之，以爲魯之陽虎，陽虎嘗暴匡人，匡人於是遂止孔子。孔子狀類陽虎。拘焉，五日。顏淵後，子曰：「吾以汝爲死矣」！顏淵曰：「子在，回何敢死」？匡人拘孔子益急，弟子懼。孔子曰：「文王既沒，文不在茲乎！天之將喪斯文也，後死者不得與于斯文也。天之未喪斯文也，匡人其如予何」！孔子使從者爲寧武子臣於衛，然後得去。

去，即過蒲。月餘，反乎衛，主蘧伯玉家。

靈公夫人有南子者，使人謂孔子曰：「四方之君子不辱，欲與寡君爲兄弟者，必見寡小君。寡小君願見」。孔子辭謝，不得已而見之。夫人在絺帷中，孔子入門，北面稽首。夫人自帷中再拜，環佩玉聲璆然。孔子曰：「吾鄉爲弗見，見之，禮答焉」。子路不說。孔子矢之曰：「予所不者，天厭之！天厭之」！

居衞月餘，靈公與夫人同車，宦者雍渠參乘，出使孔子爲次乘，招搖市過之。孔子曰：「吾未見好德如好色者也」！於是醜之，去衞過曹。

是歲，魯定公卒。

孔子去曹，適宋，與弟子習禮大樹下。宋司馬桓魋欲殺孔子，拔其樹。孔子去。弟子曰：「可以速矣」！孔子曰：「天生德於予，桓魋其如予何」？

孔子適鄭，與弟子相失，孔子獨立郭東門。鄭人或謂子貢曰：「東門有人，其顙似堯，其項類皋陶，其肩類子產，然自要以下不及禹三寸，纍纍然若喪家之狗」。子貢以實告孔子。孔子欣然笑曰：「形狀，末也，而謂似喪家之狗。然哉！然哉」！孔子遂至陳，主於司城貞子家。

歲餘，吳王夫差伐陳，取三邑而去。趙鞅伐朝歌。楚圍蔡，蔡遷於吳。吳敗越王勾踐會稽。

有隼集于陳廷而死，楛矢貫之，石砮，矢長尺有咫。陳湣公使使問仲尼。仲尼曰：「隼來遠矣。此肅慎之矢也。昔武王克商，通道九夷百蠻，使各以其方賄來貢，使無忘職業，於是肅慎貢楛矢石砮，長尺有咫。先王欲昭其令德，以肅慎矢分大姬，配虞胡公而封諸陳。分同姓以珍玉，展親；分異姓以遠方職，使無忘服；故分陳以肅愼矢」。試求之故府，果得之。

孔子居陳三歲，會晉楚爭彊，更伐陳；及吳侵陳，陳常被寇。孔子曰：「歸與！歸與！吾黨之小子狂簡，進取不忘其初」。於是孔子去陳。

過蒲，會公叔氏以蒲畔，蒲人止孔子。弟子有公良孺者，以私車五乘從孔子。其爲人長，賢，有勇力，謂曰：「吾昔從夫子，遇難於匡，今又遇難於此，命也已！吾與夫子再罹難，寧鬥而死」。鬥甚疾。蒲人懼，謂孔子曰：「苟毋適衞，吾出子」。與之盟，出孔子東門。孔子遂適衞。子貢曰：「盟可負邪」？孔子曰：「要盟也，神不聽」。衞靈公聞孔子來，喜，郊迎，問曰：「蒲可伐乎」？對曰：「可」。靈公曰：「吾大夫以爲不可。今蒲，衞之所以待晉楚也，以衞伐之，無乃不可乎」？孔子曰：「其男子有死之志，婦人有保西河之志。吾所伐者，不過四五人」。靈公曰：「善」。然不伐蒲。

靈公老，怠於政，不用孔子。孔子喟然嘆曰：「苟有用我者，朞月而已，三年有成」。孔子行。

佛肸爲中牟宰，趙簡子攻范中行，伐中牟。佛肸畔，使人召孔子。孔子欲往。子路曰：「由聞諸夫子，其身親爲不善者，君子不入也。今佛肸以中牟畔，子欲往，如之何」？孔子曰：「有是言也！不曰堅乎磨而不磷？不曰白乎涅而不淄？我豈匏瓜也哉，焉能繫而不食」！

孔子擊磬，有荷蕢而過門者，曰：「有心哉，擊磬乎！　硜硜乎，莫己知也，夫而已矣」！　孔子學鼓琴師襄子，十日不進。　師襄子曰：「可以益矣」。　孔子曰：「丘已習其曲矣，未得其數也」。有間，曰：「已習其數，可以益矣」。　孔子曰：「丘未得其志也」。有間，曰：「已習其志，可以益矣」孔子曰：「丘未得其為人也」。　有間，若有所穆然深思焉；有所怡然高望而遠志焉。曰：「丘得其為人，黯然而黑，幾然而長，眼如望羊，心如王四國。　非文王，其誰能為此也」！師襄子辟席再拜，曰：「師蓋云文王操也」。

孔子既不得用於衛，將西見趙簡子。　至於河，而聞竇鳴犢舜華之死也，臨河而歎，曰：「美哉水！洋洋乎！丘之不濟此，命也夫」！子貢趨而進曰：「敢問何謂也」？孔子曰：「竇鳴犢舜華，晉國之賢大夫也，趙簡子未得志之時，須此兩人而後從政；及其已得志，殺之乃從政。丘聞之也，刳胎殺夭，則麒麟不至郊。竭澤涸漁，則蛟龍不合陰陽。覆巢毀卵，則鳳凰不翔。何則？君子諱傷其類也。　夫鳥獸之於不義也，尚知辟之；而況乎丘哉」！　乃還，息乎陬鄉，作為「陬操」以哀之。　而反乎衛，主蘧伯玉家。

他日，靈公問兵陳。　孔子曰：「俎豆之事，則嘗聞之。　軍旅之事，未之學也」。明日，與孔子語，見蜚雁，仰視之，色不在孔子。　孔子遂行，復如陳。

夏，衞靈公卒，立孫輒，是爲衞出公。六月，趙鞅內太子蒯聵於戚，陽虎使太子絻，八人衰絰，僞自衞迎者，哭而入，遂居焉。冬，蔡遷於州來。……（中闕）……

是歲，魯哀公三年，而孔子年六十矣。

齊助衞圍戚，以衞太子蒯聵在故也。

夏，魯桓釐廟燔，南宮敬叔救火。孔子在陳，聞之，曰：「災必於桓釐廟乎」！已而果然。

秋，季桓子病，輦而見魯城，喟然歎曰：「昔此國幾興矣，以吾獲罪於孔子，故不興也」。顧謂其嗣康子曰：「我卽死，若必相魯。相魯，必召仲尼」。後數日，桓子卒，康子代立。已葬，欲召仲尼。公之魚曰：「昔吾先君用之不終，終爲諸侯笑。今又用之，不能終，是再爲諸侯笑」。康子曰：「則誰召而可」？曰：「必召冉求」。於是使使召冉求。冉求將行。孔子曰：「魯人召求，非小用之，將大用之也」。是日，孔子曰：「歸乎！歸乎！吾黨之小子狂簡，斐然成章，吾不知所以裁之」。子貢知孔子思歸，送冉求，因誡曰：「卽用以孔子爲招云」！

冉求既去。明年，孔子自陳遷於蔡。

蔡昭公將如吳，吳召之也。前昭公欺其臣，遷州來，後將往，大夫懼復遷，公孫翩射殺昭公。楚侵蔡。……（中闕）……秋，齊景公卒。

明年，孔子自蔡如葉。

葉公問政。孔子曰：「政在來遠附邇」。

他日。葉公問孔子於子路。子路不對。孔子聞之，曰：「由！爾何不對曰：其為人也，學道不倦，誨人不厭，發憤忘食，樂以忘憂，不知老之將至，云爾」！

去葉，反於蔡。長沮桀溺耦而耕，孔子以為隱者，使子路問津焉。長沮曰：「彼執輿者為誰」？子路曰：「為孔丘」。曰：「是魯孔丘與」？曰：「然」。曰，「是知津矣」。

桀溺謂子路曰：「子為誰」？曰：「為仲由」。曰：「子，孔丘之徒與」？曰：「然」。桀溺曰：「悠悠者天下皆是也，而誰以易之？且與其從辟人之士，豈若從辟世之士哉」！耰而不輟。子路以告孔子。孔子憮然曰：「鳥獸不可與同羣！天下有道，丘不與易也」。

他日，子路行，遇荷蓧丈人，曰：「子見夫子乎」？丈人曰：「四體不勤，五穀不分，孰為夫子」？植其杖而芸。子路以告。孔子曰：「隱者也」。復往，則亡。

孔子遷于蔡三歲，吳伐陳。楚救陳，軍于城父，聞孔子在陳蔡之間，楚使人聘孔子。孔子將往拜禮。陳蔡大夫謀曰：「孔子，賢者。所刺譏皆中諸侯之疾。今者久留陳蔡之間，諸大夫所設行，皆非仲尼之意。今楚，大國也，來聘孔子，孔子用於楚，則陳蔡用事大夫危矣」。於是乃相與發徒役圍孔子於野，不得行，絕糧，從者病，莫能興，孔子講誦弦歌不衰。

子路慍見曰：「君子亦有窮乎」？ 孔子曰：「君子固窮。 小人窮斯濫矣」。

子貢色作。 孔子曰：「賜！爾以予爲多學而識之者與」？ 曰：「然。…非與」？孔子曰：「非也，予一以貫之」。

孔子知弟子有慍心，乃召子路而問曰：「詩云，匪兕匪虎，率彼曠野。 吾道非邪？ 吾何爲於此」？ 子路曰：「意者吾未仁邪？人之不我信也。 意者吾未知邪？人之不我行也」。孔子曰：「有是乎！ 由！譬使仁者而必信，安有伯夷叔齊？使知者而必行，安有王子比干」？

子路出，子貢入見。 孔子曰：「賜！詩云，匪兕匪虎，率彼曠野。 吾道非邪？ 吾何爲於此」？子貢曰：「夫子之道至大也，故天下莫能容夫子。夫子蓋少貶焉」。孔子曰：「賜！良農能稼，而不能穡；良工能巧，而不能順；君子能修其道，綱而紀之，統而理之，而不能爲容。 今爾不修爾道，而求爲容！ 賜！爾志不遠矣」！

子貢出，顏回入見。 孔子曰：「回！詩云，匪兕匪虎，率彼曠野。 吾道非邪？ 吾何爲於此」？

顏回曰：「夫子之道至大，故天下莫能容。 雖然，夫子推而行之，不容，何病？ 不容，然後見君子。 夫道之不修也，是吾醜也。 夫道既已大修而不用，是有國者之醜也。 不容何病？ 不容，然後見君子」。孔子欣然而笑曰：「有是哉！顏氏之子！使爾多財，吾爲爾宰」。

於是使子貢至楚。楚昭王興師迎孔子，然後得免。

昭王將以書社地七百里封孔子。楚令尹子西曰：「王之使使諸侯，有如子貢者乎」？曰：「無有」。「王之輔相，有如顏回者乎」？曰：「無有」。「王之將率，有如子路者乎」？曰：「無有」。「王之官尹，有如宰予者乎」？曰：「無有」。「且楚之祖封於周，號爲子男五十里，今孔丘述三五之法，明周召之業，王若用之，則楚安得世世堂堂方數千里乎？夫文王在豐，武王在鎬，百里之君，卒王天下。今孔丘得據土壤，賢弟子爲佐，非楚之福也」。昭王乃止。

其秋，楚昭王卒于城父。

楚狂接輿歌而過孔子，曰：「鳳兮！鳳兮！何德之衰！往者不可諫兮，來者猶可追也！已而！已而！今之從政者殆而」！孔子下，欲與之言。趨而去，弗得與之言。

於是孔子自楚反乎衛。

是歲也，孔子年六十三，而魯哀公六年也。

其明年，吳與魯會繒，徵百牢。大宰嚭召季康子，康子使子貢往，然後得已。

孔子曰：「魯衛之政，兄弟也」。是時衛君輒父不得立，在外，諸侯數以爲讓，而孔子弟子多仕於衞。衞君欲得孔子爲政。子路曰：「衞君待子而爲政，子將奚先」？孔子曰：「必也正名乎」！子路曰：「有是哉！子之迂也！何其正也」？孔子曰：「野哉由也！夫名不正，則言不順；言不順，則事不成；事不成，則禮樂不興；禮樂不興，則刑罰不中；刑罰不中，則民無所錯手足矣。夫君子爲之必可名，言之必可行。君子於其言，無所苟而已矣」。

其明年，冉有爲季氏將師，與齊戰於郎，克之。季康子曰：「子之於軍旅，學之乎？性之乎」？冉有曰：「學之於孔子」。季康子曰：「孔子何如人哉」？對曰：「用之有名，播之百姓，質諸鬼神，而無憾；求之至於此道，雖累千社，夫子不利也」。康子曰：「我欲召之，可乎」？對曰：「欲召之，則毋以小人固之，則可矣」。

而衞孔文子將攻大叔，問策於仲尼。仲尼辭不知，退而命載而行，曰：「鳥能擇木，木豈能擇鳥乎」？文子固止。

會季康子逐公華、公賓、公林，以幣迎孔子。孔子歸魯。

孔子之去魯，凡十四歲，而反乎魯。

魯哀公問政。對曰：「政在選臣」。

季康子問政。曰：「舉直錯諸枉，則枉者直」。康子患盜。孔子：「苟子之不欲，雖賞之不竊」。然魯終不能用孔子，孔子亦不求仕。

孔子之時，周室微而禮樂廢，詩書缺。追迹三代之禮，曰：「夏禮，吾能言之；杞不足徵也。殷禮，吾能言之；宋不足徵也。足，則吾能徵之矣」。觀殷夏所損益，曰：「後雖百世，可知也，以一文一質。周監二代，郁郁乎文哉！——吾從周」。序書傳，上紀唐虞之際，下至秦繆，編次其事。

故書傳禮記自孔氏。

孔子語魯大師，「樂其可知也。始作，翕如；縱之，純如；皦如；繹如也，以成。吾自衛反魯，然後樂正，雅頌各得其所」。

古者，詩三千餘篇，及至孔子，去其重，取可施於禮義；上采契后稷，中述殷周之盛，下至幽厲之缺；始於衽席。故曰：「關雎之亂，以爲風始；鹿鳴爲小雅始，文王爲大雅始；清廟爲頌始」。三百五篇，孔子皆弦歌之，以求合韶武雅頌之音。禮樂自此可得而述，以備王道，成六藝。

孔子晚而喜易，——「序」「彖」「繫」「象」「說卦」「文言」。讀易，韋編三絕，曰：「假我數年，若是，我於易則彬彬矣」。

孔子以詩書禮樂敎，弟子蓋三千焉。身通六藝者，七十有二人。如顏濁鄒之徒，頗受業者甚衆。

孔子以四敎：——文，行，忠，信。

絕四：——毋意，毋必，毋固，毋我。

所愼：——齊，戰，疾。

子罕言：——利，與命，與仁。

「不憤，不啓。舉一隅，不以三隅反，則弗復也」。

其於鄉黨，恂恂，似不能言者。其於宗廟朝廷，辯辯言，惟謹爾。朝，與上大夫言，誾誾如也；與下大夫言，侃侃如也。

入公門，鞠躬如也。趨進，翼如也。君若召使儐，色勃如也。

君命召，不俟駕，行矣。魚餒，肉敗，割不正，不食。席不正，不坐。

食於有喪者之側，未嘗飽也。是日哭，則不歌。

見齊衰，瞽者，雖童子，必變。

「三人行，必得我師」。

「德之不修，學之不講，聞義不能徙，不善不能改，是吾憂也」。

使人歌，善，則使復之，然後和之。

子不語：──怪，力，亂，神。

子貢曰：「夫子之文章，可得聞也。 夫子言天道與性命，弗可能聞也已」。

顏淵喟然嘆曰：「仰之彌高！鑽之彌堅！瞻之在前，忽焉在後！ 夫子循循然善誘人，博我以文，約我以禮！ 欲罷不能，欲竭我才，如有所立，卓爾，雖欲從之，蔑由也已」

達巷黨人──童子──曰：「大哉孔子！博學而無所成名」。子聞之曰：「我何執？──執御乎？執射乎？──我執御矣」。

牢曰：「子云，不試，故藝」。

魯哀公十四年，春，狩大野。叔孫氏車子鉏商獲獸，以爲不祥。 仲尼視之，曰：「麟也」！ 取之。曰：「河不出圖，雒不出書，吾已矣夫」！顏淵死，孔子曰：「天喪予」！及西狩見麟，曰：「吾道窮矣」！

喟然嘆曰：「莫知我夫」！ 子貢曰：「何爲莫知子」？ 子曰：「不怨天，不尤人，下學而上達，知我者，其天乎」！

「不降其志，不辱其身，伯夷，叔齊乎」！ 謂「柳下惠，少連，降志辱身矣」。謂「虞仲，夷逸，隱居放言，行中清，廢中權。我則異於是，無可無不可」。

子曰：「弗乎！弗乎！君子病沒世而名不稱焉。吾道不行矣！吾何以自見於後世哉」？乃因史記作春秋，上至隱公，下迄哀公十四年，十二公。據魯，親周，故殷，運之三代。約其文辭，而指博。故吳楚之君自稱「王」，而春秋貶之曰「子」；踐土之會，實召周天子，而春秋諱之曰「天子狩於河陽」。推此類以繩當世貶損之義。後有王者，舉而開之，春秋之義行，則天下亂臣賊子懼焉。孔子在位聽訟，文辭有可與人共者，弗獨有也。至於為春秋，筆則筆，削則削，子夏之徒不能贊一辭。弟子受春秋，孔子曰：「後世知丘者以春秋！而罪丘者亦以春秋」！

明歲，子路死於衛。

孔子病，子貢請見，孔子方負杖逍遙於門，曰：「賜！汝來何其晚也」？孔子因歎，歌曰：「太山壞乎！梁柱摧乎！哲人萎乎」！因以涕下，謂子貢曰：「天下無道久矣，莫能宗予！夏人殯於東階，周人於西階，殷人兩柱間；昨暮，予夢坐奠兩柱之間，予始，殷人也」。後七日卒。孔子年七十三。以魯哀公十六年，四月，己丑，卒。

哀公誄之曰：「旻天不弔！不慭遺一老，俾屏余一人以在位，煢煢余在疚。嗚呼哀哉！尼父！毋自律」。子貢曰：「君其不沒於魯乎！夫子之言曰：禮失則昏，名失則愆。失志為昏，失所爲諡。生不能用，死而誄之，非禮也。稱「余一人」，非名也」。

孔子葬魯城北泗上。弟子皆服三年。三年心喪畢，相訣而去，則哭，各復盡哀；或復留。惟子貢廬於冢上，凡六年，然後去。弟子及魯人往從冢而家者百有餘室，因命曰「孔里」。

魯世世相傳，以歲時奉祠孔子冢。而諸儒亦講禮鄉飲大射於孔子冢。孔子冢大一頃。故所居堂，弟子內，後世因廟藏孔子衣、冠、琴、車、書，至於漢二百餘年不絕。

高皇帝過魯，以太牢祠焉。諸侯卿相至，常先謁，然後從政。

孔子生鯉，字伯魚，伯魚年五十，先孔子死。

伯魚生伋，字子思，年六十二。嘗困於宋。子思作中庸。

子思生白，字子上，年四十七。

子上生求，字子家，年四十五。

子家生箕，字子京，年四十六。

子京生穿，字子高，年五十一。

子高生子愼，年五十七。嘗爲魏相。

子愼生鮒，年五十七。爲陳王涉博士。死於陳下。

鮒弟子襄，年五十七。嘗爲孝惠皇帝博士。遷爲長沙太守。長九尺六寸。

子襄生忠，年五十七。

忠生武，

武生延年，及安國。安國爲今皇帝博士，至臨淮太守。蚤卒。

安國生卬。

卬生驩。

太史公曰：詩有之，「高山仰止，景行行止」。雖不能至，然心鄉往之。余讀孔氏書，想見其爲人。適魯，觀仲尼廟堂，車服禮器，諸生以時習禮其家，余低迴留之，不能去云。

天下君王，至于賢人，衆矣！當時則榮，沒則已焉。孔子布衣，傳十餘世，學者宗之。自天子王侯，中國言六藝者，折中於夫子，可謂至聖矣！

仲尼弟子列傳

司馬遷史記

孔子曰，「受業身通者七十有七人，皆異能之士也。德行，顏淵、閔子騫、冉伯牛、仲弓。政事，冉有、季路。言語，宰我、子貢。文學，子游、子夏。師也辟。參也魯。柴也愚。由也喭。回也屢空。賜不受命，而貨殖焉，億則屢中」。

孔子之所嚴事，於周則老子，於衛蘧伯玉，於齊晏平仲，於楚老萊子，於鄭子產，於魯孟公綽。數稱臧文仲、柳下惠、銅鞮伯華、介山子然，孔子皆後之，不並世。

顏回者，魯人也，字子淵。少孔子三十歲。

顏淵問仁。孔子曰，「克己復禮，天下歸仁焉」。

孔子曰，「賢哉回也。一簞食，一瓢飲，在陋巷。人不堪其憂，回也不改其樂」。

「回也如愚。退而省其私，亦足以發，回也不愚」。

「用之則行，捨之則藏，唯我與爾有是夫」。

回年二十九，髮盡白。蚤死。孔子哭之慟。曰，「自吾有回，門人益親」。

魯哀公問弟子孰爲好學。孔子對曰，「有顏回者好學。不遷怒，不貳過。不幸短命死矣。今也則亡」。

閔損，字子騫。少孔子十五歲。

孔子曰，「孝哉閔子騫，人不間於其父母昆弟之言」。

不仕大夫，不食汙君之祿，「如有復我者，必在汶上矣」。

冉耕，字伯牛。孔子以爲有德行。

伯牛有惡疾，孔子往問之，自牖執其手，曰，「命也夫。斯人也而有斯疾，命也夫」。

冉雍，字仲弓。

仲弓問政。孔子曰，「出門如見大賓，使民如承大祭。在邦無怨，在家無怨」。

孔子以仲弓爲有德行，曰，「雍也可使南面」。

仲弓父賤人。孔子曰，「犂牛之子，騂且角。雖欲勿用，山川其舍諸」。

冉求，字子有。少孔子二十九歲，爲季氏宰。

季康子問孔子曰，「冉求仁乎」。曰，「千室之邑，百乘之家，求也可使治其賦。仁則吾不知也」。復問，「子路仁乎」。孔子對曰，「如求」。

求問曰，「聞斯行諸」。子曰，「行之」。子路問，「聞斯行諸」，子曰，「有父兄在，如之何其聞斯行之』。子華怪之，敢問問同而答異。孔子曰，「求也退，故進之，由也兼人，故退之」。

仲由，字子路，卞人也。少孔子九歲。

子路性鄙，好勇力，志伉直，冠雄雞，佩豭豚，陵暴孔子。孔子設禮稍誘子路。子路後儒服委質，因門人請爲弟子。

子路問政，孔子曰，「先之勞之」。請益。曰，「無倦」。

子路問「君子尙勇乎」。孔子曰，「義之爲上。君子好勇而無義則亂，小人好勇而無義則盜」。

子路有聞，未之能行，惟恐有聞。

孔子曰，「片言可以折獄者，其由也與」。

「由也好勇過我，無所取材」。

「若由也，不得其死然」。

「衣敝縕袍，與衣狐貉者立，而不恥者，其由也與」。

「由也升堂矣，未入於室也」。

季康子問「仲由仁乎」。孔子曰，「千乘之國，可使治其賦。不知其仁」。

子路喜從游，遇長沮、桀溺、荷蓧丈人。

子路爲季氏宰，季孫問曰，「子路可謂大臣與」。孔子曰，「可謂具臣矣」。

子路爲蒲大夫，辭孔子。孔子曰，「蒲多壯士，又難治。然吾語汝。恭以敬可以執勇，寬以正可以比衆，恭正以靜可以報上」。

初，衞靈公有寵姬曰南子。靈公太子蕢聵，得過南子，懼誅，出奔。至靈公卒，而夫人欲立公子郢。郢不肯，曰。「亡人太子之子輒在」，於是衞立輒爲君，是爲出公。出公立十二年，其父蕢聵居外，不得入。子路爲衞大夫孔悝之邑宰。蕢聵乃與孔悝作亂，謀入。孔悝家遂與其徒襲攻出公。出公奔魯而蕢聵入立，是爲莊公。方孔悝作亂，子路在外，聞之而馳往。遇子羔出衞城門。謂子路曰，「出公去矣，而門已閉。子可還矣，毋空受其禍」。子路曰，「食其食者不避其難」。子羔卒去。有使者入城，城門開。子路隨而入，造蕢聵。蕢聵與孔悝登臺。子路曰，「君焉用孔悝，請得而殺之」。蕢聵弗聽。於是子路欲燔臺。蕢聵懼，乃下石乞，壺黶，攻子路。擊斷子路之纓。子路曰，「君子死而冠不免」。遂結纓而死。孔子聞衞亂，曰，「嗟乎，由死矣」。已而果死。故孔子曰，「自吾得由，惡言不聞於耳」。是時子貢爲魯使於齊。

宰予，字子我。

利口辯辭。既受業，問，「三年之喪，不已久乎。君子三年不爲禮，禮必壞，三年不爲樂，樂必崩。舊穀既沒，新穀既升，鑽燧改火，期可已矣」。子曰，「於汝安乎」。曰，「安」。「汝安則爲之。君子居喪，食旨不甘，聞樂不樂，故弗爲也」。宰我出。子曰，「予之不仁也，子生三年，然後免於父母之懷。夫三年之喪，天下之通義也」。

宰予晝寢。子曰，「朽木，不可雕也，糞土之牆，不可圬也」。

宰我問「五帝之德」。子曰，「予非其人也」。

宰我爲臨菑大夫，與田常作亂以夷其族，孔子恥之。

端木賜，衞人，字子貢。少孔子三十一歲。

子貢利口巧辭，孔子常黜其辯。問曰，「汝與回也孰愈」。對曰，「賜也何敢望回。回也聞一以知十，賜也聞一以知二」。

子貢既已受業。問曰，「賜何人也」。孔子曰，「汝器也」。曰，「何器也」。曰，「瑚璉也」。

陳子禽問子貢曰，「仲尼焉學」。子貢曰，「文武之道，未墜於地。在人。賢者識其大者，不賢者識其小者，莫不有文武之道。夫子焉不學，而亦何常師之有」。

又問曰，「孔子適是國，必聞其政，求之與，抑與之與」。子貢曰，「夫子溫良恭儉讓以得之。夫子之求之也，其諸異乎人之求之也」。

子貢問曰，「富而無驕，貧而無諂，何如」。孔子曰，「可也。不如貧而樂道，富而好禮」。

田常欲作亂於齊，憚高國鮑晏，故移其兵欲以伐魯。孔子聞之，謂門弟子曰，「夫魯，墳墓所處，父母之國，國危如此，二三子何爲莫出」。子路請出，孔子止之，子張子石請出，孔子弗許。子貢請行，孔子許之。遂行，至齊，說田常曰，「君之伐魯過矣。夫魯，難伐之國。其城薄以卑，其地狹以泄，其君愚而不仁，大臣僞而無用，其士民又惡甲兵之事。此不可與戰。君不如伐吳。夫吳，城高以厚，地廣以深，甲堅以新，士選以飽，重器精兵，盡在其中。又使明大夫守之，此易伐也」。田常忿然作色曰，「子之所難，人之所易，子之所易，人之所難。而以教常，何也」。子貢曰，「臣聞之，憂在內者攻彊，憂在外者攻弱。今君憂在內。吾聞君三封而三不成者，大臣有不聽者也。今君破魯以廣齊，戰勝以驕主，破國以尊臣，而君之功不與焉。則交日疏於主。是君上驕主心，下恣羣臣，求以成大事，難矣。夫上驕則恣，臣驕則爭。是君上與主有郤，下與大臣交爭也。如此，則君之立於齊危矣。故曰不如伐吳。伐吳不勝，民人外死，大臣內空。是君上無彊臣之敵，下無民人之過，孤主制齊者，唯君也」。田常曰，「善。雖然，吾兵業已加魯矣。去而之吳，大臣疑我，奈何」。子貢曰，「君按兵無伐。臣請往使吳王，令之救魯而伐齊，君因以兵迎之」。田常許之，使子貢南見吳王，說曰，「臣聞之，王者不絕世，霸者無彊敵，千鈞之重，加銖兩而移。今以萬乘之齊，而私千乘之魯，與吳爭彊，竊爲王危之。且夫救魯，顯名也，伐齊，大利也。以撫泗上諸侯，誅暴齊以服彊晉，利莫大焉。名存亡魯，實困彊齊，智者不疑也」。吳王曰，「善。雖然，吾嘗與越戰，棲之會稽。越王苦身養士，有報我心。子待我伐越而聽子」。子貢曰，「越之勁不過魯，吳之彊不過齊，王置齊而伐越，則齊已平魯矣。且王方以存亡繼絕爲名。夫伐小越而畏彊齊，非勇也。夫勇者不避難，仁者不窮約，智者不失時，王者不絕世以立其義。今存越，示諸侯以仁，救魯伐齊，威加晉國，諸侯必相率而朝吳，霸業成矣。且王必惡越，臣請東見越王，令出兵以從，此實空越，名從諸侯以伐也」。吳王大說，乃使子貢之越。越王除道郊迎，身御至舍而問曰，「此蠻夷之國，大夫何以儼然辱而臨之」。子貢曰，「今者吾說吳王以救魯伐齊，其志欲之而畏越。曰，「待我伐越，乃可」。如此，破越必矣。且夫無報人之志而令人疑之，拙也。有報人之志，使人知之，殆也。事未發而先聞，危也。三者舉事之大患」。勾踐頓首再拜曰，「孤嘗不料力，乃與吳戰，困於會稽。痛入於骨髓，日夜焦脣乾舌，徒欲與吳王接踵而死，孤之願也」。遂問子貢。子貢曰，「吳王爲人猛暴，羣臣不堪，國家敝於數戰，士卒弗忍，百姓怨上，大臣內變，子胥以諫死，太宰嚭用事，順君之過以安其私，是殘國之治也。今王誠發士卒，佐之以徼其志，重寶以說其心，卑辭以尊其禮，其伐齊必也。彼戰不勝，王之福矣。戰勝必以兵臨晉，臣請北見晉君，令共攻之，弱吳必矣。其銳兵盡於齊，重甲困於晉，而王制其敝，此滅吳必矣」。越王大說，許諾。送子貢金百鎰，劍一，良矛二。子貢不受。遂行。報吳王曰，臣敬以大王之言告越王，越王大恐。曰，「孤不幸，少失先人。內不自量，抵罪於吳。軍敗身辱，棲於會稽，國爲虛莽。賴大王之賜，使得奉俎豆而脩祭祀，死不敢忘，何謀之敢慮」。後五日，越使大夫種頓首言於吳王曰，「東海役臣孤勾踐，使者臣種，敢修下吏問於左右。今竊聞大王將興大義，誅彊救弱，困暴齊而撫周室，請悉起境內士卒三千人，孤請自被堅執銳以先受矢石。因賈賤臣種，奉先人藏器甲二十領，鈇屈盧之矛，步光之劍，以賀軍吏」。吳王大說。以告子貢，曰，「越王欲身從寡人伐齊，可乎」。子貢曰，「不可。夫空人之國，悉人之衆，又從其君，不義。君受其幣，許其師，而辭其君」。吳王許諾。乃謝越王。於是吳王乃遂發九郡兵伐齊。子貢因去之晉，謂晉君曰，「臣聞之，慮不先定，不可以應卒，兵不先辨，不可以勝敵。今夫齊與吳將戰。彼戰而不勝，越亂之必矣。與齊戰而勝，必以其兵臨晉」。晉君大恐，曰，「爲之柰何」。子貢曰，「修兵休卒以待之」。晉君許諾，子貢去而之魯。吳王果與齊人戰於艾陵，大破齊師，獲七將軍之兵而不歸。果以兵臨晉，與晉人相遇黃池之上。吳晉爭彊，晉人擊之，大敗吳師。越王聞之，涉江襲吳，去城七里而軍。吳王聞之，去晉而歸，與越戰於五湖，三戰不勝，城門不守，越遂圍王宮，殺夫差而戮其相。破吳三年，東向而霸。故子貢一出，存魯，亂齊，破吳，彊晉，而霸越。子貢一使，使勢相破，十年之中，五國各有變。

子貢好廢舉，與時轉貨貲。喜揚人之美，不能匿人之過。常相魯衛，家累千金。終卒于齊。

言偃，吳人，字子游。少孔子四十五歲。

子游既已受業，爲武城宰。孔子過，聞絃歌之聲。孔子莞爾而笑曰，「割雞焉用牛刀」。子游曰，「昔者偃聞諸夫子曰，君子學道則愛人，小人學道則易使」。孔子曰，「二三子，偃之言是也。前言戲之耳」。

卜商，字子夏。少孔子四十四歲。

子夏問，「巧笑倩兮，美目盼兮，素以爲絢兮」。「何謂也」。子曰，「繪事後素」。曰，「禮後乎」。孔子曰，「商，始可與言詩已矣」。

子貢問「師與商孰賢」。子曰，「師也過，商也不及」。「然則師愈與」。曰，「過猶不及」。

子謂子夏曰，「汝爲君子儒，無爲小人儒」。

孔子既沒，子夏居西河教授，爲魏文侯師。

其子死，哭之，失明。

顓孫師，陳人，字子張。少孔子四十八歲。

子張問「干祿」。孔子曰，「多聞闕疑，慎言其餘，則寡尤。多見闕殆，慎行其餘，則寡悔。言寡尤，行寡悔，祿在其中矣」。

他日，從其陳蔡間，困。

問行。孔子曰，「言忠信，行篤敬，雖蠻貊之國，行也。言不忠信，行不篤敬，雖州里，行乎哉。立，則見其參於前也，在輿，則見其倚於衡，夫然後行」。子張書諸紳。

子張問，「士，何如，斯可謂之達矣」。孔子曰，「何哉，爾所謂達者」。子張對曰，「在國必聞，在家必聞」。孔子曰，「是聞也，非達也。夫達者，質直而好義，察言而觀色，慮以下人。在國及家必達。夫聞也者，色取仁而行違，居之不疑。在國及家必聞」。

曾參，南武城人，字子輿。少孔子四十六歲。孔子以爲能通孝道，故授之業，作孝經。死於魯。

澹臺滅明，武城人，字子羽。少孔子三十九歲。

狀貌甚惡。欲事孔子，孔子以爲材薄。既已受業，退而脩行。行不由徑，非公事不見卿大夫。南游至江，從弟子三百人。設取予去就，名施乎諸侯。孔子聞之，曰，「吾以言取人，失之宰予。以貌取人，失之子羽」。

宓不齊，字子賤，少孔子三十歲。

孔子謂，「子賤，君子哉。魯無君子，斯焉取斯」。

子賤爲單父宰。反命於孔子，曰，「此國有賢不齊者五人，教不齊所以治者」。孔子曰，「惜哉。

不齊所治者小，所治者大，則庶幾矣」。

原憲，字子思。

子思問恥，孔子曰，「國有道穀，國無道穀，恥也」。子思曰，「克，伐，怨，欲，不行焉，可以爲仁乎」。孔子曰。可以爲難矣。仁則吾弗知也」。

孔子卒，原憲遂亡在草澤中。子貢相衞，而結駟連騎，排藜藿，入窮閻，過謝原憲。憲攝敝衣冠，見子貢。子貢恥之，曰，「夫子豈病乎」。原憲曰，「吾聞之，無財者謂之貧，學道而不能行者謂之病。若憲，貧也，非病也」。子貢慚，不懌而去，終身恥其言之過也。

公冶長，齊人，字子長。

孔子曰，「長可妻也。雖在累紲之中，非其罪也」。以其子妻之。

南宮括，字子容。

問孔子曰，「羿善射，奡盪舟，俱不得其死然。禹稷躬稼而有天下」。孔子弗答。容出。孔子曰，「君子哉若人，上德哉若人」。

「國有道不廢，國無道免於刑戮」。

三復白珪之玷。以其兄之子妻之。

公皙哀，字季次。

孔子曰，「天下無行、多爲家臣，仕於都。唯季次未嘗仕」。

曾蒧，字皙。侍孔子。孔子曰，「言爾志」。蒧曰，「春服既成。冠者五六人，童子六七人。浴乎沂，風乎舞雩。詠而歸」。孔子喟爾嘆曰，「吾與蒧也」。

顏無繇，字路。路者，顏回父。父子嘗各異時事孔子。

顏回死，顏路貧，請孔子車以葬。孔子曰，「材不材，亦各言其子也。鯉也死，有棺而無槨，吾不徒行以爲之槨。以吾從大夫之後，不可以徒行」。

商瞿，魯人，字子木。少孔子二十九歲。

孔子傳易於瞿，瞿傳楚人馯臂子弘，弘傳江東人矯子庸疵，疵傳燕人周子家豎，豎傳淳于人光子乘羽，羽傳齊人田子莊何，何傳東武人王子中同，同傳菑川人楊何。何，元朔中，以治易爲漢中大夫。

高柴，字子羔。少孔子三十歲。

子羔長不盈五尺。受業孔子。孔子以爲愚。

子路使子羔爲費郈宰。孔子曰，「賊夫人之子」。子路曰，「有民人焉，有社稷焉。何必讀書，然後爲學」。孔子曰，「是故惡夫佞者」。

漆雕開，字子開。

孔子使開仕。對曰，「吾斯之未能信」。孔子說。

公伯僚，字子周。

周愬子路於季孫。子服景伯以告孔子，曰，「夫子固有惑志僚也，吾力猶能肆諸市朝」。孔子曰，「道之將行，命也。道之將廢，命也，公伯僚其如命何」。

司馬耕，字子牛。

牛多言而躁。問仁於孔子。孔子曰，「仁者其言也訒」。曰，「其言也訒，斯可謂之仁乎」。子曰，「爲之難，言之得無訒乎」。

問君子。子曰，「君子不憂不懼」。曰，「不憂不懼，斯可謂之君子乎」。子曰，「內省不疚，夫何憂何懼」。

樊須，字子遲。少孔子三十六歲。

樊遲請學稼。孔子曰，「吾不如老農」。請學圃。曰，「吾不如老圃」。樊遲出。孔子曰，「小人哉，樊須也，上好禮，則民莫敢不敬。上好義，則民莫敢不服。上好信，則民莫敢不用情。夫如是，則四方之民，襁負其子而至矣。焉用稼」。

樊遲問仁。子曰，「愛人」。問智。曰，「知人」。

有若。少孔子四十二歲。

有若曰，「禮之用，和爲貴。先王之道，斯爲美。小大由之。有所不行。知和而和，不以禮節之，亦不可行也」。

「信近於義，言可復也。恭近於禮，遠恥辱也。因不失其親，亦可宗也」。

孔子既沒，弟子思慕。有若狀似孔子，弟子相與共立爲師，師之如夫子時也。他日，弟子進問曰，「昔夫子當行，使弟子持雨具，已而果雨。弟子問曰，『夫子何以知之』。夫子曰，詩不云乎，月離於畢，俾滂沱矣。昨暮月不宿畢乎」。他日，月宿畢，竟不雨。商瞿年長無子，其母爲取室。孔子使之齊。瞿母請之。孔子曰，『無憂。瞿年四十後，當有五丈夫子』已而果然。敢問夫子何以知此」。有若默然無以應。弟子起曰，「有子避之，此非子之座也」。

公西赤，字子華，少孔子四十二歲。

子華使於齊，冉有爲其母請粟。孔子曰，「與之釜」。請益。曰「與之庾」。冉子與之粟五秉。孔子曰，「赤之適齊也，乘肥馬，衣輕裘。吾聞君子周急不繼富」。

巫馬施，字子旗。少孔子三十歲。

陳司敗問孔子曰，「魯昭公知禮乎」。孔子曰，「知禮」。退而揖巫馬旗曰，「吾聞君子不黨。君子亦黨乎，魯君娶吳女為夫人，命之為孟子。孟子姓姬，諱稱同姓，故謂之孟子。魯君而知禮，孰不知禮」。旗以告孔子。孔子曰，「丘也幸。苟有過，人必知之」。臣不可言君親之惡，為諱者，禮也。

梁鱣，字叔魚。少孔子二十九歲。

顏幸，字子柳。少孔子四十六歲。

冉孺，字子魯。少孔子五十歲。

曹卹，字子循。少孔子五十歲。

伯虔，字子析。少孔子五十歲。

公孫龍，字子石。少孔子五十三歲。

自子石已右三十五人，頗有年名，及受業聞見于書傳。其四十有二人，無年，及不見書傳者紀于左：

冉季，字子產。

公祖句茲，字子之。

秦祖，字子南。
漆雕哆，字子斂。
顏高，字子驕。
漆雕徒父。
壤駟赤，字子徒。
商澤。
石作蜀，字子明。
任不齊，子選。
公良孺，字子正。
后處，字子里。
冉秦，字開。
公夏首，字乘，
奚容蒧，字子晳。
公堅定，字子中。

顏祖，字襄。

鄡單，字子家。

句井彊。

罕父黑，字子索。

秦商，字子丕。

申黨，字周。

顏之僕，字叔。

榮旂，字子祺。

縣成，字子祺。

左人郢，字行。

燕伋，字思。

鄭國，字子徒。

秦非，字子之。

施之常，字之恆。

顏噲，字子聲。

步叔乘，字子車。

原亢籍。

樂欬，字子聲。

廉絜，字庸。

叔仲會，字子期。

顏何，字冉。

狄黑，字哲。

邽巽，字子斂。

孔忠。

公西輿如，字子上。

公西葴，字子上。

太史公曰，學者多稱七十子之徒。譽者或過其實，毀者或損其眞。鈞之未覩厥容貌，則論言；弟子籍出孔氏古文，近是。余以弟子名姓文字，悉取論語弟子問，并次爲篇。疑者闕焉。

論語解題及其讀法

錢基博

昔仲尼微言，門人追記，故仰其經目，稱爲論語；蓋群論立名，始於此矣（劉勰文心雕龍論說第十八）。聖人豈不欲廢去應問，體道以自冥哉！道無問，問無應，不發一言，下與万物同患，此特畸人耳！匪聖人之所尚！然則孔子雖欲忘言，豈可得哉！不得已而言理以答學者之問而已（陳祥道論語全解序）！粗述覩記以纂爲篇。

一、解題

論語云者，孔子門人論纂夫子之語而因題耑也。漢書藝文志云：「論語者，孔子應答弟子時人，及弟子相與言而接聞於夫子之語也。當時弟子各有所記，夫子既卒，門人相與輯而論纂，故謂之論語。」則是門人論纂夫子之語而因題耑也。論衡正說篇：「初孔子孫安國以教魯人扶卿，官至荊州刺史，始曰論語」。若以論語之名，爲安國所題者。然按論語名見禮記；坊記引論語曰：「三年無改於父之道」。而禮記百三十一篇，漢書藝文志著錄以爲「七十子後學者所記」。然則論語之題，當不始於安國也。詩大雅毛傳曰：「直言曰言，論難曰語」。說文言部：「直言曰言，論難曰語」。「語、論也」。「論，議也」。「議，語也」。「語」「論」「議」三字展轉互訓，是「論」「語」二字異名同詁，爲與人言之稱也。今按其書所記，有孔子答弟子問者，有弟子自相答問者，又有時人相言者，有臣對君問者，有師弟子對大夫之問者，亡慮多論難之語。論語題耑，或亦以此？然其中直言之言，亦自不少；如「子曰」「有子曰」「曾子曰」「子夏曰」之屬，是也。或說：「名書之法，必據體以立稱。猶如以孝爲體者，則謂之孝經；以莊敬爲體者，則謂之禮記。然此書之體，適會多途；皆夫子平生應機立教，事無常準，或與時君抗厲，或共弟子抑揚，或自顯示物，或混跡齊凡，問同答異，言近意深，詩書互錯綜，典誥相紛紜，義既不定於一方，名故難求乎諸類，因題論語二字，以爲此書之名。論者，綸也，輪也。言此書經綸今古，而義旨周備，圓轉無窮，如車之輪也（見皇侃義疏序疑皇疏非眞故或之）。此疑後起之新義，而非本來如此也。特以深得聖人「應機立教」之旨，故附著焉。

二、論語之記者

論語之記者，說者不一：論語讖稱「子夏六十四人共撰仲尼微言」。則撰者非一人；何晏集解敍云：「漢中壘校尉劉向言：『魯論語二十篇，皆孔子弟子記諸善言也』。」此最古說，東漢班固本之而著入漢書藝文志者也。趙岐孟子題辭曰：「七十子之儔，會集夫子所言以爲論語」，亦與劉向說同。獨鄭玄論語序謂「仲弓子游子夏等撰」（見劉寶楠論語正義附錄鄭文論語序佚文）。子夏出論語讖；然又指仲弓子游，不知何本？魏朝王肅亦同其說（陸九淵象山語錄曰鄭康成、王肅謂論語爲子游、子夏所編）。此第二說也。然謂之曰「等」，則所該者廣，猶是「孔子弟子記」之意爾。獨唐柳宗元駁難「孔子弟子記」之古說，而以爲「曾子弟子之爲之」也。曰：「孔子弟子曾參最少，少孔子四十六歲。曾子老而死，是書記曾子之死，則去孔子也遠矣！曾子之死，孔子弟子略無存者已！吾意曾子弟子之爲之也。是書載弟子必以字，獨曾子、有子不然。由是言之，弟子之號之也。有子稱子者，孔子之歿，諸弟子以有子爲似夫子而師之也。今所記獨曾子最後死，余是以樂正子春、子思之徒與爲之爾」（見論語辨）。此後起之新說也。宋儒程頤曰：「論語之書，成於有子、曾子之門人，故是書獨二子以子稱」。蓋仍柳宗元之說，而稍有不同者，蓋柳氏以爲「曾子弟子之爲之」；而程子以爲「有子之門人與爲之」也。朱子載其說於集注之前，近儒康有爲、梁啓超皆以其爲不可易者也。特康氏用柳說（見論語注序），而啓超採程子耳（見要籍解題）！然宋之楊時、陸九淵，清之姚鼐、劉寶楠，皆疑程子之說爲未必然。時之說曰：「論語首記孔子之言而以二子（有子、曾子）之言次之，蓋其尊亞於夫子」（見論語解）不主師說出其門人。而九淵以爲「學而篇子曰次章便載有若一章，又子曰而下載曾子一章，皆不名，而以子稱之；蓋子夏輩平昔所尊者此二人耳」（見象山語錄）。特出揣測之辭，尚未有佐證也！姚鼐則引檀弓爲佐證，謂：「檀弓最推子游，似子游之徒所爲；而於子游稱字，曾子、有子稱子，似聖門相沿稱皆如此，非以字與子爲重輕也」（見古辭類纂論語辨注中）。余按檀弓之記有子、曾子皆有貶辭；而於曾子特甚！然不奪其子之稱也，知姚氏「聖門於二人相沿稱子」之說爲信。顧亦有以閔子騫稱字，徵爲閔子騫撰者。宋永亨謂：「論語所記孔子與人語及門弟子問答，皆斥其名，未有稱子者；雖顏冉高弟，亦曰回曰雍。至閔子獨云子騫，終此書無指名，意其出於閔氏」（王鳴盛蛾術編迮鶴壽按引明張燧千百年眼亦有此說）。然按論語記諸賢，稱字者亦不一例。如仲尼、子路、子夏、子游、子張、子貢、子賤、子羔，皆獨稱字；顏淵、冉伯牛、漆雕開（本名啓字開，以開爲名誤，自孔注論語開名俗本家語開字子若之文。說詳閻若璩四書釋地三續）公冶長、巫馬期、司馬牛、曾皙、公西華、樊遲與閔子騫，則皆字而加姓。又有名氏字直書者，如有子又稱有若，陳子禽又稱陳亢，原思改稱憲，宰我又稱予，南容又稱南宮适，冉有又稱冉求，亦止稱求；既氏矣，而又名之，迄不畫一。蓋七十子之徒，記其師，固以書字爲敬；或加氏者，必七十子及三千人中更有與同字一人，則加字以爲識別。史記仲尼弟子列傳載：冉有有子並字子有，奚容箴伯虔並字子皙，曾蒧（點字）狄黑並字皙，榮旂縣成並字子旗，壤駟赤鄭國並字子徒，公祖句茲秦非並字子之，顏噲樂刻並字子聲，漆雕哆邦選並字子斂，公西輿公西藏並字子上。七十二子中，同字者已九人；三千之徒，從可知矣。以有兩子有，兩子皙，故記曾子冉子，必加字，斷無書有子子皙者；他皆此例也。至哀公問年饑章，稱若；君前臣名之禮也。問異聞章稱亢，問恥章稱憲，問羿奡章稱适，問禮之本章稱放，太宰問子貢章稱宰，非不說子之道章稱求，或其自記；晝寢章稱予，季氏富於周公章稱求，或以夫子聲其罪，故貶而名之（劉書年經說論語記諸賢稱謂說）。或曰「雍也仁而不佞」此或人必是夫子之同輩（王鳴盛蛾術編迮鶴壽按）。然則論語之記諸賢，稱名有故，稱字通例；匪獨閔子騫而已。胡寅謂：「憲問篇不書姓，且直稱名，疑通篇皆憲所記」（見論語詳解）。而何異孫則曰：「公冶長一篇，多論人物，恐是子貢所記，先進一篇稱閔子侍側，恐是閔子門人所記。第十七篇，多子貢子夏之言，然亦必曾子門人記之，以有曾子曰故也」（見十一經問對）。要之論語之作，不出一人，故語多重見；漢書藝文志曰：「當日弟子各有所記」者也。「門人相與輯而論纂，自在「夫子既卒」之後。「門人」者，孔子之再傳弟子也。里仁篇「子出，門人問曰：『何謂也』」正義：「門人，曾子弟子」：此其證也。古謂親受業者爲弟子，轉相受者爲門人，漢人則曰門生，後漢書賈逵傳曰：「逵所選弟子及門生」者是也。今推漢書藝文志之意，蓋謂孔子應答弟子時人及弟子相與言，而接聞於夫子之語，「有所記」者，「當時」之「弟子」；而「相與輯而論纂」者，「夫子既卒」以後之「門人」也。論語識稱：「子夏等六十四人共譔」。意「六十四人」者，必多「夫子既卒」以後之「門人」；而「相與輯而論纂」之時，嘗以質正於子夏，故以子夏題首。據史記孔子世家，孔子生於魯襄公二十二年；而仲尼弟子列傳，則稱子夏少孔子四十四歲。則子夏之生，在魯定公三年也。據十二諸侯及六國年表，又十二年而魯哀公立；又二十九年（魯世家作二十七年）而魯悼公立；又三十七年而魯元公立。元公四年，魏文侯之元年也。文侯十八年，受經於子夏（魏世家載受經事在二十五年。禮記樂記有文侯問學於子夏事，想亦在是時，計是時子夏已百有一歲；若就魏世家計之，則百有八歲矣！然則孔子七十二弟子，獨子夏最老壽後死。「門人相與輯而論纂」，必以子夏逮事夫子，而爲有道之正焉！是時去魯悼公之歿二十二年；而去魯哀公之歿，已五十一年矣！然則記曾子之死，稱魯哀公，季康子、子服景伯、孟敬子諸人之謚，而王鳴盛、梁啓超之所引以爲疑者，（見王鳴盛蛾術編、梁啓超要籍解題）又何足怪！而記言之弁以「子曰」，如佛經之冠以「如是我聞」，所以明師說，絕杜撰。智度論二載：「佛入滅時，阿難請問四事，其第四問『一切經首置何字』？佛答：『以後一切經首，當置如是我聞，一時佛在某處，某某衆若干等，何以故？過去諸佛經初皆稱是語；未來諸佛經初亦稱是語，現在諸佛末後涅槃時，亦敎稱是語』。」將以溯師承之所自，徵見知之有人。今按漢書藝文志稱：「論語者，孔子應答弟子時人及弟子相與言而接聞於夫子之語，當時弟子各有所記；夫子既卒，門人相與輯而論纂」。而禮記檀弓記曾子述夫子「喪欲速貧，死欲速朽」之言；而有子固徵「非夫子之言」。可知凡記一義，無不幾經討論，聞見有共，門人公認，而後纂以入書；特著「子曰」者，所以見門人相與論纂，「非夫子之言」不輯也。孟子引孔子之言凡二十九，見於論語者八（學不厭而教不倦，里仁爲美，君薨聽於冢宰，大哉堯之爲君，小子鳴鼓而攻之，吾黨之士狂簡，鄉原德之賊，惡似是而非者）。而其不見論語者二十一，當必爲門人論纂之所不輯，而聞知見知之無徵不信者矣！至所與輯而論纂，可考見其體者有二：（一）論語記聖人之言，有但記其要語，其餘則刪節之者，如孟子盡心下：「過我門而不入我室，我不憾焉者，其惟鄉原乎！鄉原，德之賊也。」據此，則論語所記，節去上三句也。以此推之，如「君子不器」「有教無類」四字而爲一章，何太簡乎？必有節去之語矣。所以然者，書之於竹簡故也。故竹簡謂之簡，文字少亦謂之簡，字義之相因，大率類此。（二）論語記弟子之問有兩體，如子貢問曰：「如何斯可謂之士矣」？子張問曰：「何如斯可以從政矣」？凡問者蓋皆如此，必有所問之語也。簡而記之，則但曰「問政」「問仁」「問孝」耳。且諸賢之問，固有所問之語，尤有所問之意，如子貢問「何如斯可謂之士」？豈子貢身爲士而竟不知士之謂乎？此乃求夫子論古今士品之高下，故問及今之從政者；其他可類推也（陳澧東塾讀書記卷二）。因爲擷其大意，發其指意於此。

三、論語之本子

漢書藝文志著錄三本：（一）論語古二十一篇，（二）齊二十二篇，（三）魯二十篇。孔子垂教於魯，其傳當以魯爲宗。齊論者，齊人所傳，多問王知道二篇，凡二十二篇，其二十二篇中章句，頗多於魯論，武帝時，魯共王欲以孔子宅爲宮，壞，得古文論語，分堯曰以下，子張問政，爲從政篇，凡二十一篇（何晏集解敘曰分堯曰下章子張問以爲一篇有兩子張，凡二十一篇，與漢書藝志不同）。桓譚新論說古論云：「文異者四百餘字」。（見陸德明經典敘錄引）或說：「古論以鄉黨爲第二篇，雍也爲第三篇」（見皇侃義疏序疑皇疏非眞故或之）。篇次亦不與齊魯論同。安昌侯張禹本受魯論，兼講齊說，合而考之，采獲所安，爲論語章句，除問王知道二篇，從魯論二十篇爲定，最後出而尊貴，諸儒爲之語曰：「欲爲論，念張文」。由是學者多從張氏，號張侯論（兼采漢本傳志有魯安昌侯說二十一篇），而禹本傳大書曰：「爲論語章句」是也。是爲論語之第四本。東漢之包咸周氏章句出焉「見何晏集解序」，是爲論語之第五、第六本。其後鄭玄以周氏章句之張侯論爲本，以齊古讀正凡五十事（兼采隋書經籍志陸德明論語音義之說，陸氏音義曰鄭校周之本以齊古讀正凡五十事。宋翔鳳師法表云周之本卽周氏之出於張侯者。劉寶楠論語正義云今以鄭氏佚注校之祇得二十四事），是爲論語第七本。魏朝何晏之集解出焉，然集解本亦有與鄭異者，如爲政「有酒食先生饌」，「饌」鄭作「餕」；里仁「無適也」，「適」鄭作「敵」；先進「異乎三子者之撰」，鄭作「僎」；憲問「子貢方人」，「方」鄭作「謗」；微子「朱張」，鄭作「侏張」；「廢中權」，「廢」鄭作「發」（見陸德明經典釋文）；是爲論語之第八本。蓋卽今十三經注疏本而流傳於世者也。大抵何晏採鄭玄，而鄭玄本張侯；篇次從魯論，而章句參齊古，斯可考定者。惟何晏在魏朝，能淸言而善老易；其爲集解，大都集孔安國、包咸、周氏、馬融、鄭玄、陳群、王肅、周生烈諸家所說（中孔安國說疑出王肅僞托，見丁晏論語孔注正僞），而附以玄譚；如解公冶長「性與天道不可得聞」謂「性者人之所受以生，天道者元亨日新之道，深微故不可得聞也」。解衞靈公「一以貫之」謂「善有元，事有會，天下殊塗而同歸，百慮而一致，知其元，則衆善舉矣」！此附以老易之玄譚者也。然後儒之言論語者，一以何晏集解爲宗。梁皇侃採魏晉諸儒之說而爲之義疏，亦涉清玄，而殆有甚焉！何晏附會老易，而侃則採及佛氏；如解先進「未知生，焉知死」；謂「外教無三世之義，周孔之教，唯說現在；不明過去未來」，此用佛氏語釋經。蓋佛經爲內典；故孔說爲外教也。甚至謂原壤爲方外聖人，孔子爲方內聖人。然宋國史志稱：「侃疏雖時有鄙近，然博極群言，補諸書之未至，爲後學所宗」。邢昺之疏，蓋因皇侃所採諸儒之說而加刊定者也；於侃疏之語有涉玄者，皆刪棄之。有廓清之功矣！特是疏之爲體，例不破注；亦有語涉何解而疏以玄言者：如述而「志於道」，晏解「道不可體，故志之而已」。昺疏曰：「道者，虛通無擁自然之謂也」。又曰：「寂然至無，則謂之道」。此語涉何解而疏以玄言者也。獨翦皇疏之枝蔓，而稍傳以義理；漢學宋學，茲其轉關，蓋邢疏出而皇疏微矣（皇疏在中國久佚，今所傳本乃清乾隆時由日本流入）！然竊以爲不如朱　集注之博學詳說融會諸家而以反說約也。惟何晏集解，集漢魏諸儒之解而明其訓詁；而朱熹集注，則集宋儒諸家之注而籀其義理。言非一端，有並行而不悖者焉。獨是朱熹集注亦多採何晏集解，然不稱某氏曰者，多所刪改故也。獨學而「父在，觀其志；」集解孔安國曰：「父在，子不得自專」；朱注不删改而不稱孔。爲政「殷因於夏禮，所損益可知也；周因於殷禮，所損益可知也」•集解馬融曰：「所因，謂三綱五常；所損益，謂文質三統」。朱注引馬氏而不稱融。世儒讀朱注者，不讀集解，遂不知朱注所自出矣！唐玄宗孝經注多本於先儒。元行沖爲疏，一一著明之，曰：「此某某義」，惜不得其人者而爲朱注作疏也（陳澧東塾讀書記卷二）！遜清一代，昌明漢學；諸家說論語者，彬彬乎可觀！而劉寶楠融貫漢宋，以何晏集解爲本，重選新疏，旁采子史，而折衷於清儒諸家之說，成論語正義二十四卷，斯尤自別於何氏之集解，朱熹之集注，而集清代論語諸家之大成；可謂「五經之錧鎋，六藝之喉衿」也！「觀止矣！雖有他樂，吾不欲請矣」！

四、論語之讀法

論語注家不一；而未看注之前，須將白文先自理會，得其意理；然後看注以驗得失，虛心涵泳，勿囿我執，勿膠古人，擇其善者從之，其不善者改之，思有不得，則記以存疑；積久思之，必有豁然開悟之一日。如未理白文而遽看注，先入爲主，縛於古人成見，或不得自脫矣！然蘇東坡教人讀書，每次作一意求；如欲求古人興亡治亂，聖賢作用，但作此意求之，勿生餘念；既訖，又別一次求；事跡故實典章文物之類亦如之，他皆倣此。雖迂鈍，而他日學成，八面受敵，與涉獵者不可同日語也！況論語彌綸群言，誼非一端，宋儒程頤嘗以分類讀教學者，元朱公遷推廣其意，以成四書通旨六卷。取四書之文，條分縷析，以類相從，凡爲九十八門；每門之中，又以語意相近者，聯綴列之而一一辨別異同，務使讀者因此證彼，渙然氷釋。略仿其意，爲擬讀法：

第一考其人物：當以孔子及弟子爲主。孟子曰：「誦其詩，讀其書，不知其人，可乎？是以論其世也」。知人論世，是讀書第一事；故先之以考其人物；可以論語所載孔子行事及門弟子時人褒刺孔子之言，與史記孔子世家比勘異同，其採入世家者若而事，其未採入世家者若而事。如有未採，是否司馬遷未見論語？是否司馬遷見論語而以其事無關大體？抑司馬遷見論語無此諸事而與今本有異？其故可深長思也。次又以孔子弟子之見姓名於論語者，檢仲尼弟子列傳對勘，其有傳者若而人；傳載其人行事與論語奚若？撰諸論語所載孔子之論評，是否符契？有遷傳其人甚善，而論語有貶；有不善，而論語褒者，其故又安在耶？

第二析其義理：論語之有俾中國人生哲學，全體大用，具在於此！余讀阮元揅經室文集，有論語仁論，專採論語之論仁者，薈列而觀其義通，此可爲讀論語者法。近人沈同芳教人讀論語，當分類體玩以觀其異同；如問孝爲一類，而答各不同；知其所以異，即知其所以同。此外問仁問及一切言行，皆當作如觀（見國文補習經史答問），其法卽本之阮元也。昔余以沈氏之法，著論語正名篇，首冠以「衛君待子爲政」之章，而錄以剖析名義諸論，凡十二目：曰通論、曰論知、曰論仁、曰論恕、曰論孝、曰論剛、曰論直、曰論明、曰論達、曰論文、曰論狂狷、曰論政（政者正也）。然後知「名者所以列同異，明是非，道義之門」（用晉書魯勝傳墨辨注序語），而「名不正則言不順」之說爲不刊也。然余嘗有意籀荀子正名之篇，以正論語之名；而卒卒未暇爲！未知孔子之所以論仁論知者，果有當於荀子正名之法否耶？儻或竟其業，必有所以起予者矣！

第三明其教學：孔子曰：「聖則吾不能，我學不厭而教不倦也」。子貢曰：「學不厭，知也。教不倦，仁也」嗚呼！此孔子之所以爲万世師表也，儻採孔子言教言學，及門弟子教學之見論語者，與禮記學記對勘，則知孔子所以言教學之大經大法，亦非自我作古而有所本；而今日之教學，所以不如孔子者，非無言教言學之人，而不厭不倦之誠，有不如孔子者也！世有知言，當恍然於所以而知自省矣！

第四覈其政論：「夫子至於是邦也，必聞其政」。而其所論列，則有託古寄慨者，有因時立論者；有爲一時言者，有不僅爲一時言者；向條牽屬，指事類情，必有勘列而有所獲，可斷言者。

此外論語一書，有衡評古人者，有旁通諸子者，悉數不能盡；而文章之美，語言之工，足垂模楷於斯文，而樹立言之準則。「好學深思，心知其意」，是在善讀書者；謹誦馬遷之言以卒吾篇。

論語會通後記

馮書耕

余謂整編古籍，與選輯詩文，人人能為，亦人人所不能為。所謂人人能為者，試觀書肆所陳整編之古籍，與選輯之詩文，充棟塞屋，不知凡幾，作者之衆，更僕難數，此豈非人人所能為乎？然求其有宗尚，有義例，有別識心裁，足以為後人啟途轍示規範者，百不一二得，此豈非人人所不能為乎？蓋古人讀書稽古，要皆先有深造自得，別具會心；而後取載籍篇章，判析簡裁，商榷討論，折衷至當，以之，刊布方能傳後見重於世。後人不察其故，徒見古人輯比陳編，採摭舊文，可以邀譽垂世也；於是從而效顰，亦取載籍篇章，漫無準繩紛更雜糅，不閱月逾時，即可成皇皇鉅製，災梨棗殃楮墨，以為名山事業，即在於是；曾未幾時，如蟲讙鳥聒，過耳已泯，始知古人所為，能傳之數十百年者，別有其可傳不朽者在，非偶然僥倖而致之也。毛君鵬基種學以績文，好古而敏求，病世之謏聞寡識者，不自度量，割裂經傳，天吳紫鳳，顛倒裋褐，知笑駑駭，心竊非之，於是以其平昔編摩所得，成論語會通一書，以餉學者，綱舉目張，大義粲然，讀其書者，自能得之，不待余言之覼縷也。惟余獨深味乎其敘例之言曰：「古籍有可整編，有不必整編者，以四書而言論、孟可以整編，學庸則無須紛更，以論、孟編次本無定例，而學庸則條理密察，首尾相貫，故也。斯言也為自來整編古籍者所未曾道，所未及知之者也。然其雖言論，孟可以整編，而未嘗合論孟而編次之者，以孟子雖傳孔子之學，因其所處之時地不同，其所言所行，亦不盡相侔，不當合論孟而編次之，其意蓋可知矣。孟子之於論語，猶莊子之於老子也。論孟倘可合編，則老莊亦可合編矣。如此，勢非至論非論孟非孟，老非老莊非莊不止。論孟猶且不可合編，而學庸可與論孟合而編次之乎？朱子合論孟學庸為四子書，仍各自流行不為糅合，以各書各有其特質，譬求聖門之學者可依次類求，不難得其脈絡相貫承嬗傳繫之迹，故尋求學說當合數書而參稽之，可以由源及流，亦可由流溯源。整編古籍，倘將數書混同一編，則黑白莫別，涇渭不分，而各書之本來面目，不可復觀，各書之原有旨意，將無由體認矣。或以古籍不可合編，何以詩文可以合選？余謂選輯詩文，可以標揭義例，集各類之文於一編。若曾氏經史百家雜鈔每類冠之以經，次之以子，以史，以集，可以推見各類文體之源委，若以各種不同內涵之古籍，雜糅合而編次之，則各書之特質，尚可復見乎？而況於數書之中，取一書之綱目，以統攝其他各書，不幾變其他各書為一書，而此一書者之特質，亦將為其他各書所掩而不可復見矣以此，而求貫，通恐不免有續脛之憂斷脛之悲，故以遷輯詩文之道，而施之整編古籍者，是續脛斷脛之類也，余讀毛君敘例，爰推本其意，略申肊說，附於編末以為從事古籍整編者考覽焉。

目次

孟子會通

敘例

余編「論語會通」既竣，而復有「孟子會通」繼撰者，以「自孔子沒，獨孟軻氏之傳得其宗。故求觀聖人之道者，必自孟子始。」

孟軻騶人，受業子思之門人，道既通，游齊梁。「當是之時，秦用商鞅，楚魏用吳起，齊用孫子田忌，天下方務於合縱連橫，以攻伐為賢。而孟軻乃述唐虞三代之德，是以所如不合。退而與萬章之徒，序詩書，述仲尼之意，作孟子七篇。」故昌黎韓氏以為「今之學者，尚知宗孔氏，崇仁義，貴王賤霸，實賴其言。」推尊「功不在禹下者」洵至論也。

惟「此書記事，散出而無先後之次。」且每篇亦如論語，均以篇首二字或三字為篇名，既不足顯示各篇之內容，亦難求得其會通。曾於拙撰「論語會通」中，略述其有待整編之意，茲不贅論。

今為便於學者教者之研習講述，一本「論語會通」之例，將孟子原書，按其篇章，重加輯比。務使全書各節，次第相關，各有所歸。俾學者教者，不煩苦思力索，而能得其會通。

「誦其詩，讀其書，不知其人，可乎？是以論其世也。」此孟子教人讀書知人論世之方也，故本編首列「孟子自述。」

戰國之世，諸子爭鳴，孟子以闢楊墨，距詖行，息邪說，正人心，為己任。其所闢者，自楊墨外，舉凡縱橫家、兵家、農家、小說家、雜家、名家、陰陽家之學說，而有偏倚者，莫不各予辨正。故次列「辨諸子，正人心。」

程子云：「孟子有大功於世，以其言性善也。」楊子云：「孟子一書，只是要正人心。」「心得其正，然後知性之善。」故次列「道性善，重存養。」

程子又云：「孟子有功於聖門，不可勝言。仲尼只說一箇仁字；孟子開口便說仁義。」故次列「說仁義，非功利。」

古人所言教學之方多矣，鮮有如孟子所言，深切著明，平實際要者。故次列「為學要領，」「教育方法。」

孟子學說之要旨，在己立立人，學以致用，輔世長民，救民於水火之中。故終之以「為人之道，」「為政之道。」

先秦載籍，流傳已久，展轉傳鈔，錯簡難免。凡辭意不明，未便分隸者，另立附錄一目，以存其舊，而免掛漏。

孟子註釋，歷世滋多，而以朱子集註為最通行，不惟理解透闢正確，文字亦優美罕儔。故本編註釋，一依論語會通之例，仍以朱子集註為主，並兼採衆說，以資參稽。

昔人言善學孔子者，莫若孟子；而闡發論語義蘊深至者，亦莫若孟子之書。故論孟二書，實有相互證印，相因為用之妙。今倘將本編與拙編「論語會通」參互並讀，不惟可收相得益彰之功，抑亦可為吾人讀書稽古之津逮，師法聖哲入德之門歟？

中華民國五十七年，歲次戊申十二月五日宜興毛鵬基謹撰

孟子會通

第一篇 孟子自述

第一章 知言養氣

公孫丑問曰：夫子加齊之卿相，得行道焉。雖由此霸王不異矣。如此則動心否乎。孟子曰。否。我四十不動心。

設問孟子若得位而行道。則雖由此而成霸王之業，亦不足怪。任大責重如此。亦有所恐懼疑惑而動其心乎。四十強仕。君子道明德立之時。孔子四十而不惑，亦不動心之謂。

曰：若是，則夫子過孟賁遠矣。曰。是不難。告子先我不動心。

賁音奔。○孟賁，勇士。告子，名不害。孟賁血氣之勇，丑蓋借之以贊孟子不動心之難。孟子言告子未為知道。乃能先我不動心。則此亦未足為難也。

曰不動心有道乎。曰有。程子曰。心有主。則能不動矣。

北宮黝之養勇也。不膚撓。不目逃。思以一豪挫於人。若撻之於市朝。不受於褐寬博。亦不受於萬乘之君。視刺萬乘之君。若刺褐夫。無嚴諸侯。惡聲至。必反之。黝伊糾反。撓奴效反。朝音潮。乘去聲。○北宮姓。黝名。膚撓。肌膚被刺而撓屈也。目逃。目被刺而轉睛逃避也。挫。猶辱也。褐。毛布。寬博。寬大之衣。賤者之服也。不受者。不受其挫也。刺。殺也。嚴。畏憚也。言無可畏憚之諸侯也。黝蓋刺客之流。以必勝爲主。而不動心者也。

孟施舍之所養勇也。曰視不勝猶勝也。量敵而後進。慮勝而後會。是畏三軍者也。舍豈能爲必勝哉。能無懼而已矣。舍去聲。下同。○孟姓。施。發語聲。舍名也。會。合戰也。舍自言其戰雖不勝。亦無所懼。若量敵慮勝而後進戰。則是無勇而畏三軍矣。舍蓋力戰之士。以無懼爲主。而不動心者也。

孟施舍似曾子。北宮黝似子夏。夫二子之勇。未知其孰賢。然而孟施舍守約也。夫音扶。○黝務敵人。舍專守己。子夏篤信聖人。曾子反求諸己。故二子之與曾子子夏。雖非等倫。然論其氣象。則各有所似。賢。猶勝也。約。要也。言論二子之勇，則未知誰勝。論其所守，則舍比於黝，為得其要也。

昔者曾子謂子襄曰：子好勇乎？吾嘗聞大勇於夫子矣：自反而不縮，雖褐寬博，吾不惴焉；自反而縮，雖千萬人，吾往矣。

好，去聲。惴，之瑞反。○此言曾子之勇也。子襄，曾子弟子也。夫子，孔子也。縮，直也。檀弓曰：古者冠縮縫，今也衡縫。又曰：棺束縮二衡三。惴，恐懼之也。往，往而敵之也。

孟施舍之守氣，又不如曾子之守約也。

言孟施舍雖似曾子，然其所守乃一身之氣，又不如曾子之反身循理，所守尤得其要也。孟子之不動心，其原蓋出於此。下文詳之。

曰：敢問夫子之不動心，與告子之不動心，可得聞與？

告子曰：不得於言，勿求於心；不得於心，勿求於氣。不得於心，勿求於氣，可；不得於言，勿求於心，不可。夫志，氣之帥也；氣，體之充也。夫志至焉，氣次焉。故曰：持其志，無暴其氣。

聞與之與，平聲。夫志之夫，音扶。○此一節，公孫丑之問，孟子誦告子之言，又斷以己意而告之也。告子謂於言有所不達，則當舍置其言，而不必反求其理於心；於心有所不安，則當力制其心，而不必更求其助於氣。此所以固守其心而不動之速也。孟子既誦其言而斷之曰：彼謂不得於心而勿求諸氣者急於本而緩其末。猶之可也。謂不得於言而不求諸心。則既失於外而遂遺其內。其不可也必矣。然凡曰可者。亦僅可而有所未盡之辭耳。若論其極。則志固心之所之。而爲氣之將帥。然氣亦人之所以充滿於身而爲志之卒徒者也。故志固爲至極。而氣卽次之。人固當敬守其志。然亦不可不致養其氣。蓋其內外本末。交相培養。此則孟子之心所以未嘗必其不動。而自然不動之大略也

既曰志至焉。氣次焉。又曰持其志。無暴其氣者。何也。曰志壹則動氣。氣壹則動志也。今夫蹶者趨者。是氣也。而反動其心。

夫音扶。○公孫丑見孟子言志至而氣次。故問如此則專持其志可矣。又言無暴其氣何也。壹。專一也。蹶。顚躓也。趨。走也。孟子言志之所向專一。則氣固從之。然氣之所在專一。則志亦反爲之動。如人顚躓趨走。則氣專在是而反動其心焉。所以既持其志。而又必無暴其氣也。程子曰。志動氣者什九。氣動志者什

敢問夫子惡乎長。曰我知言。我善養吾浩然之氣。

惡平聲。○公孫丑復問孟子之不動心所以異於告子如此者。有何所長而能然。而孟子又詳告之以其故也。知言者。盡心知性。於凡天下之言。無不有以究極其理。而識其是非得失之所以然也。浩然。盛大流行之貌。氣。卽所謂體之充者。本自浩然。失養故餒。惟孟子爲善養之。以復其初也。蓋惟知言。則有以明夫道義。而於天下之事無所疑。養氣。則有以配夫道義。而於天下

之事無所懼，此其所以當大任而不動心也。告子之學與此正相反。其不動心，殆亦冥然無覺，悍然不顧而已爾。

敢問何謂浩然之氣？曰：難言也。孟子先言知言，而丑先問氣者，承上文方論志氣而言也。難言者，蓋其心所獨得，而無形聲之驗，有未易以言語形容者。故程子曰：觀此一言，則孟子之實有是氣可知矣。

其為氣也，至大至剛，以直養而無害，則塞于天地之間。至大初無限量，至剛不可屈撓。蓋天地之正氣，而人得以生者，其體段本如是也。惟其自反而縮，則得其所養；而又無所作為以害之，則其本體不虧而充塞無間矣。○程子曰：天人一也，更不分別。浩然之氣，乃吾氣也。養而無害，則塞乎天地。一為私意所蔽，則欿然而餒，却甚小也。謝氏曰：浩然之氣，須於心得其正時識取。又曰：浩然是無虧欠時。

其為氣也，配義與道；無是，餒也。餒，奴罪反。○配者，合而有助之意。義者，人心之裁制。道者，天理之自然。餒，飢乏而氣不充體也。言人能養成此氣，則其氣合乎道義而為之助，使其行之勇決，無所疑憚；若無此氣，則其一時所為，雖未必不出於道義，然其體有所不充，則亦不免於疑懼，而不足以有為矣。

是集義所生者，非義襲而取之也。行有不慊於心，則餒矣。我故曰，告子未嘗知義，以其外之也。慊，口簟反，又口劫反。○集義，猶言積善，蓋欲事事皆合於義也。襲，掩取也，如齊侯襲莒之襲。言氣雖可以配乎道義，而其養之之始，乃由事皆合義，自反常直，是以無所愧怍，而此氣自然發生於中。非由只行一事偶合於義。便可掩襲於外而得之也。慊。快也。足也。言所行一有不合於義。而自反不直則不足於心而其體有所不充矣。然則義豈在外哉。告子不知此理乃曰仁內義外。而不復以義爲事。則必不能集義以生浩然之氣矣。上文不得於言勿求於心。即外義之意。詳見告子篇

必有事焉而勿正，心勿忘，勿助長也。無若宋人然。宋人有閔其苗之不長而揠之者，芒芒然歸，謂其人曰、今日病矣，予助苗長矣。其子趨而往視之，苗則槁矣。天下之不助苗長者寡矣。以爲無益而舍之者，不耘苗者也。助之長者揠苗者也。非徒無益而又害之。

長上聲揠烏八反。舍上聲。○必有事焉而勿正。趙氏程子以七字爲句。近世或幷下文心字讀之者亦通。必有事焉。有所事也。如有事於顓臾之有事。正。預期也。春秋傳曰。戰不正勝是也。如作正心義亦同。此與大學之所謂正心者。語意自不同也。此言養氣者。必以集義爲事。而勿預期其效。其或未充。則但當勿忘其所有事。而不可作爲以助其長。閔。憂也。揠。拔也。芒芒。無知之貌。其人。家人也。病。疲倦也。舍之不耘者。忘其所有事。揠而助之長者。正之不得而妄有作爲者也。然不耘則失養而已。揠則反以害之。無是二者。則氣得其養而無所害矣。如告子不能集義。而欲強制其心。則必不能免於正助之病。其於所謂浩然者。蓋不惟不善養。而又反害之矣。

何謂知言。曰。詖辭知其所蔽。淫辭知其所陷。邪辭知其所離。遁辭知其所窮。生於其心，害於其政，發於其政，害於其事。聖人復起，必從吾言矣。

詖彼寄反復扶反。○此公孫丑復問而孟子答之也又。詖偏陂也。淫放蕩也。邪邪僻也。遁逃避也。四者相因。言之病也。蔽遮隔也。陷沈溺也。離、叛去也。窮、困屈也。四者亦相因。則心之失也。人之有言皆本於心。其心明乎正理而無蔽。然後其言平正通達而無病。苟爲不然則必有是四者之病矣。卽其言之病而知其心之失。又知其害於政事之決然而不可易者如此。非心通於道。而無疑於天下之理。其孰能之。彼告子者。不得於言而不肯求之於心至爲義外之說。則自不免於四者之病。其何以知天下之言而無所疑哉。○程子曰。心通乎道。然後能辨是非。如持權衡以較輕重。孟子所謂知言是也。又曰。孟子知言。正如人在堂上。方能辨堂下人曲直。若猶未免雜於堂下衆人之中則不能辨決矣。

宰我子貢善爲說辭。冉牛閔子顏淵善言德行。孔子兼之。曰。我於辭命則不能也。然則夫子既聖矣乎。

行去聲。○此一節。林氏以爲皆公孫丑之問是也。說辭言語也。德行得於心而見於行事者也。三子善言德行者身有之。故言之親切而有味也。公孫丑言數子各有所長。而自謂不能於辭命。今孟子乃自謂我能知言。又善養氣。則是兼言語德行而有之。然則豈不既聖矣乎。此夫子指孟子也。○程子曰。孔子自謂不能於辭命者欲使學者務本而已。

曰惡是何言也昔者子貢問於孔子曰夫子聖矣乎孔子曰聖則吾不能我學不厭而教不倦也子貢曰學不厭智也教不倦仁也仁且智夫子既聖矣夫聖孔子不居是何言也 惡平聲夫聖之夫音扶。○惡驚歎辭也。昔者以下孟子不敢當丑之言而引孔子子貢問答之辭以告之也。此夫子指孔子也。學不厭者智之所以自明。教不倦者仁之所以及物。再言是何言也以深拒之

昔者竊聞之子夏子游子張皆有聖人之一體冉牛閔子顏淵則具體而微敢問所安 此一節林氏亦以為皆公孫丑之問是也。一體猶一肢也具體而微謂有其全體但未廣大耳。安處也。公孫丑復問孟子既不敢比孔子則於此數子欲何所處也。

曰姑舍是 舍上聲。○孟子言且置是者不欲以數子所至者自處也。

曰伯夷伊尹何如曰不同道非其君不事非其民不使治則進亂則退伯夷

也。何事非君，何使非民，治亦進，亂亦進，伊尹也。可以仕則仕，可以止則止，可以久則久，可以速則速，孔子也。皆古聖人也。吾未能有行焉，乃所願，則學孔子也。治去聲。伯夷孤竹君之長子。兄弟遜國。避紂隱居，聞文王之德而歸之。及武王伐紂，去而餓死。伊尹有莘之處士。湯聘而用之，使之就桀。桀不能用，復歸於湯。如是者五，乃相湯而伐桀也。三聖人事，詳見此篇之末。及萬章下篇。

伯夷伊尹於孔子，若是班乎。曰否，自有生民以來，未有孔子也。班，齊等之貌。公孫丑問而孟子答之以不同也。

曰然則有同與。曰有，得百里之地而君之，皆能以朝諸侯有天下，行一不義，殺一不辜，而得天下，皆不爲也。是則同。與平聲。朝音潮。有言有同也。以百里而王天下，德之盛也。行一不義殺一不辜而得天下有所不爲。心之正也。聖人之所以爲聖人，其本根節目之大者，惟在於此。於此不同。則亦不足以爲聖人矣

曰敢問其所以異。曰宰我子貢有若，智足以知聖人，汙，不至阿其所好。汙音蛙。好

去聲。○汙，下也。三子智足以知夫子之道。假使汙下，必不阿私所好而空譽之，明其言之可信也。

宰我曰：「以予觀於夫子，賢於堯舜遠矣。」程子曰：「語聖則不異，事功則有異。夫子賢於堯舜，語事功也。蓋堯舜治天下，夫子又推其道以垂教萬世。堯舜之道，非得孔子，則後世亦何所據哉？」

子貢曰：「見其禮而知其政，聞其樂而知其德。由百世之後，等百世之王，莫之能違也。自生民以來，未有夫子也。」言大凡見人之禮，則可以知其政；聞人之樂，則可以知其德。是以我從百世之後，差等百世之王，無有能遁其情者，而見其皆莫若夫子之盛也。

有若曰：「豈惟民哉？麒麟之於走獸，鳳凰之於飛鳥，太山之於丘垤，河海之於行潦，類也。聖人之於民，亦類也。出於其類，拔乎其萃，自生民以來，未有盛於孔子也。」垤，大結反。潦，音老。○麒麟，毛蟲之長。鳳凰，羽蟲之長。垤，蟻封也。行潦，道上無源之水也。出，高出也。拔，特起也。萃，聚也。言自古聖人，固皆異於衆人，然未有如孔子之尤盛者也。

程子曰：「孟子此章，擴前聖所未發，學者所宜潛心而玩索也。」

×

×

×

×

孟子曰：說大人，則藐之，勿視其巍巍然。

說音稅。藐音眇。○趙氏曰：大人，當時尊貴者也。藐，輕之也。巍巍，富貴高顯之貌。「藐」焉而不畏之，則志意舒展，言語得盡也。

堂高數仞，榱題數尺，我得志弗為也。食前方丈，侍妾數百人，我得志弗為也。般樂飲酒，驅騁田獵，後車千乘，我得志弗為也。在彼者皆我所不為也，在我者皆古之制也，吾何畏彼哉？

榱，楚危反。般，音盤。樂，音洛。乘，去聲。○榱，桷也。題，頭也。食前方丈，饌食列於前者，方一丈也。此皆其所謂巍巍然者。我雖得志，有所不為，而所守者，皆古聖賢之法，則彼之巍巍者，何足道哉。

楊氏曰：孟子此章，以己之長，方人之短，猶有此等氣象，在孔子則無此矣。

第二章　以道自任

孟子去齊，充虞路問曰：夫子若有不豫色然。前日虞聞諸夫子曰：君子不怨天，不尤人。

路問，於路中問也。豫，悅也。尤，過也。此二句實孔子之言，蓋孟子嘗稱之以教人耳。

曰：彼一時，此一時也。

彼前日、此今日。五百年必有王者興、其間必有名世者。自堯舜、至湯、自湯至文武。皆五百餘年而聖人出。名世、謂其人德業聞望。可名於一世者。為之輔佐、若皐陶稷契伊尹萊朱太公望散宜生之屬。由周而來、七百有餘歲矣。以其數則過矣。以其時考之則可矣。周、謂文武之間。數、謂五百年之期。時、謂亂極思治可以有為之日。於是而不得一有所為、此孟子所以不能無不豫也。夫天未欲平治天下也。如欲平治天下、當今之世、舍我其誰也。吾何為不豫哉。夫音扶。舍上聲。○言當此之時。而使我不遇於齊。是天未欲平治天下也。然天意未可知。而其具又在我。我何為不豫哉。然則孟子雖若有不豫然者。而實未嘗不豫也。蓋聖賢憂世之志。樂天之誠。有並行而不悖者。於此見矣。○

× × × ×

孟子曰、待文王而後興者、凡民也。若夫豪傑之士、雖無文王猶興。夫音扶。○興者。感動奮發之意。凡民。庸常之人也。豪傑。有過人之才智者也。蓋降衷秉彝。人所同得。惟上智之資。無物欲之蔽。為能無待於教。而自能感發以有為也。

× × × ×

孟子曰：舜生於諸馮，遷於負夏，卒於鳴條，東夷之人也。諸馮、負夏、鳴條，皆地名，在東方夷服之地。文王生於岐周，卒於畢郢，西夷之人也。岐周，岐山下周舊邑，近畎夷。畢郢，近豐鎬，今有文王墓。地之相去也，千有餘里；世之相後也，千有餘歲。得志行乎中國，若合符節。得志行乎中國，謂舜爲天子，文王爲方伯，得行其道於天下也。符節，以玉爲之，篆刻文字而中分之，彼此各藏其半，有故則左右相合以爲信也。若合符節，言其同也。先聖後聖，其揆一也。揆，度也。其揆一者，言度之而其道無不同也。

范氏曰：言聖人之生，雖有先後遠近之不同，然其道則一也。

× × × ×

孟子曰：禹惡旨酒，而好善言。惡、好，皆去聲。○戰國策曰：儀狄作酒，禹飲而甘之，曰：後世必有以酒亡其國者。遂疏儀狄而絕旨酒。書曰：禹拜昌言。湯執中，立賢無方。執，謂守而不失。中者，無過不及之名。方，猶類也。立賢無方，惟賢則立之於位，不問其類也。文王視民如傷，望道而未之見。而，讀爲如，古字通用。○民已安矣，而視之猶若有傷。道已至矣，而望之猶若未見。聖人之愛民深而求道切如此。不自滿足。終日乾乾之心也。

武王不泄邇，不忘遠。

泄。狎也。邇者人所易狎而不泄。遠者人所易忘而不忘。德之盛。仁之至也。

周公思兼三王，以施四事。其有不合者，仰而思之，夜以繼日。幸而得之，坐以待旦。

三王。禹也湯也文武也。四事。上四條之事也。時異勢殊。故其事或有所不合。思而得之。則其理初不異矣。坐以待旦。急於行也。○此承上章言舜。因歷敘羣聖以繼之。而各舉其一事。以見其憂勤惕厲之意。蓋天理之所以常存。而人心之所以不死也。

程子曰。孟子所稱。各因其一事而言。非謂武王不能執中立賢。湯却泄邇忘遠也。人謂各舉其盛。亦非也。聖人亦無不盛。

× × × ×

孟子曰。王者之迹熄而詩亡，詩亡然後春秋作。

王者之迹熄。謂平王東遷。而政教號令不及於天下也。詩亡。謂黍離降為國風而雅亡也。春秋。魯史記之名。孔子因而筆削之。始於魯隱公之元年。實平王之四十九年也。

晉之乘，楚之檮杌，魯之春秋，一也。

乘。去聲。檮。音逃。杌。音兀。○乘義未詳。趙氏以為興於田賦乘馬之事。或曰。取記載當時行事而名之也。檮杌。惡獸名。古者因以為凶人之號。取記惡垂戒之義也。春秋者。記事者必表年以首事。年有四時。故錯舉以為所記之名也。古者列國皆有史官。掌記時事。此三者皆其所記冊書之名也。

其事則齊桓晉文，其文則史。孔子曰：其義則丘竊取之矣。春秋之時，五霸迭興，而桓文為盛。史，史官也。竊取者，謙辭也。公羊傳作其辭則丘有罪焉爾，意亦如此。蓋言斷之在己，所謂筆則筆，削則削，游夏不能贊一辭者也。尹氏曰：言孔子作春秋，亦以史之文載當時之事也。而其義則定天下之邪正，為百王之大法。○此又承上章歷敘羣聖，因以孔子之事繼之，而孔子之事，莫大於春秋，故特言之。

× × × ×

孟子曰：由堯舜至於湯，五百有餘歲，若禹皋陶，則見而知之；若湯，則聞而知之。趙氏曰：五百歲而聖人出，天道之常；然亦有遲速，不能正五百年，故言有餘也。尹氏曰：知，謂知其道也。由湯至於文王，五百有餘歲，若伊尹萊朱，則見而知之；若文王，則聞而知之。趙氏曰：萊朱，湯賢臣。或曰：即仲虺也，為湯左相。由文王至於孔子，五百有餘歲，若太公望散宜生，則見而知之；若孔子，則聞而知之。散，素亶反。○散氏宜生，文王賢臣也。子貢曰：文武之道，未墜於地，在人。賢者識其大者，不賢者識其小者，莫不有文武之道焉。夫子焉不學。此所謂聞而知之也由孔子而來至於今，百有餘歲，去聖人之世，若此其未遠也，近聖人之居，若此其甚也。然而無有乎爾，則亦無有乎爾。

林氏曰。孟子言孔子至今時未遠。鄒魯相去又近。然而已無有見而知之者矣。則五百餘歲之後。又豈復有聞而知之者乎。愚按此言雖若不敢自謂已得其傳而憂後世遂失其傳。然乃所以自見其有不得辭者。而又以見夫天理民彝。不可泯滅。百世之下。必將有神會而心得之者耳。故於篇終歷序羣聖之統。而終之以此。所以明其傳之有在。而又以俟後聖於無窮也。其指深哉。○有宋元豐八年。河南程顥伯淳卒。潞公文彥博題其墓曰。明道先生。而其弟頤正叔序之曰。周公歿。聖人之道不行。孟軻死。聖人之學不傳。道不行。百世無善治。學不傳。千載無眞儒。無善治。士猶得以明夫善治之道。以淑諸人。以傳諸後。無眞儒。則天下貿貿焉莫知所之。人欲肆而天理滅矣。先生生乎千四百年之後。得不傳之學於遺經。以興起斯文爲己任。辨異端。闢邪說。使聖人之道渙然復明於世。蓋自孟子之後。一人而已。然學者於道不知所向。則孰知斯人之爲功。不知所至。則孰知斯名之稱情也哉。

× × × ×

孟子曰。君子之澤，五世而斬，小人之澤，五世而斬。

澤。猶言流風餘韻也。父子相繼爲一世。三十年亦爲一世。斬。絕也。大約君子小人之澤五世而絕也。楊氏曰。四世而緦。服之窮也。五世袒免。殺同姓也。六世親屬竭矣。服窮則遺澤寖微。故五世而斬。

予未得爲孔子徒也。予私淑諸人也。

私。猶竊也。淑。善也。李氏以爲方言是也。人。謂子思之徒也。自孔子卒至孟子游梁時。方百四十餘年。而孟子已老。然則孟子之生去孔子未百年也。故孟子言予雖未得親受業於孔子之門。然聖人之澤尚存。猶有能傳其學者。故我得聞孔子之道於人。而私竊以善其身。蓋推尊孔子而自謙之辭也。○此又承上三章。歷敘舜禹至於周孔而以是終之。其辭雖謙。然其所以自任之重。亦有不得而辭者矣。

第三章 嚴去就、謹辭受

第一節 嚴去就

萬章曰。敢問不見諸侯何義也。孟子曰。在國曰市井之臣。在野曰草莽之臣。皆謂庶人。庶人不傳質爲臣。不敢見於諸侯。禮也。

質與贄同。傳。通也。質者。士執雉。庶人執鶩。相見以自通者也。國內莫非君臣。但未仕者與執贄在位之臣不同。故不敢見也。

萬章曰：庶人召之役，則往役；君欲見之，召之，則不往見之，何也？曰：往役，義也；往見，不義也。（往役者，庶人之職；不往見者，士之禮。）且君之欲見之也，何為也哉？曰：為其多聞也，為其賢也。曰：為其多聞也，則天子不召師，而況諸侯乎？為其賢也，則吾未聞欲見賢而召之也。（為，並去聲。）繆公亟見於子思，曰：古千乘之國以友士，何如？子思不悅，曰：古之人有言曰：事之云乎，豈曰友之云乎？子思之不悅也，豈不曰：以位，則子君也，我臣也，何敢與君友也？以德，則子事我者也，奚可以與我友？千乘之君求與之友而不可得也，而況可召與？（亟、乘皆去聲。召與之與，平聲。○孟子引子思之言而釋之，以明不可召之意。）

齊景公田，招虞人以旌，不至，將殺之。志士不忘在溝壑，勇士不忘喪其元。孔子奚取焉？取非其招不往也。（喪，息浪反。）

曰：敢問招虞人何以？曰：以皮冠。庶人以旃，士以旂，大夫以旌。（皮冠，田獵之冠也。事見春秋傳。然則皮冠者，虞人之所有事也，故以是招之。庶人，未仕之臣。通帛曰旃。士。謂已仕者。交龍爲旂。析羽而注於旂干之首曰旌。以大夫之招招虞人，虞人死不敢往。以士之招招庶人，庶人豈敢往哉？況乎以不賢人之招招賢人乎。欲見而召之。是不賢人之招也。以士之招招庶人。則不敢往。以不賢人之招招賢人。則不可往矣。欲見賢人而不以其道，猶欲其入而閉之門也。夫義，路也。禮，門也。惟君子能由是路，出入是門也。詩云，周道如底，其直如矢。君子所履，小人所視。夫音扶。底，詩作砥。之履反。○詩小雅大東之篇。底與砥同。礪石也。言其平也。矢，言其直也。視，視以爲法也。引此以證上文能由是路之義。

萬章曰。孔子，君命召，不俟駕而行。然則孔子非與？曰。孔子當仕有官職，而以其官召之也。與平聲。○孔子方仕而任職。君以其官名召之。故不俟駕而往。徐氏曰。孔子孟子，易地則皆然。

此章言不見諸侯之義最爲詳悉，更合陳代公孫丑所問者而觀之，其說乃盡。

× × × ×

陳代曰：「不見諸侯，宜若小然；今一見之，大則以王，小則以霸。且志曰：『枉尺而直尋』，宜若可爲也。」王去聲。○陳代，孟子弟子也。小，謂小節也。枉，屈也。直，伸也。八尺曰尋。枉尺直尋，猶屈己一見諸侯，而可以致王霸，所屈者小，所伸者大也。

孟子曰：「昔齊景公田，招虞人以旌，不至，將殺之。志士不忘在溝壑，勇士不忘喪其元。孔子奚取焉？取非其招不往也。如不待其招而往，何哉？喪去聲。○田，獵也。虞人，守苑囿之吏也。招大夫以旌，招虞人以皮冠。元，首也。志士固窮，常念死無棺槨，棄溝壑而不恨。勇士輕生，常念戰鬬而死，喪其首而不顧也。此二句，乃孔子歎美虞人之言。夫虞人招之不以其物，尚守死而不往，況君子豈可不待其招而自往見之邪？此以上告之以不可往見之意。

且夫枉尺而直尋者，以利言也。如以利，則枉尋直尺而利，亦可爲與？夫音扶。與平聲。○此以下正其所稱枉尺直尋之非。夫所謂枉小而所伸者大則爲之者，計其利耳。一有計利之心，則雖枉多伸少而有利，亦將爲之邪？甚言其不可也。

昔者趙簡子使王良與嬖奚乘，終日而不獲一禽。嬖奚反命曰：『天下之賤工也。或以告王良。良曰。請復之。彊而後可。一朝而獲十禽。嬖奚反命曰。天下之良工也。簡子曰。我使掌與女乘。謂王良。良不可。曰。吾爲之範我馳驅。終日不獲一。爲之詭遇。一朝而獲十。詩云。不失其馳。舍矢如破。我不貫與小人乘。請辭。乘去聲彊上聲女音汝爲去聲舍上聲。○趙簡子。晉大夫趙鞅也。王良。善御者也。嬖奚。簡子幸臣。與之乘。爲之御也。復之。再乘也。彊而後可。嬖奚不肯。彊之而後肯也。一朝。自晨至食時也。掌。專主也。範。法度也。詭遇。不正而與禽遇也。言奚不善射。以法馳驅則不獲。廢法詭遇而後中也。詩小雅車攻之篇。言御者不失其馳驅之法。而射者發矢皆中而力。今嬖奚不能也。貫。習也。

御者且羞與射者比。比而得禽獸。雖若丘陵。弗爲也。如枉道而從彼。何也。且子過矣。枉己者。未有能直人者也。比必二反。○比。阿黨也。若丘陵。言多也。○或曰。居今之世。出處去就。不必一一中節。欲其一一中節。則道不得行矣。楊氏曰。何其不自重也。枉己其能直人乎。古之人寧道之不行。而不輕其去就。是以孔孟雖在春秋戰國之時。而進必以正。以至終不得行而死也。使不恤其去就而可以行道。孔孟當先為之矣。孔孟豈不欲道之行哉。

公孫丑問曰。不見諸侯何義？孟子曰。古者不為臣不見。不為臣。謂未仕於其國者也。此不見諸侯之義也。

段干木踰垣而辟之。泄柳閉門而不內。是皆已甚。迫斯可以見矣。辟去聲。內與納同。○段干木。魏文侯時人。泄柳。魯繆公時人。文侯繆公欲見此二人。而二人不肯見之。蓋未為臣也。已甚。過甚也。迫。謂求見之切也。

陽貨欲見孔子而惡無禮。大夫有賜於士。不得受於其家。則往拜其門。陽貨矙孔子之亡也。而饋孔子蒸豚。孔子亦矙其亡也。而往拜之。當是時。陽貨先。豈得不見。欲見之見音現。惡去聲。矙音勘。○此又引孔子之事。以明可見之節也。欲見孔子。欲召孔子來見己也。惡無禮。畏人以己為無禮也。受於其家。對使人拜受於家也。其門。大夫之門也。矙。窺也。陽貨於魯為大夫。孔子為士。故以此物及其不在而饋之。欲其來拜而見之也。先。謂先來加禮也。

曾子曰。脅肩諂笑。病于夏畦。子路曰。未同而言。觀其色赧赧然。非由之所知也。由是觀之，則君子之所養可知已矣。脅，虛業反。赧，奴簡反。○脅肩，竦體。諂笑，強笑。皆小人側媚之態也。病，勞也。夏畦，夏月治畦之人也。言為此者其勞過於夏畦之人也。未同而言，與人未合而強與之言也。赧赧，慙而面赤之貌。由，子路名。言非己所知，甚惡之之辭也。孟子言由此二言觀之，則二子之所養可知。必不肯不俟其禮之至，而輒往見之也。○此章言聖人禮義之中正，過之者傷於迫切而不洪，不及者淪於汙賤而可恥。

× × × ×

周霄問曰：古之君子仕乎？孟子曰：仕。傳曰：孔子三月無君，則皇皇如也，出疆必載質。公明儀曰：古之人三月無君，則弔。傳，直戀反。質，與贄同，下同。○周霄，魏人。無君，謂不得仕而事君也。皇皇，如有求而弗得之意。出疆，謂失位而去國也。質，所執以見人者，如士則執雉也。出疆載之者，將以見所適國之君而事之也。

三月無君則弔，不以急乎？周霄問也。以，已通。太也。後章放此。

曰：士之失位也，猶諸侯之失國家也。禮曰：諸侯耕助，以供粢盛；夫人蠶繅，以為衣服。犧牲不成，粢盛不潔，衣服不備，不敢以祭。惟士無田，則亦不祭。牲殺、器皿、衣服不備，不敢以祭，則不敢

以宴，亦不足弔乎。盛音成。繅，素刀反。皿，武永反。○禮曰：諸侯為藉百畝，冕而青紘，
躬秉耒以耕。而庶人助以終畝。收而藏之御廩。以供宗廟之粢
盛。使世婦蠶于公桑蠶室，奉繭以示于君。遂獻于夫人。夫人副褘受之。繅三盆手。
遂布于三宮世婦。使繅以為黼黻文章。而服以祀先王先公。又曰：士有田則祭。無
田則薦。黍稷曰粢。在器曰盛。牲
殺牲必特殺也。皿，所以覆器者。

出疆必載質，何也？周霄問也。曰：士之仕也，猶農夫之耕也。農夫豈為出疆，舍其耒
耜哉？為，去聲。舍，上聲。曰：晉國，亦仕國也，未嘗聞仕如此其急。仕如此其急也，君子之難仕，
何也？曰：丈夫生而願為之有室，女子生而願為之有家，父母之心，人皆有之。不待
父母之命，媒妁之言，鑽穴隙相窺，踰牆相從，則父母國人皆賤之。古之人未嘗
不欲仕也，又惡不由其道。不由其道而往者，與鑽穴隙之類也。為去聲。妁音酌。隙
去逆反。惡去聲。○
仕國，謂君子游宦之國。霄意以孟子不見諸侯為難仕。故先問古之君子仕否。
然後言此以風切之也。男以女為室，女以男為家。妁，亦媒也。言為父母者，非不
願其男女之有室家，而亦惡其不由道。蓋君
子雖不潔身以亂倫，而亦不殉利而忘義也。

陳子曰，古之君子何如則仕？孟子曰。所就三，所去三。（其目在下）迎之致敬以有禮，言將行其言也，則就之。禮貌未衰，言弗行也，則去之。（所謂見行可之仕。若孔子於季桓子是也。受女樂而不朝。則去之矣）

其次，雖未行其言也，迎之致敬以有禮，則就之。禮貌衰，則去之。（所謂際可之仕。若孔子於衞靈公是也。故與公遊於囿。公仰視蜚鴈而後去之。）

其下，朝不食，夕不食，飢餓不能出門戶。君聞之曰。吾大者不能行其道，又不能從其言也，使飢餓於我土地，吾恥之。周之，亦可受也。免死而已矣。（所謂公養之仕也。君之於民。固有周之之義。況此又有悔過之言。所以可受。然未至於飢餓不能出門戶。則猶不受也。其曰免死而已。則其所受亦有節矣）

× × × ×

孟子曰，仕非為貧也，而有時乎為貧，娶妻非為養也，而有時乎為養。（仕本為行道而亦有家貧親老或道與時違而但爲祿仕者如娶妻本爲繼嗣而亦有爲不能親操井臼而欲資其餽養者。

爲貧者辭尊居卑辭富居貧。

貧富謂祿之厚薄蓋仕不爲道已非出處之正故其所處但當如此

辭尊居卑辭富居貧惡乎宜乎抱關擊柝。

惡平聲柝音託。○柝行夜所擊木也蓋爲貧者雖不主於行道而亦不可以苟祿故惟抱關擊柝之吏位卑祿薄其職易稱爲所宜居也李氏曰道不行矣爲貧而仕者此其律令也若不能然則是貪位慕祿而已矣

孔子嘗爲委吏矣曰會計當而已矣。嘗爲乘田矣曰牛羊茁壯長而已矣。

委烏僞反會工外反當丁浪反乘去聲茁阻刮反長上聲○此孔子之爲貧而仕者也委吏主委積之吏也乘田主苑囿芻牧之吏也茁肥貌言以孔子大聖而嘗爲賤官不以爲辱者所謂爲貧而仕官卑祿薄而職易稱也

位卑而言高罪也立乎人之本朝而道不行恥也。

朝音潮○以出位爲罪則無行道之責以廢道爲恥則非竊祿之官此爲貧者之所以必辭尊富而寧處貧賤也

尹氏曰言爲貧者不可以居尊居尊者必欲以行道

× × × ×

孟子將朝王。王使人來曰。寡人如就見者也。有寒疾。不可以風。朝將視朝。不識可使寡人得見乎。對曰。不幸而有疾。不能造朝。章內朝並音潮。惟朝將之朝如字。造七到反。下同。○王。齊王也。孟子本將朝王。王不知而託疾以召孟子。故孟子亦以疾辭也

明日出弔於東郭氏。公孫丑曰。昔者辭以病。今日弔。或者不可乎。曰。昔者疾。今日愈。如之何不弔。東郭氏。齊大夫家也。昔者。昨日也。或者。疑辭。辭疾而出弔。與孔子不見孺悲取瑟而歌同意

王使人問疾。醫來。孟仲子對曰。昔者有王命。有采薪之憂。不能造朝。今病小愈。趨造於朝。我不識能至否乎。使數人要於路。曰。請必無歸。而造於朝。要。平聲。○孟仲子。趙氏以為孟子之從昆弟。學於孟子者也。采薪之憂。言病不能采薪。謙辭也。仲子權辭以對。又使人要孟子令勿歸而造朝。以實己言。

不得已而之景丑氏宿焉。景子曰。內則父子。外則君臣。人之大倫也。父子主恩。君臣主敬。丑見王之敬子也。未見所以敬王也。曰。惡。是何言也。齊人無以仁義

與王言者。豈以仁義爲不美也。其心曰是何足與言仁義也云爾，則不敬莫大乎是。我非堯舜之道，不敢以陳於王前。故齊人莫如我敬王也。惡平聲。下同。○景丑氏齊大夫家也景子景丑也。惡歎辭也。景丑所言敬之小者也。孟子所言敬之大者也。

景子曰。否，非此之謂也。禮曰。父召無諾。君命召不俟駕。固將朝也。聞王命而遂不果。宜與夫禮若不相似然。夫音扶。下同。○禮曰。父命呼，唯而不諾。又曰君命召，在官不俟屨。在外不俟車。言孟子本欲朝王。而聞命中止。似與此禮之意不同也。

曰。豈謂是與。曾子曰。晉楚之富不可及也。彼以其富，我以吾仁。彼以其爵，我以吾義。吾何慊乎哉。夫豈不義，而曾子言之。是或一道也。天下有達尊三。爵一，齒一，德一。朝廷莫如爵。鄉黨莫如齒。輔世長民莫如德。惡得有其一，以慢其二哉。與平聲。慊口簟反。長上聲。○慊恨也。少也。或作嗛。字書以爲口銜物也。然則慊亦但爲心有所銜之義。其爲快爲足爲恨爲少。則因其事而所銜有不同耳。孟子言我之意非如景子之所言者。因引曾子之言。而云夫此豈是不義。而曾子肯以爲言。是或別有一種道理也。慊。通也。蓋通天下之所尊有此三者。曾子之說。蓋以德言之也。今齊王但有爵耳。安得以此慢於齒德乎。

故將大有爲之君。必有所不召之臣。欲有謀焉。則就之。其尊德樂道。不如是不足與有爲也。樂音洛。○大有爲之君。大有作爲非常之君也。程子曰。古之人所以必待人君致敬盡禮而後往者。非欲自爲尊大也。爲是故耳。

故湯之於伊尹。學焉而後臣之。故不勞而王。桓公之於管仲。學焉而後臣之。故不勞而霸。先從受學。師之也。後以爲臣。任之也。今天下地醜德齊。莫能相尚。無他。好臣其所教。而不好臣其所受教。好去聲。○醜。類也。尚。過也。所教。謂聽從於己。可役使者也。所受教。謂己之所從學者也。湯之於伊尹。桓公之於管仲。則不敢召。管仲且猶不可召。而況不爲管仲者乎。不爲管仲。孟子自謂也。范氏曰。孟子之於齊。處賓師之位。非當仕有官職者。故其言如此。

此章見賓師不以趨走承順爲恭。而以責難陳善爲敬。人君不以崇高富貴爲重。而以貴德尊士爲賢。則上下交而德業成矣。

孟子曰：「古之賢王，好善而忘勢。古之賢士，何獨不然？樂其道，而忘人之勢。故王公不致敬盡禮，則不得亟見之。見且由不得亟，而況得而臣之乎？」好，去聲。樂，音洛。亟，去吏反。○言君當屈己以下賢，士不枉道而求利。二者勢若相反，而實則相成，蓋亦各盡其道而已。

× × × ×

孟子謂蚳鼃曰：「子之辭靈丘而請士師，似也，為其可以言也。今既數月矣，未可以言與？」蚳，音遲。鼃，烏花反。為，去聲。與，平聲。○蚳鼃，齊大夫也。靈丘，齊下邑。似也，言所為近似有理。可以言，謂士師近王，得以諫刑罰之不中者。

蚳鼃諫於王而不用，致為臣而去。致，猶還也。齊人曰：「所以為蚳鼃則善矣；所以自為，則吾不知也。」為，去聲。○譏孟子道不行而不能去也。公都子以告。公都子，孟子弟子也。曰：「吾聞之也：有官守者，不得其職則去；有言責者，不得其言則去。我無官守，我無言責也，則吾進退，豈不綽綽然有餘裕哉？」官守，以官為守者。言責，以言為責者。綽綽，寬貌。裕，寬意也。孟子居賓師之位，未嘗受祿。故其進退之際。寬裕如此。尹氏曰。進退久速。當於理而已。

×　×　×　×

齊饑。陳臻曰。國人皆以夫子將復爲發棠。殆不可復。復扶又反。○先時齊國嘗饑。孟子勸王發棠邑之倉。以振貧窮。至此又饑。陳臻問言齊人望孟子復勸王發棠。而又自言恐其不可也。

孟子曰。是爲馮婦也。晉人有馮婦者。善搏虎。卒爲善士。則之野。有衆逐虎。虎負嵎。莫之敢攖。望見馮婦。趨而迎之。馮婦攘臂下車。衆皆悅之。其爲士者笑之。手執曰搏。卒爲善士。後能改行爲善也。之。適也。負。依也。山曲曰嵎。攖。觸也。笑之。笑其不知止也。疑此時齊王已不能用孟子。而孟子亦將去矣。故其言如此。

×　×　×　×

孟子去齊。宿於晝。晝如字。或曰當作畫。音獲。下同。○晝。齊西南近邑也。有欲爲王留行者。坐而言。不應。隱几而臥。爲去聲。下同。隱。於靳反。○隱。憑也。客坐而言。孟子不應而臥也。客不悅曰。弟子齊宿而後敢言。夫子臥而不聽，請勿復敢見矣。曰：坐，我明語子。昔者魯繆公無人乎子思之側，則不能安子思；泄柳、申詳無人乎繆公之側，則不能安其身。齊側皆反。復扶又反。語去聲。○齊宿，齊戒越宿也。繆公尊禮子思，常使人候伺，道達誠意於其側，乃能安而留之也。泄柳，魯人。申詳，子張之子也。繆公尊之不如子思，然二子義不苟容，非有賢者在其君之左右，維持調護之，則亦不能安其身矣。子為長者慮，而不及子思；子絕長者乎？長者絕子乎？長上聲。○長者，孟子自稱也。言齊王不使子來，而子自欲為王留我，是所以為我謀者，不及繆公留子思之事，而先絕我也。我之臥而不應，豈為先絕子乎。

孟子去齊。尹士語人曰：不識王之不可以為湯武，則是不明也；識其不可，然且至，則是干澤也。千里而見王，不遇故去，三宿而後出晝，是何濡滯也？士則茲不悅。語去聲。○尹士，齊人也。干，求也。澤，恩澤也。濡滯，遲留也。高子以告。高子，亦齊人，孟子弟子也。曰：夫尹士惡知予哉？千里而見王，是予所欲也；不遇故去，豈予所欲哉？予不得已也。夫音扶，下同。惡平聲。○見王，欲以行道也。今道不行故不得已而去非本欲如此也。予三宿而出晝於予心猶以為速。王庶幾改之。王如改諸則必反予。所改必指一事而言。然今不可考矣。夫出晝而王不予追也予然後浩然有歸志予雖然豈舍王哉王由足用為善。王如用予則豈徒齊民安。天下之民舉安。王庶幾改之予日望之。浩然。如水之流不可止也。○楊氏曰。齊王天資朴實。如好勇好貨好色好世俗之樂皆以直告而不隱於孟子。故足以為善。若乃其心不然。而謬為大言以欺人。是人終不可與入堯舜之道矣何善之能為予豈若是小丈夫然哉諫於其君而不受則怒。悻悻然見於其面去則窮日之力而後宿哉。悻形頂反見音現。○悻悻。怒意也窮盡也尹士聞之曰士誠小人也。此章見聖賢行道濟時汲汲之本心。愛君澤民惓惓之餘意。李氏曰。於此見君子憂則違之之情而荷蕢者所以為果也。

×　×　×　×

淳于髡曰男女授受不親禮與孟子曰禮也。曰嫂溺則援之以手乎曰嫂溺不援是豺狼也男女授受不親禮也嫂溺援之以手者權也。與平聲援音爰。○淳于姓。髡名。齊之辯士。援，與也。受，取也。古禮男女不親授受，以遠別也。援，救之也。權，稱錘也。稱物輕重而往來以取中者也。權而得中，是乃禮也。

曰：今天下溺矣，夫子之不援，何也？言今天下大亂，民遭陷溺，亦當從權以援之，不可守先王之正道也。

曰：天下溺，援之以道；嫂溺，援之以手。子欲手援天下乎？言天下溺，惟道可以救之；非若嫂溺可手援也。今子欲援天下，乃欲使我枉道求合，則先失其所以援之之具矣，是欲使我以手援天下乎。

此章言直己守道，所以濟時；枉道殉人，徒為失己。

淳于髡曰：先名實者，為人也；後名實者，自為也。夫子在三卿之中，名實未加於上下而去之，仁者固如此乎？先後為皆去聲。○名，聲譽也。實，事功也。言以名實為先而為之者，是有志於救民也；以名實為後而不為者，是欲獨善其身者也。名實未加於上下，言上未能正其君，下未能濟其民也。

孟子曰：居下位，不以賢事不肖者，伯夷也；五就湯，五就桀者，伊尹也；不惡汙君，不辭小官者，柳下惠也。三子者不同道，其趨一也。一者何也？曰：仁也。君子亦仁而已矣，何必同？惡、趨，並去聲。○仁者，無私心而合天理之謂。楊氏曰：伊尹之就湯，以三聘之勤也，其就桀也。湯進之也。湯豈有伐桀之意哉。其進伊尹以事之也。欲其悔過遷善而已。伊尹既就湯，則以湯之心為心矣。及其終也，人歸之，天命之。不得已而伐之耳。若湯初求伊尹，即有伐桀之心，而伊尹遂相之以伐桀，是以取天下為心也。以取天下為心，豈聖人之心哉。

曰：魯繆公之時，公儀子為政，子柳、子思為臣，魯之削也滋甚。若是乎賢者之無益於國也。公儀子，名休，為魯相。子柳，泄柳也。削，地見侵奪也。髡譏孟子雖不去，亦未必能有為也。

曰：虞不用百里奚而亡，秦穆公用之而霸。不用賢則亡，削何可得與？與，平聲。○百里奚事見前篇。

曰：昔者王豹處於淇，而河西善謳；緜駒處於高唐，而齊右善歌；華周、杞梁之妻，善哭其夫，而變國俗。有諸內必形諸外。為其事而無其功者，髡未嘗覩之也。是故無賢者也，有則髡必識之。華去聲。○王豹，衛人，善謳。淇，水名。緜駒，齊人，善歌。高唐，齊西邑。華周、杞梁，二人皆齊臣，戰死於莒。其妻哭之哀，國俗化之皆善哭。髡以此譏孟子仕齊無功，未足為賢也。

曰。孔子爲魯司寇，不用，從而祭，燔肉不至，不稅冕而行。不知者，以爲爲肉也。其知者，以爲爲無禮也。乃孔子則欲以微罪行，不欲爲苟去。君子之所爲，衆人固不識也。

稅音脫。爲肉爲無之爲並去聲。○按史記，孔子爲魯司寇攝行相事，齊人聞而懼，於是以女樂遺魯君。季桓子與魯君往觀之，怠於政事。子路曰。夫子可以行矣。孔子曰。魯今且郊。如致膰于大夫，則吾猶可以止。桓子卒受齊女樂，郊又不致膰俎于大夫。孔子遂行。孟子言以爲爲肉者，固不足道。以爲爲無禮，則亦未爲深知孔子者。蓋聖人於父母之國，不欲顯其君相之失，又不欲爲無故而苟去。故不以女樂去，而以膰肉行。其見幾明決，而用意忠厚，固非衆人所能識也。然則孟子之所爲，豈髡之所能識哉。

尹氏曰。淳于髡未嘗知仁，而未嘗識賢也。宜乎其言若是。

× × × ×

齊人有一妻一妾而處室者，其良人出，則必饜酒肉而後反。其妻問所與飲食者，則盡富貴也。其妻告其妾曰。良人出，則必饜酒肉而後反，問其與飲食者，盡富貴也。而未嘗有顯者來，吾將瞯良人之所之也。蚤起，施從良人之所之，徧國中無與立談者。卒之東郭墦間之祭者，乞其餘，不足，又顧而之他，此其為饜足之道也。其妻歸，告其妾曰，良人者，所仰望而終身也。今若此，與其妾訕其良人，而相泣於中庭。而良人未之知也，施施從外來，驕其妻妾。施音迤。又音易。墦音燔。施、施如字。○章首當有孟子曰字，闕文也。良人，夫也。饜，飽也。顯者，富貴人也。施邪施而行，不使良人知也。墦，冢也。顧，望也。訕，怨詈也。施施，喜悅自得之貌。

由君子觀之，則人之所以求富貴利達者，其妻妾不羞也，而不相泣者，幾希矣。孟子言自君子而觀，今之求富貴者，皆若此人，曰使其妻妾見之，不羞而泣者少矣，言可羞之甚也。

趙氏曰，言今之求富貴者，皆以枉曲之道，昏夜乞哀以求之，而以驕人於白日，與斯人何以異哉。

第二節　謹辭受

萬章曰：士之不託諸侯，何也？孟子曰：不敢也。諸侯失國而後託於諸侯，禮也；士之託於諸侯，非禮也。託，寄也。謂不仕而食其祿也。古者諸侯出奔他國，食其廩餼，謂之寄公。士無爵土，不得比諸侯。不仕而食祿，則非禮也。

萬章曰：君餽之粟，則受之乎？曰：受之。受之何義也？曰：君之於氓也，固周之。周，救也。視其空乏，則周卹之，無常數，君待民之禮也。

曰：周之則受，賜之則不受，何也？曰：不敢也。曰：敢問其不敢何也？曰：抱關擊柝者，皆有常職以食於上。無常職而賜於上者，以為不恭也。賜，謂予之祿，有常數，君所以待臣之禮也。

曰：君餽之，則受之，不識可常繼乎？曰：繆公之於子思也，亟問，亟餽鼎肉。子思不悅。於卒也，標使者出諸大門之外，北面稽首再拜而不受。曰：今而後知君之犬馬畜伋。蓋自是臺無餽也。悅賢不能舉，又不能養也，可謂悅賢乎？亟，去聲，下同。標，音杓。

使去聲。○亟，數也。鼎肉，熟肉也。卒，末也。摽，麾也。數以君命來餽，當拜受之，非養賢之禮，故不悅。而於其末後復來餽時，麾使者出拜而辭之。犬馬畜伋，言不以人禮待己也。臺，賤官，主使令者。蓋繆公愧悟，自此不復令臺來致餽也。舉，用也。能養者未必能用也，況又不能養乎。

曰：敢問國君欲養君子，如何斯可謂養矣？曰：以君命將之，再拜稽首而受。其後廩人繼粟，庖人繼肉，不以君命將之。子思以為鼎肉，使己僕僕爾亟拜也，非養君子之道也。

初以君命來餽，則當拜受。其後有司各以其職繼續所無，不以君命來餽，不使賢者有亟拜之勞也。僕僕，煩猥貌。

堯之於舜也，使其子九男事之，二女女焉，百官牛羊倉廩備，以養舜於畎畝之中，後舉而加諸上位。故曰王公之尊賢者也。

女下字去聲。○能養能舉，悅賢之至也。惟堯舜為能盡之，而後世之所當法也。

× × × ×

彭更問曰：後車數十乘，從者數百人，以傳食於諸侯，不以泰乎？孟子曰：非其道，則一簞食不可受於人。如其道，則舜受堯之天下，不以爲泰，子以爲泰乎？

更平聲。乘、從皆去聲。傳直戀反。簞音丹。食音嗣。○彭更，孟子弟子也。泰，侈也。

曰：否。士無事而食，不可也。言不以舜爲泰，但謂今之士無功而食人之食，則不可也。曰：子不通功易事，以羨補不足，則農有餘粟，女有餘布。子如通之，則梓匠輪輿皆得食於子。於此有人焉，入則孝，出則悌，守先王之道，以待後之學者，而不得食於子。子何尊梓匠輪輿，而輕爲仁義者哉？羨延面反。○通功易事，謂通人之功而交易其事。羨，餘也。有餘，言無所貿易而積於無用。梓人、匠人，木工也。輪人、輿人，車工也。

曰：梓匠輪輿，其志將以求食也；君子之爲道也，其志亦將以求食與？曰：子何以其志爲哉？其有功於子，可食而食之矣。且子食志乎？食功乎？曰：食志。與平聲。可食而食、食志、食功之食，皆音嗣。下同。○孟子言自我而言，固不求食；自彼而言，凡有功者則當食之。

曰有人於此毀瓦畫墁其志將以求食也則子食之乎曰否曰然則子非食志也食功也墁武安反子食之食亦音嗣○墁墻壁之飾也毀瓦畫墁言無功而有害也既曰食功則以士為無事而食者真尊梓匠輪輿而輕為仁義者矣

××××

公孫丑曰詩曰不素餐兮君子之不耕而食何也孟子曰君子居是國也其君用之則安富尊榮其子弟從之則孝弟忠信不素餐兮孰大於是餐七丹反○詩魏國風伐檀之篇素空也無功而食祿謂之素餐此與告陳相彭更之意同

××××

陳臻問曰前日於齊王餽兼金一百而不受於宋餽七十鎰而受於薛餽五十鎰而受前日之不受是則今日之受非也今日之受是則前日之不受非也

夫子必居一於此矣。陳臻，孟子弟子。兼金，好金也。其價兼倍於常者。一百，百鎰也。

孟子曰：皆是也。皆適於義也。當在宋也，予將有遠行，行者必以贐，辭曰：餽贐。予何為不受？贐，徐刃反。○贐，行者之禮也。當在薛也，予有戒心，辭曰：聞戒，故為兵餽之，予何為不受？為兵之為，去聲。○時人有欲害孟子者，孟子設兵以戒備之，薛君以金餽孟子，為兵備。辭曰：聞子之有戒心也。若於齊，則未有處也。無處而餽之，是貨之也。焉有君子而可以貨取乎？焉，於虔反。○無遠行戒心之事，是未有所處也。取，猶致也。

尹氏曰：言君子之辭受取予，惟當於理而已。

× × × ×

孟子致為臣而歸。孟子久於齊而道不行，故去也。王就見孟子曰：前日願見而不可得，得侍同朝甚喜，今又棄寡人而歸，不識可以繼此而得見乎？對曰：不敢請耳，固所願也。朝音潮。

他日王謂時子曰：「我欲中國而授孟子室，養弟子以萬鍾，使諸大夫國人，皆有所矜式。子盍為我言之？」為去聲。○時子，齊臣也。中國，當國之中也。萬鍾，穀祿之數也。鍾，量名，受六斛四斗。矜，敬也。式，法也。盍，何不也。

時子因陳子而以告孟子，陳子以時子之言告孟子。陳子，即陳臻也。

孟子曰：「然，夫時子惡知其不可也？如使予欲富，辭十萬而受萬，是為欲富乎？夫音扶。惡，平聲。○孟子既以道不行而去，則其義不可以復留；而時子不知，則又有難顯言者。故但言設使我欲富，則我前日為卿，嘗辭十萬之祿，今乃受此萬鍾之饋，是我雖欲富，亦不為此也。

季孫曰：『異哉子叔疑！使己為政，不用，則亦已矣，又使其子弟為卿。人亦孰不欲富貴？而獨於富貴之中，有私龍斷焉。』龍音壟。○此孟子引季孫之語也。季孫、子叔疑，不知何時人。龍斷，岡壟之斷而高也。義見下文。蓋子叔疑者嘗不用，而使其子弟為卿。季孫譏其既不得於此，而又欲求得於彼，如下文賤丈夫登龍斷者之所為也。孟子引此以明道既不行，復受其祿，則無以異此矣。

古之為市也，以其所有，易其所無者，有司者治之耳。有賤丈夫焉，必求龍斷而登之，以左右望而罔市利。人皆以為賤，故從而征之。征商，自此賤丈夫始矣。

孟子釋龍斷之說如此。治之，謂治其爭訟。左右望者，欲得此而又取彼也。罔，謂罔羅取之也。從而征之，謂人惡其專利，故就征其稅。後世緣此，遂征商人也。程子曰：齊王所以處孟子者，未為不可，孟子亦非不肯為國人矜式者。但齊王實非欲尊孟子，乃欲以利誘之，故孟子拒而不受。

× × × ×

孟子曰：魚，我所欲也；熊掌，亦我所欲也。二者不可得兼，舍魚而取熊掌者也。生，亦我所欲也；義，亦我所欲也。二者不可得兼，舍生而取義者也。

舍，上聲。○魚與熊掌皆美味，而熊掌尤美也。

生亦我所欲，所欲有甚於生者，故不為苟得也；死亦我所惡，所惡有甚於死者，故患有所不辟也。

惡、辟，皆去聲，下同。○釋所以舍生取義之意。得，得生也。欲生惡死者，雖衆人利害之常情。

而欲惡有甚於生死者，乃秉彝義理之良心。是以欲生而不爲苟得，惡死而有所不避也。如使人之所欲莫甚於生，則凡可以得生者何不用也？使人之所惡莫甚於死者，則凡可以辟患者何不爲也？設使人無秉彝之良心，而但有利害之私情，則凡可以偷生免死者，皆將不顧禮義而爲之矣。由是則生，而有不用也；由是則可以辟患，而有不爲也。由其必有秉彝之良心，是以其能舍生取義如此。是故所欲有甚於生者，所惡有甚於死者，非獨賢者有是心也，人皆有之，賢者能勿喪耳。喪，去聲。○羞惡之心，人皆有之。但衆人汩於利欲而忘之，惟賢者能存之而不喪耳。一簞食，一豆羹，得之則生，弗得則死。嘑爾而與之，行道之人弗受；蹴爾而與之，乞人不屑也。食，音嗣。嘑，呼故反。蹴，子六反。○豆，木器也。嘑，咄啐之貌。行道之人，路中凡人也。蹴，踐踏也。乞人，丐乞之人也。不屑，不以爲潔也。言雖欲食之急而猶惡無禮，有寧死而不食者。是其羞惡之本心，欲惡有甚於生死者，人皆有之也。萬鍾則不辨禮義而受之，萬鍾於我何加焉？爲宮室之美，妻妾之奉，所識窮乏者得我與？爲去聲與平聲○萬鍾於我何加言於我身無所增益也所識窮乏者得我謂所知識之窮乏者感我之惠也上言人皆有羞惡之心此言衆人所以喪之由此三者蓋理義之心雖曰固有而物欲之蔽亦人所易昏也

鄉爲身死而不受，今爲宮室之美爲之。鄉爲身死而不受，今爲妻妾之奉爲之。鄉爲身死而不受，今爲所識窮乏者得我而爲之，是亦不可以已乎？此之謂失其本心。此章言羞惡之心人所固有或能決死生於危迫之際而不免計豐約於宴安之時是以君子不可頃刻而不省察於斯焉

× × × ×

孟子曰：食而弗愛，豕交之也。愛而不敬，獸畜之也。食音嗣畜許六反○交接也畜養也獸謂犬馬之屬

恭敬者，幣之未將者也。將猶奉也詩曰承筐是將程子曰恭敬雖因威儀幣帛而後發見然幣之未將時已有此恭敬之心非因幣帛而後有也

恭敬而無實，君子不可虛拘。此言當時諸侯之待賢者特以幣帛爲恭敬而無其實也拘留也

× × × ×

孟子曰：恭者不侮人，儉者不奪人。侮奪人之君，惟恐不順焉，惡得為恭儉？恭儉豈可以聲音笑貌為哉？

惡平聲。○惟恐不順，言恐人之不順己。聲音笑貌，偽為於外也。

× × × ×

孟子去齊，居休。公孫丑問曰：仕而不受祿，古之道乎？休地名。曰：非也。於崇，吾得見王。退而有去志，不欲變，故不受也。崇亦地名。孟子始見齊王，必有所不合，故有去志。變，謂變其去志。繼而有師命，不可以請。久於齊，非我志也。師命，師旅之命也。國既被兵，難請去也。

孔氏曰：仕而受祿，禮也；不受齊祿，義也。義之所在，禮有時而變。公孫丑欲以一端裁之，不亦誤乎。

第二篇　辯諸子、正人心

第一章　距楊墨

公都子曰：「外人皆稱夫子好辯，敢問何也？」

孟子曰：「予豈好辯哉？予不得已也。好去聲，下同。天下之生久矣，一治一亂。治去聲。○生，謂生民也。一治一亂，氣化盛衰，人事得失，反覆相尋，理之常也。當堯之時，水逆行，氾濫於中國。蛇龍居之，民無所定。下者為巢，上者為營窟。書曰：『洚水警余。』洚水者，洪水也。洚音降，又胡貢、胡工二反。○水逆行，下流壅塞，故水倒流而旁溢也。下，下地。上，高地也。營窟，穴處也。書虞書大禹謨也。洚水，洚洞無涯之水也。警，戒也。此一亂也。使禹治之。禹掘地而注之海，驅蛇龍而放之菹。水由地中行，江淮河漢是也。險阻既遠，鳥獸之害人者消，然後人得平土而居之。菹，側魚反。○掘地，掘去壅塞也。菹，澤生草者也。地中，兩涯之間也。險阻，謂水之氾濫也。遠，去也。消，除也。此一治也。

堯舜既沒，聖人之道衰。暴君代作，壞宮室以為汙池，民無所安息；棄田以為園囿，使民不得衣食。邪說暴行又作，園囿汙池，沛澤多而禽獸至。及紂之身，天下又大亂。壞音怪。行去聲，下同。沛，蒲內反。○暴君，謂夏太康、孔甲、履癸、商武乙之類也。宮室，民居也。沛，草木之所生也。澤，水所鍾也。自堯舜沒至此，治亂非一，及紂而又一大亂也。

周公相武王，誅紂伐奄，三年討其君，驅飛廉於海隅而戮之，滅國者五十，驅虎豹犀象而遠之，天下大悅。書曰：「丕顯哉，文王謨！丕承哉，武王烈！佑啓我後人，咸以正無缺。」相，去聲。奄，平聲。○奄，東方之國，助紂為虐者也。飛廉，紂幸臣也。五十國，皆紂黨虐民者也。書，周書君牙之篇。丕，大也。顯，明也。謨，謀也。承，繼也。烈，光也。佑，助也。啓，開也。缺，壞也。此一治也。

世衰道微，邪說暴行有作，臣弒其君者有之，子弒其父者有之。有作之有，讀為又，古字通用。此周室東遷之後，又一亂也。

孔子懼，作春秋。春秋，天子之事也。是故孔子曰：「知我者其惟春秋乎。罪我者其惟春秋乎。胡氏曰仲尼作春秋以寓王法。惇典庸禮命德討罪其大要皆天子之事也。知孔子者謂此書之作遏人欲於橫流存天理於既滅爲後世慮至深遠也。罪孔子者以謂無其位而託二百四十二年南面之權使亂臣賊子禁其欲而不得肆則戚矣愚謂孔子作春秋以討亂賊則致治之法垂於萬世是亦一治也。

聖王不作諸侯放恣處士橫議楊朱墨翟之言盈天下天下之言不歸楊則歸墨。楊氏爲我是無君也墨氏兼愛是無父也無父無君是禽獸也公明儀曰庖有肥肉廏有肥馬民有飢色野有餓莩此率獸而食人也。楊墨之道不息孔子之道不著是邪說誣民充塞仁義也仁義充塞則率獸食人人將相食。橫爲皆去聲莩皮表反。○楊朱但知愛身而不復知有致身之義故無君。墨子愛無差等而視其至親無異衆人故無父。無父無君則人道滅絕。是亦禽獸而已。公明儀之言義見首篇充塞仁義謂邪說徧滿妨於仁道。孟子引儀之言以明楊墨道行則人皆無父無君。以陷於禽獸。而大亂將起是亦率獸食人而人又相食也。此又一亂也。吾爲此懼閑先聖之道距楊墨放淫辭邪說者不得作作於其心害於其事作於其事害於其政。聖人復起不易吾言矣。

爲去聲。復扶又反。○閑衛也。放驅而遠之也。作起也。事所行。政大體也。孟子雖不得志於時。然楊墨之害。自是滅息。而君臣父子之道。賴以不墜。是亦一治也。程子曰楊墨之害。甚於申韓。佛氏之害甚於楊墨。蓋楊氏爲我疑於義。墨氏兼愛疑於仁。申韓則淺陋易見。故孟子止闢楊墨。爲其惑世之甚也。佛氏之言近理。又非楊墨之比。所以爲害尤甚。

昔者禹抑洪水而天下平。周公兼夷狄驅猛獸而百姓寧。孔子成春秋而亂臣賊子懼。

抑止也。兼并之也。總結上文也。

詩云戎狄是膺。荊舒是懲。則莫我敢承。無父無君。是周公所膺也。

說見上篇。承當也。

我亦欲正人心。息邪說。距詖行。放淫辭。以承三聖者。豈好辯哉。予不得已也。

行好皆去聲。○詖淫解見前篇。辭者說之詳也。承繼也。三聖禹周公孔子也。蓋邪說橫流。壞人心術。甚於洪水猛獸之災。慘於夷狄篡弑之禍。故孟子深懼而力救之。再言豈好辯哉。予不得已也。所以深致意焉。然非知道之君子。孰能眞知其所以不得已之故哉

能言距楊墨者。聖人之徒也。

言苟有能爲此距楊墨之說者。則其所趨正矣。雖未必知道。是亦聖人之徒也。孟子既答公都子之問。而意有未盡。故復言此。蓋邪說害正。人人得而攻之。不必聖賢。如春秋之法。亂臣賊子。人人得而討之。不必士師也。聖人救世立法之意。其切如此。若以此意推之。則不能

攻討。而又唱爲不必攻討之說者。其爲邪詖之徒。亂賊之黨可知矣。○尹氏曰。學者於是非之原。毫釐有差。則害流於生民。禍及於後世。故孟子辨邪說如是之嚴。而自以爲承三聖之功也。當是時。方且以好辨目之。是以常人之心而度聖賢之心也。

× × × ×

墨者夷之。因徐辟而求見孟子。孟子曰。吾固願見。今吾尚病。病愈。我且往見。夷子不來。辟音壁。又音闢。○墨者。治墨翟之道者。夷。姓。之。名。徐辟。孟子弟子。孟子稱疾。疑亦託辭以觀其意之誠否。 他日又求見孟子。孟子曰。吾今則可以見矣。不直。則道不見。我且直之。吾聞夷子墨者。墨之治喪也。以薄爲其道也。夷子思以易天下。豈以爲非是而不貴也。然而夷子葬其親厚。則是以所賤事親也。不見之見。音現。○又求見。則其意已誠矣。故因徐辟以質之如此。直。盡言以相正也。莊子曰。墨子生不歌。死無服。桐棺三寸而無椁。是墨之治喪。以薄爲道也。易天下。謂移易天下之風俗也。夷子學於墨氏而不從其教。其心必有所不安者。故孟子因以詰之。 徐子以告夷子。夷子曰。儒者之道。古之人若保赤子。此言何謂也。之則以爲愛無差等。施由親始。

徐子以告孟子。孟子曰：夫夷子，信以爲人之親其兄之子，爲若親其鄰之赤子乎？彼有取爾也。赤子匍匐將入井，非赤子之罪也。且天之生物也，使之一本，而夷子二本故也。夫，音扶。下同。匍，音蒲。匐，蒲北反。○若保赤子，周書康誥篇文，此儒者之言也。夷子引之，蓋欲援儒而入於墨，以拒孟子之非己。又曰愛無差等，施由親始，則推墨而附於儒，以釋己所以厚葬其親之意，皆所謂遁辭也。孟子言人之愛其兄子與鄰之子，本有差等。書之取譬，本爲小民無知而犯法，如赤子無知而入井耳。且人物之生，必各本於父母而無二，乃自然之理，若天使之然也。故其愛由此立，而推以及人，自有差等。今如夷子之言，則是視其父母本無異於路人，但其施之之序，姑自此始耳。非二本而何哉？然其於先後之閒，猶知所擇，則又其本心之明，有終不得而息者，此其所以卒能受命而自覺其非也。

蓋上世嘗有不葬其親者，其親死，則舉而委之於壑。他日過之，狐狸食之，蠅蚋姑嘬之。其顙有泚，睨而不視。夫泚也，非爲人泚，中心達於面目。蓋歸反虆梩而掩之。掩之誠是也，則孝子仁人之掩其親，亦必有道矣。蚋，音汭。嘬，楚怪反。泚，七禮反。睨音詣。爲，去聲。虆，力追反。梩，力知反。○因夷子厚葬其親而言此，以深明一本之意。上世，謂太古也。委，棄也。壑，山水所趨也。蚋，蚊屬。姑，語助聲，或曰螻蛄也。嘬，攢共食之也。顙，額也。泚，泚然汗出之貌。睨。邪視也。視。正視也。不能不視。而又不忍正視。哀痛迫切。不能為心之甚也。非為人泚。言非為他人見之而然也。所謂一本者。於此見之。尤為親切。蓋惟至親故如此。在他人。則雖有不忍之心。而其哀痛迫切。不至若此之甚矣。反。覆也。虆。土籠也。梩。土轝也。於是歸而掩覆其親之尸。此葬埋之禮所由起也。此掩其親者。若所當然。則孝子仁人所以掩其親者。必有其道。而不以薄為貴矣。

徐子以告夷子。夷子憮然為閒曰。命之矣。憮音武。閒如字。○憮然。茫然自失之貌。為閒者。有頃之閒也。命。猶教也。言孟子已教我矣。蓋因其本心之明。以攻其所學之蔽。是以吾之言易入。而彼之惑易解也。

× × × ×

孟子曰。君子之於物也。愛之而弗仁。於民也。仁之而弗親。親親而仁民。仁民而愛物。物。謂禽獸草木。愛。謂取之有時。用之有節。程子曰。仁。推己及人。如老吾老以及人之老。於民則可。於物則不可。統而言之則皆仁。分而言之則有序。楊氏曰。其分不同。故所施不能無差等。所謂理一而分殊者也。尹氏曰。何以有是差等。一本故也。無僞也。

× × × ×

孟子曰：楊子取為我，拔一毛而利天下，不為也。

為我之為去聲。○楊子，名朱。取者，僅足之意。取為我者，僅足於為我而已，不及為人也。列子稱其言曰：伯成子高不以一毫利物，是也。

墨子兼愛，摩頂放踵利天下，為之。

放，上聲。○墨子，名翟。兼愛，無所不愛也。摩頂，摩突其頂也。放，至也。

子莫執中，執中為近之，執中無權，猶執一也。

子莫，魯之賢人也。知楊墨之失中也，故度於二者之間而執其中。近，近道也。權，稱錘也，所以稱物之輕重而取中也。執中而無權，則膠於一定之中而不知變，是亦執一而已矣。程子曰：中字最難識，須是默識心通。且試言一廳，則中央為中。一家則廳非中而堂為中。一國則堂非中而國之中為中，推此類可見矣。又堂為中。一家則廳非中而事物物皆有自然之中，不待安排，安排著則不中矣。

所惡執一者，為其賊道也，舉一而廢百也。

惡、為，皆去聲。○賊，害也。為我害仁，兼愛害義，執中者害於時中。皆舉一而廢百者也。○此章言道之所貴者中，中之所貴者權。楊氏曰：禹稷三過其門而不入，苟不當其可，則與墨子無異。顏子在陋巷，不改其樂，苟不當其可，則與楊氏無異。子莫執為我兼愛之中而無權，鄉鄰有鬭而不知閉戶，同室有鬭而不知救之，是亦猶執一耳，故孟子以為賊道。禹稷顏回，易地則皆然，以其有權也。不然，則是亦楊墨而已矣。

孟子曰：逃墨必歸於楊，逃楊必歸於儒。歸斯受之而已矣。墨氏務外而不情，楊氏太簡而近實。故其反正之漸，大略如此。歸斯受之者，憫其陷溺之久，而取其悔悟之新也。

今之與楊墨辯者，如追放豚，既入其苙，又從而招之。放豚，放逸之豕豚也。苙，闌也。招，罥也。羈其足也。言彼既來歸，而又追咎其既往之失也。○此章見聖賢之於異端，距之甚嚴，而於其來歸，待之甚恕。距之嚴，故人知彼說之為邪；待之恕，故人知此道之可反，仁之至義之盡也。

第二章 距縱橫家

景春曰：公孫衍張儀豈不誠大丈夫哉？一怒而諸侯懼，安居而天下熄。景春，人姓名。公孫衍張儀，皆魏人。怒則說諸侯使相攻伐，故諸侯懼也。

孟子曰：是焉得為大丈夫乎？子未學禮乎？丈夫之冠也，父命之；女子之嫁也，母命之，往送之門，戒之曰：往之女家，必敬必戒，無違夫子。以順為正者，妾婦之道也。焉於虔反冠去聲女家之女音汝。○加冠於首曰冠。女家。夫家也。婦人內夫家。以嫁爲歸也。夫子。夫也。女子從人。以順爲正道也。蓋言二子阿諛苟容。竊取權勢。乃妾婦順從之道耳。非丈夫之事也

居天下之廣居，立天下之正位，行天下之大道。得志與民由之。不得志獨行其道。富貴不能淫，貧賤不能移，威武不能屈，此之謂大丈夫。廣居。仁也。正位。禮也。大道。義也。與民由之。推其所得於人也。獨行其道。守其所得於己也。淫。蕩其心也。移。變其節也。屈。挫其志也。○何叔京曰。戰國之時。聖賢道否。天下不復見其德業之盛。但見姦巧之徒。得志橫行。氣燄可畏。遂以爲大丈夫。不知由君子觀之。是乃妾婦之道耳。何足道哉

× × × ×

孟子曰。今之事君者曰，我能爲君辟土地，充府庫。今之所謂良臣。古之所謂民賊也。君不鄉道，不志於仁，而求富之。是富桀也。爲去聲。辟與闢同。鄉與向同。下皆同。○辟。開墾也。

我能爲君約與國，戰必克。今之所謂良臣，古之所謂民賊也。君不鄉道，不志於

仁，而求為之強戰，是輔桀也。約，要結也。與國，和好相與之國也。由今之道，無變今之俗，雖與之天下，不能一朝居也。言必爭奪而至於危亡也。

× × × ×

孟子曰：天下有道，以道殉身；天下無道，以身殉道。殉，如殉葬之殉。以死隨物之名也。身出則道在必行，道屈則身在必退。以死相從而不離也。未聞以道殉乎人者也。以道從人，妾婦之道。

第三章　距兵家

孟子曰：有人曰：我善為陳，我善為戰，大罪也。陳，去聲。○制行伍曰陳。交兵曰戰。國君好仁，天下無敵焉。好，去聲。南面而征北狄怨，東面而征西夷怨，曰：奚為後我？此引湯之事以明之，解見前篇。武王之伐殷也，革車三百兩，虎賁三千人。兩，去聲。賁音奔。○又以武王之事明之也。兩，車數。一車兩輪也。千，書序作百。王曰：

無畏，寧爾也，非敵百姓也。若崩厥角稽首。書大誓文與此小異。孟子之意當云。王謂商人曰。無畏我也。我來伐紂本為安寧汝。非敵商之百姓也。於是商人稽首至地。如角之崩也。征之為言正也，各欲正己也，焉用戰？焉，於虔反○民為暴君所虐，皆欲仁者來正己之國也。

× × × ×

孟子曰：求也為季氏宰，無能改於其德，而賦粟倍他日。孔子曰：求非我徒也，小子鳴鼓而攻之可也。求，孔子弟子冉求。季氏，魯卿。宰，家臣。賦，猶取也，取民之粟倍於他日也。小子，弟子也。鳴鼓而攻之，聲其罪而責之也。

由此觀之，君不行仁政而富之，皆棄於孔子者也。況於為之強戰，爭地以戰，殺人盈野，爭城以戰，殺人盈城。此所謂率土地而食人肉，罪不容於死。為去聲○林氏曰。富其君者，奪民之財耳，而夫子猶惡之，況為土地之故而殺人，使其肝腦塗地。則是率土地而食人之肉，其罪之大。雖至於死，猶不足以容之也。

故善戰者服上刑。連諸侯者次之。辟草萊任土地者次之。辟與闢同。實也不明乎善。不能

卽事以窮理。無以眞知善之所在也。游氏曰。欲先致其知不明乎善。不誠乎身矣。學至於誠身。則安往而不致其極

孟子曰。春秋無義戰。彼善於此。則有之矣。春秋每書諸侯戰伐之事。必加譏貶。以著其擅興之罪。無有以爲合於義而許之者。但就中彼善於此者則有之。如召陵之師之類。是也。征者上伐下也。敵國不相征也。征所以正人也。諸侯有罪。則天子討而正之。此春秋所以無義戰也。

孟子曰。盡信書。則不如無書。程子曰。載事之辭。容有重稱而過其實者。學者當識其義而已。苟執於辭。則時或有害於義。不如無書。吾於武成。取二三策而已矣。武成。周書篇名。武王伐紂歸而記事之書也。策。竹簡也。取其二三策之言。其餘不可盡信也。程子曰。取其奉天伐暴之意。反政施仁之法而已。仁人無敵於天下。以至仁伐至不仁。而何其血

之流杵也。（杵，舂杵也。或作鹵，楯也。武成言武王伐紂，紂之前徒倒戈，攻于後以北，血流漂杵。孟子言此則其不可信者。然書本意乃謂商人自相殺，非謂武王殺之也。孟子之設是言，懼後世之惑，且長不仁之心耳。）

第四章　距農家

有爲神農之言者許行，自楚之滕，踵門而告文公曰：遠方之人聞君行仁政，願受一廛而爲氓。文公與之處。其徒數十人，皆衣褐，捆屨織席以爲食。（衣，去聲。捆，音閫。○神農，炎帝神農氏，始爲耒耜，教民稼穡者也。爲其言者，史遷所謂農家者流也。許，姓；行，名也。踵門，足至門也。仁政，上章所言井地之法也。廛，民所居也。氓，野人之稱。褐，毛布，賤者之服也。捆，扣椓之欲其堅也。以爲食，賣以供食也。程子曰：許行所謂神農之言，乃後世稱述上古之事，失其義理者耳，猶陰陽醫方稱黃帝之說也。）

陳良之徒陳相，與其弟辛，負耒耜而自宋之滕，曰：聞君行聖人之政，是亦聖人也，願爲聖人氓。（陳良，楚之儒者。耜，所以起土；耒，其柄也。）

陳相見許行而大悅，盡棄其學而學焉。陳

相見孟子。道許行之言曰。滕君，則誠賢君也。雖然未聞道也。賢者與民並耕而食，饔飧而治。今也滕有倉廩府庫，則是厲民而以自養也。惡得賢？饔音雍，飧音孫。惡平聲。○饔飧，熟食也。朝曰饔，夕曰飧。言當自炊爨以為食，而兼治民事也。厲，病也。許行此言，蓋欲陰壞孟子分別君子野人之法。孟子曰。許子必種粟而後食乎？曰。然。許子必織布而後衣乎？曰。否。許子衣褐。許子冠乎？曰。冠。曰。奚冠？曰。冠素。曰。自織之與？曰。否。以粟易之。曰。許子奚為不自織？曰。害於耕。曰。許子以釜甑爨，以鐵耕乎？曰。然。自為之與？曰。否。以粟易之。衣去聲。與平聲。○釜所以煑，甑所以炊。爨，然火也。鐵，耜屬也。此語八反，皆孟子問而陳相對也。以粟易械器者，不為厲陶冶；陶冶亦以其械器易粟者，豈為厲農夫哉？且許子何不為陶冶，舍皆取諸其宮中而用之？何為紛紛然與百工交易？何許子之不憚煩？曰。百工之事，固不可耕且為也。舍去聲。○此孟子言而陳相對也。械器，釜甑之屬也。陶，為甑者。冶，為釜鐵者。舍，止也。或讀屬上句。舍。謂作陶冶之處也。

然則治天下，獨可耕且爲與，有大人之事，有小人之事。且一人之身，而百工之所爲備，如必自爲而後用之，是率天下而路也。故曰，或勞心，或勞力。勞心者治人，勞力者治於人。治於人者食人，治人者食於人，天下之通義也。

與平聲。食音嗣。○此以下皆孟子言也。路。謂奔走道路無時休息也。治於人者。見治於人也。食人者。出賦稅以給公上也。食於人者。見食於人也。此四句皆古語。而孟子引之也。君子無小人則飢。小人無君子則亂。以此相易。正猶農夫陶冶以粟與械器相易。乃所以推濟而非所以相病也。治天下者。豈必耕且爲哉。

當堯之時，天下猶未平。洪水橫流，氾濫於天下，草木暢茂，禽獸繁殖，五穀不登，禽獸偪人，獸蹄鳥跡之道，交於中國，堯獨憂之，擧舜而敷治焉。舜使益掌火，益烈山澤而焚之，禽獸逃匿。禹疏九河，瀹濟漯，而注諸海，決汝漢，排淮泗，而注之江，然後中國可得而食也。當是時也，禹八年於外，三過其門而不入，雖欲耕得乎。

瀹音藥。濟子禮反。漯他合反。○天下猶未平者。洪荒之世。生民之害多矣。聖人迭興。漸次除治。至此尚未盡平也。洪。大也。橫流。不由其道。而散溢妄行也。氾濫。橫流之貌。暢茂長盛也。繁殖眾多也。五穀稻黍稷麥菽也。登成熟也。道路也。獸蹄鳥跡交於中國。言禽獸多也。敷布也。益舜臣名。烈熾也。禽獸逃匿。然後禹得施治水之功。疏通也。分也。九河曰徒駭。曰太史。曰馬頰。曰覆釜。曰胡蘇。曰簡。曰潔。曰鉤盤。曰鬲津。瀹亦疏通之意。濟漯二水名。決排皆去其壅塞也。汝漢淮泗亦皆水名也。據禹貢及今水路。惟漢水入江耳。汝泗則入淮。而淮自入海。此謂四水皆入于江。記者之言也

后稷教民稼穡。樹藝五穀，五穀熟而民人育。人之有道也，飽食煖衣，逸居而無教，則近於禽獸。聖人有憂之。使契為司徒，教以人倫。父子有親，君臣有義，夫婦有別。長幼有序。朋友有信。放勳曰。勞之來之。匡之直之。輔之翼之。使自得之，又從而振德之。聖人之憂民如此，而暇耕乎？

契音薛。別彼列反。長上聲。勞來皆去聲。放皆　○言水土平。然後得以教稼穡。衣食足。然後得以施教化。后稷。官名。棄為之。然言教民則亦非並耕矣。樹。亦種也。藝。殖也。契。亦舜臣名也。司徒。官名也。人之有道。言其皆有秉彝之性也。然無教則亦放逸怠惰而失之。故聖人設官而教以人倫。亦因其固有者而道之耳。書曰。天敘有典。勑我五典五惇哉。此之謂也。放勳。本史臣贊堯之辭。孟子因以為堯號也。德。猶惠也。堯言勞者勞之。來者來之。邪者正之。枉者直之。輔以立之。翼以行之。使自得其性矣。又從而提撕警覺。以加惠焉。不

使其放逸怠惰而或失之。蓋命契之辭也。

堯以不得舜爲己憂。舜以不得禹皋陶爲己憂。夫以百畝之不易爲己憂者，農夫也。

夫音扶。易，去聲。○易，治也。堯舜之憂民，非事事而憂之也。急先務而已。所以憂民者其大如此。則不惟不暇耕，而亦不必耕矣。

分人以財謂之惠，教人以善謂之忠，爲天下得人者謂之仁。是故以天下與人易，爲天下得人難。

爲易並去聲。○分人以財，小惠而已。教人以善，雖有愛民之實，然其所及亦有限而難久。惟若堯之得舜，舜之得禹皋陶，乃所謂爲天下得人者，而其恩惠廣大，教化無窮矣。此其所以爲仁也。

孔子曰：大哉堯之爲君！惟天爲大，惟堯則之，蕩蕩乎，民無能名焉。君哉舜也！巍巍乎，有天下而不與焉。堯舜之治天下，豈無所用其心哉？亦不用於耕耳。

與，去聲。○則，法也。蕩蕩，廣大之貌。君哉，言盡君道也。巍巍，高大之貌。不與，猶言不相關，言其不以位爲樂也。

吾聞用夏變夷者，未聞變於夷者也。陳良，楚產也。悅周公仲尼之道，北學於中國北方之學者，未能或之先也。彼所謂豪傑之士也。子之兄弟，事之數十年，師死而遂倍之。此以下責陳相倍師而學許行也。夏，諸夏禮義之教也。變夷，變化蠻夷之人也。變於夷，反見變化於蠻夷之人也。產，生也。陳良生於楚，在中國之南，故北遊而學於中國也。先，過也。豪傑，才德出衆之稱，言其能自拔於流俗也。倍，與背同。言陳良用夏變夷，陳相變於夷也。

昔者孔子沒，三年之外，門人治任將歸，入揖於子貢，相嚮而哭，皆失聲，然後歸。子貢反，築室於場，獨居三年，然後歸。他日，子夏、子張、子游以有若似聖人，欲以所事孔子事之，彊曾子。曾子曰：不可。江漢以濯之，秋陽以暴之，皜皜乎不可尚已。任，平聲。彊，上聲。暴，蒲木反。皜，音杲。○三年，古者為師心喪三年，若喪父而無服也。任，擔也。場，冢上之壇場也。有若似聖人，蓋其言行氣象有似之者，如檀弓所記子游謂有若之言似夫子之類是也。所事孔子，所以事夫子之禮也。江漢水多，言濯之潔也。秋日燥烈，言暴之乾也。皜皜，潔白貌。尚，加也。言夫子道德明著，光輝潔白，非有若所能彷彿也。或曰：此三語者，孟子贊美曾子之辭也。

今也南蠻鴃舌之人，非先王之道，子倍子之師而學之，亦異於曾子矣。鴃，亦作鶪，古役反。○鴃，博勞也，惡聲之鳥。南蠻之聲似之，指許行也。

吾聞出於幽谷。遷于喬木者。未聞下喬木而入於幽谷者。小雅伐木之詩云伐木丁丁，鳥鳴嚶嚶。出自幽谷。遷于喬木。

魯頌曰。戎狄是膺。荊舒是懲。周公方且膺之。子是之學。亦爲不善變矣。魯頌閟宮之篇也。膺。擊也。荊。楚本號也。舒。國名。近楚者也。懲。艾也。按今此詩爲僖公之頌。而孟子以周公言之。亦斷章取義也。

從許子之道。則市賈不貳。國中無僞。雖使五尺之童適市。莫之或欺。布帛長短同。則賈相若。麻縷絲絮輕重同。則賈相若。五穀多寡同。則賈相若。屨大小同。則賈相若。賈。音價。下同。○陳相又言許子之道如此。蓋神農始爲市井。故許行又託於神農。而有是說也。五尺之童。言幼小無知也。許行欲使市中所粥之物。皆不論精粗美惡。但以長短輕重多寡大小爲價也。

曰。夫物之不齊。物之情也。或相倍蓰。或相什伯。或相千萬。子比而同之。是亂天下也。巨屨小屨同賈。人豈爲之哉。從許子之道。相率而爲僞者也。惡能治國家。夫。音扶。蓰。音師。又山綺反。比。必二反。惡。平聲。○倍。一倍也。蓰。五倍也。什伯千萬。皆倍數也。比。次也。孟子言物之不齊。乃其自然之理。其有精粗。猶其有大小也。若大屨小屨同價。則人豈肯爲其大者哉。今不論精粗。使之同價。是使天下之人。皆不肯爲其精者。而競爲濫惡之物以相欺耳。

第五章 距小說家

宋牼將之楚，孟子遇於石丘。牼口莖反。○宋姓。牼名。石丘地名。曰先生將何之。趙氏曰：學士年長者，故謂之先生。

曰吾聞秦楚構兵，我將見楚王說而罷之，楚王不悅，我將見秦王說而罷之，二王我將有所遇焉。說音稅。○時宋牼方欲見楚王，恐其不悅，則將見秦王也。遇，合也。按莊子書，有宋鈃者，禁攻寢兵，救世之戰，上說下教，強聒不舍。疏云：齊宣王時人。以事考之，疑即此人也。

曰軻也請無問其詳，願聞其指，說之將何如？曰我將言其不利也。曰先生之志則大矣，先生之號則不可。徐氏曰：能於戰國擾攘之中，而以罷兵息民為說，其志可謂大矣。然以利為名，則不可也。先生以利說秦楚之王，秦楚之王悅於利，以罷三軍之師，是三軍之士樂罷而悅於利也。為人臣者懷利以事其君，為人子者懷利以事其父，為人弟者懷利以事其兄是君臣父子兄弟，終去仁義，懷利以相接，然而不亡者，未之有也。樂音洛，下同。先生以仁義說秦楚之王，秦楚之王悅於仁義，而罷三軍之師，是三軍之士樂罷而悅於仁義也。為人臣者懷仁義以事其君，為人子者懷仁義以事其父，為人弟者懷仁義以事其兄，是君臣父子兄弟，去利懷仁義以相接也。然而不王者，未之有也。何必曰利。王去聲。○此章言休兵息民為事則一，然其心有義利之殊，而其效有興亡之異，學者所當深察而明辨之也。

× × × ×

咸丘蒙問曰：語云，盛德之士，君不得而臣，父不得而子。舜南面而立，堯帥諸侯北面而朝之。瞽瞍亦北面而朝之。舜見瞽瞍，其容有蹙。孔子曰：於斯時也，天下殆哉，岌岌乎！不識此語誠然乎哉？孟子曰：否。此非君子之言，齊東野人之語也。堯老而舜攝也。堯典曰：二十有八載，放勳乃徂落，百姓如喪考妣，三年，四海遏密八音。孔子曰。天無二日。民無二王。舜既爲天子矣。又帥天下諸侯以爲堯三年喪。是二天子矣。

朝音潮。岌魚及反。○咸丘蒙。孟子弟子。語者。古語也。蹙。顰蹙。不自安也。岌岌。不安貌也。言人倫乖亂。天下將危也。齊東。齊國之東鄙也。孟子言堯但老不治事。而舜攝天子之事耳。堯在時。舜未嘗即天子位。堯何由北面而朝乎。又引書及孔子之言以明之。堯典。虞書篇名。今此文乃見於舜典。蓋古書二篇。或合爲一耳。言舜攝位二十八年而堯死也。徂。升也。落。降也。人死則魂升而魄降。故古者謂死爲徂落。遏。止也。密。靜也。八音。金石絲竹匏土革木。樂器之音也。

咸丘蒙曰。舜之不臣堯。則吾既得聞命矣。詩云。普天之下。莫非王土。率土之濱。莫非王臣。而舜既爲天子矣。敢問瞽瞍之非臣。如何。曰。是詩也。非是之謂也。勞於王事而不得養父母也。曰。此莫非王事。我獨賢勞也。故說詩者。不以文害辭。不以辭害志。以意逆志。是爲得之。如以辭而已矣。雲漢之詩曰。周餘黎民。靡有孑遺。信斯言也。是周無遺民也。

不臣堯。不以堯爲臣。使北面而朝也。詩。小雅北山之篇也。普。徧也。率。

循也此詩今毛氏序云役使不均己勞於王事而不得養其父母焉其詩下文亦云大夫不均我從事獨賢乃作詩者自言天下皆王臣何為獨使我以賢才而勞苦乎非謂天子可臣其父也文字也辭語也逆迎也雲漢大雅篇名也孑獨立之貌遺脫也言說詩之法不可以一字而害一句之義不可以一句而害設辭之志當以己意迎取作者之志乃可得之若但以其辭而已則如雲漢所言是周之民眞無遺種矣惟以意逆之則知作詩者之志在於憂旱而非眞無遺民也

孝子之至莫大乎尊親尊親之至莫大乎以天下養為天下父尊之至也以天下養養之至也詩曰永言孝思孝思維則此之謂也

養去聲○言瞽瞍既為天子之父則當享天下之養此舜之所以為尊親養親之至也豈有使之北面而朝之理乎詩大雅下武之篇言人能長言孝思而不忘則可以為天下法則也

書曰祗載見瞽瞍夔夔齊栗瞽瞍亦允若是為父不得而子也

見音現齊側皆反○書大禹謨篇也祗敬也載事也夔夔齊栗敬謹恐懼之貌允信也若順也言舜敬事瞽瞍往而見之敬謹如此瞽瞍亦信而順之也孟子引此而言瞽瞍不能以不善及其子而反見化於其子則是所謂父不得而子者而非如咸丘蒙之說也

第六章 距雜家

白圭曰：吾欲二十而取一，何如？白圭名丹，周人也。欲更稅法，二十分而取其一分。林氏曰：按史記，白圭能薄飲食，忍嗜欲，與童僕同苦樂，樂觀時變，人棄我取，人取我與，以此居積致富。其為此論，蓋欲以其術施之國家也。

孟子曰：子之道，貉道也。貉音陌。○貉，北方夷狄之國名也。

萬室之國，一人陶，則可乎？曰：不可，器不足用也。孟子設喻以詰圭，而圭亦知其不可也。

曰：夫貉，五穀不生，惟黍生之。無城郭、宮室、宗廟、祭祀之禮，無諸侯幣帛饔飧，無百官有司，故二十取一而足也。夫音扶。○北方地寒，不生五穀，黍早熟，故生之。饔飧，以飲食饋客之禮也。

今居中國，去人倫，無君子，如之何其可也？無君臣、祭祀、交際之禮，是去人倫。無百官有司，是無君子。

陶以寡，且不可以為國，況無君子乎？因其辭以折之。

欲輕之於堯舜之道者，大貉小貉也；欲重之於堯舜之道者，大桀小桀也。什一而稅，堯舜之道也。多則桀，寡則貉。今欲輕重之，則是小貉、小桀而已。

白圭曰。丹之治水也愈於禹。（趙氏曰。當時諸侯有小水。白圭爲之築隄。壅而注之他國。）孟子曰子過矣。禹之治水，水之道也。（順水之性也。）是故禹以四海爲壑。今吾子以鄰國爲壑。（壑受水處也。）水逆行，謂之洚水。洚水者，洪水也仁人之所惡也吾子過矣。（惡去聲○水逆行者。下流壅塞故水逆流。今乃壅水以害人。則與洪水之災無異矣。）

× × × ×

任人有問屋廬子曰禮與食孰重。曰。禮重。（任平聲。○任。國名。屋廬子名連。孟子弟子也。）色與禮孰重。（任人復問也。）曰。禮重。曰。以禮食則飢而死。不以禮食，則得食必以禮乎。親迎，則不得妻。不親迎則得妻。必親迎乎。（迎去聲）屋廬子不能對。明日之鄒以告孟子，孟子曰。於答是也何有。（於如字。○何有不難也。）不揣其本而齊其末。方寸之木可使高於岑樓。揣，初委反。○本，謂下。末，謂上。方寸之木至卑，喻食色。岑樓，樓之高銳似山者，至高，喻禮。若不取其下之平，而升寸木於岑樓之上，則寸木反高，岑樓反卑矣。金重於羽者，豈謂一鉤金與一輿羽之謂哉。鉤，帶鉤也。金本重，而帶鉤小，故輕，喻禮有輕於食色者。羽本輕，而一輿多，故重，喻食色有重於禮者。取食之重者，與禮之輕者而比之，奚翅食重。取色之重者，與禮之輕者而比之，奚翅色重。翅與啻同，古字通用，施智反。○禮食親迎，禮之輕者也。飢而死以滅其性。不得妻而廢人倫。食色之重者也。奚翅，猶言何但。言其相去懸絕，不但有輕重之差而已。往應之曰，紾兄之臂，而奪之食，則得食，不紾則不得食，則將紾之乎。踰東家牆而摟其處子，則得妻，不摟則不得妻，則將摟之乎。紾音軫。摟音婁。○紾，戾也。摟，牽也。處子，處女也。此二者禮與食色皆其重者，而以之相較，則禮爲尤重也。○此章言義理事物，其輕重固有大分，然於其中又各自有輕重之別。聖賢於此，錯綜斟酌，毫髮不差，固不肯枉尺而直尋，亦未嘗膠柱而調瑟，所以斷之，一視於理之當然而已矣。

第三篇　道性善、重存養

第一章　道性善

滕文公為世子，將之楚。過宋而見孟子。世子，太子也。

孟子道性善。言必稱堯舜。道，言也。性者，人所稟於天以生之理也。渾然至善。未嘗有惡。人與堯舜初無少異。但眾人汨於私欲而失之。堯舜則無私欲之蔽。而能充其性爾。故孟子與世子言。每道性善。而必稱堯舜以實之。欲其知仁義不假外求。聖人可學而至。而不懈於用力也。門人不能悉記其辭。而撮其大旨如此。程子曰。性即理也。天下之理。原其所自。未有不善。喜怒哀樂未發。何嘗不善。發而中節。即無往而不善。發不中節。然後為不善。故凡言善惡。皆先善而後惡。言吉凶。皆先吉而後凶。言是非。皆先是而後非。

世子自楚反。復見孟子。孟子曰。世子疑吾言乎。夫道一而已矣。復，扶又反。夫，音扶。○時人不知性之本善。而以聖賢為不可企及。故世子於孟子之言不能無疑。而復來求見。蓋恐別有卑近易行之說也。孟子知之。故但告之如此。以明古今聖愚本同一性。前言已盡。無復有他說也。成覸謂齊景公曰。彼丈夫也。我丈夫也。吾何畏彼哉。顏淵曰。舜何人也。予何人也。有為者亦若是。公明儀曰。文王我師也。周公豈欺我哉。覸古莧反。○成覸。人姓名。彼。謂聖賢也。有為者亦若是。言人能有為。則皆如舜也。公明。姓。儀名。魯賢人也。文王我師也。蓋周公之言。公明儀亦以文王為必可師。故誦周公之言。而歎其不我欺也。孟子既告世子以道無二致。而復引此三言以明之。欲世子篤信力行。以師聖賢。不當復求他說也。

今滕。絕長補短。將五十里也。猶可以為善國。書曰。若藥不瞑眩。厥疾不瘳。瞑莫甸反。眩音縣。○絕。猶截也。書。商書說命篇。瞑眩。憒亂。言滕國雖小。猶足為治。但恐安於卑近。不能自克。則不足以去惡而為善也。

○愚按孟子之言性善。始見於此。而詳具於告子之篇。然默識而旁通之。則七篇之中。無非此理。其所以擴前聖之未發。而有功於聖人之門。程子之言信矣。

× × × ×

儲子曰。王使人瞯夫子。果有以異於人乎。孟子曰。何以異於人哉。堯舜與人同耳。瞯古莧反。○儲子。齊人也。瞯。竊視也。聖人亦人耳。豈有異於人哉。

公都子曰。告子曰。性無善無不善也。此亦生之謂性食色性也之意。近世蘇氏胡氏之說蓋如此。或曰。性可以爲善可以爲不善。是故文武興則民好善。幽厲興則民好暴。好去聲。○此即湍水之說也。或曰有性善有性不善。是故以堯爲君而有象。以瞽瞍爲父而有舜。以紂爲兄之子且以爲君而有微子啓王子比干。韓子性有三品之說蓋如此。按此文。則微子比干皆紂之叔父。而書稱微子爲商王元子。疑此或有誤字。今曰性善。然則彼皆非與。與平聲。

孟子曰。乃若其情則可以爲善矣。乃所謂善也。乃若。發語辭。情者。性之動也。人之情。本但可以爲善而不可以爲惡。則性之本善可知矣。若夫爲不善。非才之罪也。夫音扶。○才猶材質。人之能也。人有是性。則有是才。性既善則才亦善。人之爲不善。乃物欲陷溺而然。非其才之罪也。惻隱之心，人皆有之。羞惡之心，人皆有之。恭敬之心，人皆有之。是非之心，人皆有之。惻隱之心，仁也。羞惡之心，義也。恭敬之心，禮也。是非之心，智也。仁義禮智，非由外鑠我也，我固有之也，弗思耳矣。故曰：求則得之，舍則失之。或相倍蓰而無算者，不能盡其才者也。

惡去聲。舍上聲。蓰音師。○恭者，敬之發於外者也。敬者，恭之主於中者也。鑠，以火銷金之名，自外以至內也。算，數也。言四者之心，人所固有，但人自不思而求之耳，所以善惡相去之遠，由不思不求而不能擴充以盡其才也。前篇言是四者為仁義禮智之端，而此不言端者，彼欲其擴而充之，此直因用以著其本體，故言有不同耳。

詩曰：「天生蒸民，有物有則。民之秉夷，好是懿德。」孔子曰：「為此詩者，其知道乎！故有物必有則；民之秉夷也，故好是懿德。」

好去聲。○詩大雅烝民之篇。蒸，詩作烝，衆也。物，事也。則，法也。夷，詩作彝，常也。懿，美也。有物必有法：如有耳目，則有聰明之德；有父子，則有慈孝之心，是民所秉執之常性也，故人之情無不好此懿德者。以此觀之，則人性之善可見，而公都子所問之三說，皆不辨而自明矣。○程子曰：「性即理也，理則堯舜至於塗人一也。才稟於氣，氣有清濁，稟其清者為賢，稟其濁者為愚。學而知之，則氣無清濁，皆可至於善而復性之本，湯武身之是也。孔子所言下愚不移者，則自暴自棄之人也。」又曰：「論性不論氣，不備；論氣不論性，不明。二之則不是。」張子曰：「形而後有氣質之性。

善反之則天地之性存焉。故氣質之性。君子有弗性者焉。愚按程子此說才字與孟子本文小異。蓋孟子專指其發於性者言之。故以爲才無不善。程子兼指其稟於氣者言之。則人之才固有昏明強弱之不同矣。張子所謂氣質之性是也。二說雖殊各有所當。然以事理考之。程子爲密。蓋氣質所稟雖有不善。而不害性之本善性雖本善。而不可以無省察矯揉之功。學者所當深玩也。

告子曰。性猶杞柳也。義猶桮棬也。以人性爲仁義。猶以杞柳爲桮棬。桮音杯。棬丘圓反。

性者。人生所稟之天理也。杞柳。柜柳。桮棬。屈木所爲。若卮匜之屬。告子言人性本無仁義。必待矯揉而後成。如荀子性惡之說也。

孟子曰。子能順杞柳之性而以爲桮棬乎。將戕賊杞柳而後以爲桮棬也。如將戕賊杞柳而以爲桮棬。則亦將戕賊人以爲仁義與。率天下之人而禍仁義者。必子之言夫。

戕音牆。與平聲。夫音扶。○言如此。則天下之人皆以仁義爲害性而不肯爲。是因子之言而爲仁義之禍也。

告子曰。性猶湍水也。決諸東方則東流。決諸西方則西流。人性之無分於善不善也，猶水之無分於東西也。湍他端反。○湍，波流瀠回之貌也。告子因前說而小變之，近於揚子善惡混之說。

孟子曰。水信無分於東西。無分於上下乎。人性之善也，猶水之就下也。人無有不善。水無有不下。言水誠不分東西矣。然豈不分上下乎。性卽天理，未有不善者也。

今夫水搏而躍之，可使過顙。激而行之，可使在山。是豈水之性哉。其勢則然也。人之可使爲不善，其性亦猶是也。夫音扶。搏補各反。○搏，擊也。躍，跳也。顙，額也。水之過額在山，皆不就下也。然其本性未嘗不就下。但爲搏激所使而逆其性耳。○此章言性本善。故順之而無不善。本無惡。故反之而後爲惡。非本無定體。而可以無所不爲也

×　×　×　×

告子曰。生之謂性。生。指人物之所以知覺運動者而言。告子論性。前後四章語雖不同。然其大指不外乎此。與近世佛氏所謂作用是性者畧相似。

孟子曰。生之謂性也，猶白之謂白與。曰。然。白羽之白也，猶白雪之白，白雪之白，猶白玉之白與。曰。然。

與，平聲。下同。○白之謂白，猶言凡物之白者，同謂之白，更無差別也。白羽以下，孟子再問而告子曰然，則是謂凡有生者同是一性矣。

然則犬之性，猶牛之性，牛之性，猶人之性與。

孟子又言若果如此，則犬牛與人皆有知覺，皆能運動，其性皆無以異矣，於是告子自知其說之非而不能對也。

朱子曰。愚按性者，人之所得於天之理也，生者，人之所得於天之氣也。性，形而上者也，氣，形而下者也。人物之生，莫不有是性，亦莫不有是氣。然以氣言之，則知覺運動，人與物若不異也。以理言之，則仁義禮智之稟，豈物之所得而全哉。此人之性所以無不善，而為萬物之靈也。告子不知性之為理，而以所謂氣者當之，是以杞柳湍水之喻，食色無善無不善之說，縱橫繆戾，紛紜舛錯，而此章之誤，乃其本根，所以然者，蓋徒知知覺運動之蠢然者人與物同，而不知仁義禮智之粹然者人與物異也。孟子以是折之，其義精矣。

告子曰。食色，性也。仁，内也，非外也。義，外也，非内也。告子以人之知覺運動者爲性。故言人之甘食悅色者卽其性。故仁愛之心生於内。而事物之宜由乎外。學者但當用力於仁，而不必求合於義也。

孟子曰。何以謂仁内義外也？曰。彼長而我長之，非有長於我也。猶彼白而我白之，從其白於外也。故謂之外也。長上聲，下同。○我長之，我以彼爲長也。我白之，我以彼爲白也。

曰。異於白馬之白也，無以異於白人之白也。不識長馬之長也，無以異於長人之長與？且謂長者義乎？長之者義乎？與平聲，下同。○張氏曰。上異於二字疑衍。李氏曰。或有闕文焉。愚按白馬白人。所謂彼白而我白之也。長馬長人。所謂彼長而我長之也。白馬白人不異。而長馬長人不同。是乃所謂義也。義不在彼之長。而在我長之之心。則義之非外明矣。

曰。吾弟則愛之，秦人之弟則不愛也。是以我爲悅者也。故謂之内。長楚人之長，亦長吾之長。是以長爲悅者也。故謂之外也。言愛主於我。故仁在内。敬主於長。故義在外。

曰耆秦人之炙無以異於耆吾炙夫物則亦有然者也然則耆炙亦有外與耆與嗜同夫音扶○言長之耆之皆出於心也林氏曰告子以食色爲性故因其所明者而通之○自篇首至此四章告子之辯屢屈而屢變其說以求勝卒不聞其能自反而有所疑也此正其所謂不得於言勿求於心者所以卒於鹵莽而不得其正也

× × × ×

孟季子問公都子曰何以謂義內也孟季子疑孟仲子之弟也蓋聞孟子之言而未達故私論之曰行吾敬故謂之內也所敬之人雖在外然知其當敬而行吾心之敬以敬之則不在外也鄉人長於伯兄一歲則誰敬曰敬兄酌則誰先曰先酌鄉人所敬在此所長在彼果在外非由內也長上聲○伯長也酌酌酒也此皆季子問公都子答而季子又言如此則敬長之心果不由中出也

公都子不能答以告孟子孟子曰敬叔父乎敬弟乎彼將曰敬叔父曰弟爲尸則誰敬彼將曰敬弟子曰惡在其敬叔父也彼將曰在位故也子亦

曰：「在位故也。庸敬在兄，斯須之敬在鄉人。」惡，平聲。○尸，祭祀所主以象神，雖子弟為之，然敬之當如祖考也。在位，弟在尸位，鄉人在賓客之位也。庸，常也。斯須，暫時也。言因時制宜，皆由中出也。

季子聞之曰：「敬叔父則敬，敬弟則敬，果在外，非由內也。」公都子曰：「冬日則飲湯，夏日則飲水，然則飲食亦在外也？」此亦上章耆炙之意。○范氏曰：「二章問答，大指略同，皆反覆譬喻以曉當世，使明仁義之在內，則知人之性善，而皆可以為堯舜矣。」

× × × ×

孟子曰：「人之所不學而能者，其良能也；所不慮而知者，其良知也。良者，本然之善也。程子曰：「良知良能，皆無所由，乃出於天，不繫於人。」孩提之童，無不知愛其親者；及其長也，無不知敬其兄也。長，上聲，下同。○孩提，二三歲之間，知孩笑、可提抱者也。愛親敬長，所謂良知良能者也。親親，仁也；敬長，義也。無他，達之天下也。」言親親敬長，雖一人之私，然達之天下無不同者，所以為仁義也。

孟子曰。天下之言性也。則故而已矣。故者以利爲本。

性者。人物所得以生之理也。故者。其已然之迹。若所謂天下之故者也。利。猶順也。語其自然之勢也。言事物之理。雖若無形而難知。然其發見之已然。則必有迹而易見。故天下之言性者。但言其故而理自明。猶所謂善言天者必有驗於人也。然其所謂故者。又必本其自然之勢。如人之善。水之下。非有所矯揉造作而然者也。若人之爲惡。水之在山。則非自然之故矣。

所惡於智者。爲其鑿也。如智者若禹之行水也。則無惡於智矣。禹之行水也。行其所無事也。如智者亦行其所無事。則智亦大矣。

惡爲皆去聲。○天下之理。本皆順利。小智之人。務爲穿鑿。所以失之。禹之行水。則因其自然之勢而導之。未嘗以私智穿鑿而有所事。是以水得其潤下之性而不爲害也。

天之高也。星辰之遠也。苟求其故。千歲之日至。可坐而致也。

天雖高。星辰雖遠。然求其已然之迹。則其運有常。雖千歲之久。其日至之度。可坐而得。況於事物之近。若因其故而求之。豈有不得其理者。而何以穿鑿爲哉。必言日至者。造曆者以上古十一月甲子朔夜半冬至爲曆元也。○程子曰。此章專爲智而發。愚謂事物之理。莫非自然。順而循之。則爲大智。若用小智而鑿以自私。則害於性而反爲不智。程

子之言。可謂深得此章之旨矣

×　×　×　×

孟子曰。口之於味也，目之於色也，耳之於聲也，鼻之於臭也，四肢之於安佚也，性也，有命焉，君子不謂性也。程子曰。五者之欲。性也。然有分。不能皆如其願。則是命也。不可謂我性之所有。而求必得之也。愚按不能皆如其願。不止為貧賤。蓋雖富貴之極。亦有品節限制。則是亦有命也

仁之於父子也，義之於君臣也，禮之於賓主也，智之於賢者也，聖人之於天道也，命也，有性焉，君子不謂命也。程子曰。仁義禮智天道。在人則賦於命者。所稟有厚薄清濁。然而性善。可學而盡。故不謂之命也。張子曰。晏嬰智矣。而不知仲尼。是非命邪。愚按所稟者厚而清。則其仁之於父子也至。義之於君臣也盡。禮之於賓主也恭。智之於賢否也哲。聖人之於天道也無不脗合而純亦不已焉。薄而濁。則反是。是皆所謂命也。或曰者當作否。人衍字。更詳之。○愚聞之師曰此二條者。皆性之所有而命於天者也。然世之人。以前五者為性。雖有不得而必欲求之。以後五者為命。一有不至。則不復致力。故孟子各就其重處言之。以伸此而抑彼也。張子所謂養則付命於天道則責成於

己。其言約而盡矣。

第二章　重存養

第一節　存心

孟子曰大人者。不失其赤子之心者也。大人之心。通達萬變。赤子之心。則純一無僞而已。然大人之所以爲大人。正以其不爲物誘。而有以全其純一無僞之本然。是以擴而充之。則無所不知。無所不能。而極其大也。

× × × ×

孟子曰人之所以異於禽獸者幾希。庶民去之。君子存之。幾希。少也。庶。衆也。人物之生。同得天地之理以爲性。同得天地之氣以爲形。其不同者。獨人於其間得形氣之正。而能有以全其性。爲少異耳。雖曰少異。然人物之所以分。實在於此。衆人不知此而去之。則名雖爲人。而實無以異於禽獸。君子知此而存之。是以戰兢惕厲。而卒能有以全其所受之理也。

舜明於庶物。察於人倫。由仁義行。非行仁義也。物。事物也。明。則有以識其理也。人倫說見前篇。察。則有以盡其理之詳也。物理固非度外。而人倫尤切於身。故其知之有詳略之異。在舜則皆生而知之也。由仁義行。非行仁義。則仁義已根於心。而所行皆從此出。非以仁義爲美而後勉強行之。所謂安而行之也。此則聖人之事。不待存之。而無不存矣。○尹氏曰。存之者。君子也。存者。聖人也。君子所存。存天理也。由仁義行。存者能之。

××××

孟子曰。君子所以異於人者。以其存心也。君子以仁存心。以禮存心。以仁禮存心。言以是存於心而不忘也。仁者愛人。有禮者敬人。此仁禮之施。愛人者人恆愛之。敬人者人恆敬之。恆。胡登反。○此仁禮之驗。有人於此。其待我以橫逆。則君子必自反也。我必不仁也。必無禮也。此物奚宜至哉。橫。去聲。下同。○橫逆。謂強暴不順理也。物。事也。其自反而仁矣。自反而有禮矣。其橫逆由是也。君子必自反也。我必不忠。由與猶同。下放此。○忠者。盡己之謂。我必不忠。恐所以愛敬人者。有所不盡其心也。自反而忠矣。其橫逆由是也。君子曰。此亦妄人也已矣。如此則與禽獸奚擇哉。於禽獸又何難焉。難去聲。○奚擇何異也。又何難焉言不足與之校也。是故君子有終身之憂，無一朝之患也。乃若所憂則有之：舜人也，我亦人也。舜爲法於天下，可傳於後世，我由未免爲鄉人也，是則可憂也。憂之如何？如舜而已矣。若夫君子所患則亡矣。非仁無爲也，非禮無行也。如有一朝之患，則君子不患矣。夫音扶。○鄉人，鄉里之常人也。君子存心不苟，故無後憂。

孟子曰：形色，天性也；惟聖人，然後可以踐形。人之有形有色，無不各有自然之理，所謂天性也。踐如踐言之踐。蓋衆人有是形，而不能盡其理，故無以踐其形；惟聖人有是形，而又能盡其理，然後可以踐其形而無歉也。○程子曰：此言聖人盡得人道而能充其形也。蓋人得天地之正氣而生，與萬物不同。既爲人，須盡得人理，然後稱其名。衆人有之而不知，賢人踐之而未盡，能充其形，惟聖人也。楊氏曰：天生烝民，有物有則。物者，形色也；則者，性也。各盡其則，則可以踐形矣。

孟子曰：「堯舜，性者也；湯武，反之也。」性者，得全於天，無所汙壞，不假修為，聖之至也。反之者，修為以復其性，而至於聖人也。程子曰：「性之反之，古未有此語，蓋自孟子發之。」呂氏曰：「無意而安行，性者也；有意利行，而至於無意，復性者也。堯舜不失其性，湯武善反其性，及其成功則一也。」

動容周旋中禮者，盛德之至也；哭死而哀，非為生者也；經德不回，非以干祿也；言語必信，非以正行也。中，為，行，並去聲。○細微曲折，無不中禮，乃其盛德之至。自然而中，而非有意於中也。經，常也。回，曲也。三者亦皆自然而然，非有意而為之也。皆聖人之事，性之之德也。

君子行法，以俟命而已矣。法者，天理之當然者也。君子行之，而吉凶禍福，有所不計，蓋雖未至於自然，而已非有所為而為矣。此反之之事。董子所謂「正其義不謀其利，明其道不計其功」，正此意也。○程子曰：「動容周旋中禮者，盛德之至；行法以俟命者，朝聞道夕死可矣之意也。」呂氏曰：「法由此立，命由此出，聖人也；行法以俟命，君子也。聖人性之，君子所以復其性也。」

第二節　養性

孟子曰。人之於身也、兼所愛。兼所愛、則兼所養也。無尺寸之膚不愛焉、則無尺寸之膚不養也。所以考其善不善者。豈有他哉。於己取之而已矣。人於一身。固當兼養。然欲考其所養之善否者。惟在反之於身。以審其輕重而已矣。

體有貴賤、有小大。無以小害大、無以賤害貴。養其小者為小人。養其大者為大人。賤而小者。口腹也。貴而大者。心志也。今有場師、舍其梧檟、養其樲棘、則為賤場師焉。舍上聲。檟音賈。樲音貳。○場師。治場圃者。梧。桐也。檟。梓也。皆美材也。樲棘。小棗。非美材也。養其一指、而失其肩背、而不知也、則為狼疾人也。狼善顧。疾則不能。故以為失肩背之喻。飲食之人、則人賤之矣。為其養小以失大也。為去聲。○飲食之人。專養口腹者也。飲食之人無有失也、則口腹豈適為尺寸之膚哉。此言若使專養口腹。而能不失其大體。則口腹之養。軀命所關。不但為尺寸之膚而已。但養小之人。無不失其大者。故口腹雖所當養。而終不可以小害大。賤害貴也。

孟子曰：拱把之桐梓，人苟欲生之，皆知所以養之者。至於身，而不知所以養之者。豈愛身不若桐梓哉？弗思甚也。

拱，兩手所圍也。把，一手所握也。桐梓，二木名。

× × × ×

公都子問曰：鈞是人也，或為大人，或為小人，何也？孟子曰：從其大體為大人，從其小體為小人。

鈞，同也。從，隨也。大體，心也。小體，耳目之類也。

曰：鈞是人也，或從其大體，或從其小體，何也？曰：耳目之官，不思而蔽於物。物交物，則引之而已矣。心之官則思，思則得之，不思則不得也。此天之所與我者。先立乎其大者，則其小者弗能奪也。此為大人而已矣。

官之為言司也。耳司聽，目司視，各有所職而不能思，是以蔽於外物。既不能思而蔽於外物，則亦一物而已。又以外物交於此物，其引之而去不難矣。心則能思，而以思為職。凡事物之來，心得其職，則得其理，而物不能蔽。失其職，則不得其理，而物來蔽之。此三者，皆天之所以與我者，而心為大。若能有以立之，則事無不思，而耳目之欲不能奪之矣。此所以為大人也。然此天之此。舊本多作比。而趙注亦以比方釋之。今本既多作比。而註亦作比。乃未詳孰是但作比方。於義爲短。故且從今本云。

范浚心箴曰。茫茫堪輿。俯仰無垠。人於其間。眇然有身。是身之微。大倉稊米。參爲三才。曰惟心爾。往古來今。孰無此心。心爲形役。乃獸乃禽。惟口耳目。手足動靜。投間抵隙。爲厥心病。一心之微。衆欲攻之。其與存者。嗚呼幾希。君子存誠。克念克敬。天君泰然。百體從令。

× × × ×

孟子曰。今有無名之指，屈而不信。非疾痛害事也。如有能信之者，則不遠秦楚之路。爲指之不若人也。信與伸同。爲去聲。○無名指。手之第四指也。指不若人，則知惡之。心不若人，則不知惡。此之謂不知類也。惡去聲。○不知類。言其不知輕重之等也。

× × × ×

孟子曰養心莫善於寡欲。其爲人也寡欲，雖有不存焉者寡矣。其爲人也多欲，雖有存焉者寡矣。欲。如口鼻耳目四支之欲。雖人之所不能無。然多而不節。未有不失其本心者。學者所當深戒也。

程子曰：所欲不必沉溺，只有所向便是欲。

××××

孟子曰：牛山之木嘗美矣，以其郊於大國也，斧斤伐之，可以為美乎？是其日夜之所息，雨露之所潤，非無萌蘖之生焉，牛羊又從而牧之，是以若彼濯濯也。人見其濯濯也，以為未嘗有材焉，此豈山之性也哉？

五蘖割反。○牛山，齊之東南山也。邑外謂之郊。言牛山之木，前此固嘗美矣，今為大國之郊，伐之者衆，故失其美耳。息，生長也。日夜之所息，謂氣化流行，未嘗間斷，故日夜之間，凡物皆有所生長也。萌，芽也。蘖，芽之旁出者也。濯濯，光潔之貌。材，材木也。言山木雖伐，猶有萌蘖，而牛羊又從而害之，是以至於光潔而無草木也。

雖存乎人者，豈無仁義之心哉？其所以放其良心者，亦猶斧斤之於木也，旦旦而伐之，可以為美乎？其日夜之所息，平旦之氣，其好惡與人相近也者幾希，則其旦晝之所為，有梏亡之矣。梏之反覆，則其夜氣不足以存，夜氣不足以存則其違禽獸不遠矣。人見其禽獸也而以爲未嘗有才焉者。是豈人之情也哉。

好惡並去聲。○良心者。本然之善心。卽所謂仁義之心也。平旦之氣。謂未與物接之時。清明之氣也。好惡與人相近。言得人心之所同然也。幾希不多也。梏械也。反覆展轉也。言人之良心雖已放失。然其日夜之間。亦必有所生長。故平旦未與物接。其氣清明之際。良心猶必有發見者。但其發見至微。而旦晝所爲之不善又已隨而梏亡之。如山木既伐。猶有萌蘖。而牛羊又牧之也。晝之所爲既有以害其夜之所息。夜之所息又不能勝其晝之所爲。是以展轉相害。至於夜氣之生。日以寖薄。而不足以存其仁義之良心。則平旦之氣亦不能清。而所好惡遂與人遠矣。

故苟得其養。無物不長。苟失其養。無物不消。

長上聲。○山木人心其理一也。

孔子曰。操則存。舍則亡。出入無時。莫知其鄉。惟心之謂與。

舍音捨。與平聲。○孔子言心。操之則在此。舍之則失去。其出入無定時。亦無定處如此。孟子引之以明心之神明不測。得失之易。而保守之難。不可頃刻失其養。學者當無時而不用其力。使神清氣定。常如平旦之時。則此心常存。無適而非仁義也。程子曰。心豈有出入。亦以操舍而言耳。操之之道。敬以直內而已。○愚聞之師曰。人理義之心未嘗無。惟持守之卽在爾。若於旦晝之間。不至梏亡。則夜氣愈清。夜氣清。則平旦未與物接之時。湛然虛明。氣象自可見矣。孟子發此夜氣之說。於學者極有力。宜熟玩而深省之也。

孟子曰。富歲子弟多賴。凶歲子弟多暴。非天之降才爾殊也。其所以陷溺其心者然也。富歲豐年也。賴藉也。豐年衣食饒足。故有所顧藉而爲善。凶年衣食不足。故有以陷溺其心而爲暴。

今夫麰麥。播種而耰之。其地同。樹之時又同。浡然而生。至於日至之時。皆熟矣。雖有不同。則地有肥磽。雨露之養。人事之不齊也。夫音扶。麰音牟。耰音憂。磽苦交反。○麰大麥也。耰覆種也。日至之時。謂當成熟之期也。磽瘠薄也。

故凡同類者。舉相似也。何獨至於人而疑之。聖人與我同類者。聖人亦人耳。其性之善無不同也。

故龍子曰。不知足而爲屨。我知其不爲蕢也。屨之相似。天下之足同也。蕢音匱。○蕢草器也。不知人足之大小而爲之屨。雖未必適中。然必似足形。不至成蕢也。

口之於味，有同耆也。易牙先得我口之所耆者也。如使口之於味也，其性與人殊，若犬馬之與我不同類也，則天下何耆皆從易牙之於味也。至於味，天下期於易牙，是天下之口相似也。

耆與嗜同。下同。○易牙，古之知味者。言易牙所調之味，則天下皆以爲美也。

惟耳亦然。至於聲，天下期於師曠，是天下之耳相似也。

師曠，能審音者也。言師曠所和之音，則天下皆以爲美也。

惟目亦然。至於子都，天下莫不知其姣也。不知子都之姣者，無目者也。

姣，古卯反。○子都，古之美人也。姣，好也。

故曰：口之於味也，有同耆焉；耳之於聲也，有同聽焉；目之於色也，有同美焉。至於心，獨無所同然乎？心之所同然者何也？謂理也，義也。聖人先得我心之所同然耳。故理義之悅我心，猶芻豢之悅我口。

然，猶可也。草食曰芻，牛羊是也。穀食曰豢，犬豕是也。程子曰：在物爲理，處物爲義。體用之謂也。孟子言人心無不悅理義者，但聖人則先知先覺乎此耳。非有以異於人也。程子又曰：理義之悅我心，猶芻豢之悅我口。此語親切有味。須實體察得理義之悅心，眞猶芻豢之悅口，始得。

× × × ×

孟子曰：無或乎王之不智也。或，與惑同，疑怪也。王，疑指齊王。雖有天下易生之物也，一日暴之，十日寒之，未有能生者也。吾見亦罕矣，吾退而寒之者至矣，吾如有萌焉何哉。易，去聲。暴，步卜反。見，音現。○暴，溫之也。我見王之時少，猶一日暴之也。我退則諂諛雜進之日多，是十日寒之也。雖有萌蘗之生，我亦安能如之何哉。

今夫弈之爲數，小數也；不專心致志，則不得也。弈秋，通國之善弈者也。使弈秋誨二人弈，其一人專心致志，惟弈秋之爲聽。一人雖聽之，一心以爲有鴻鵠將至，思援弓繳而射之，雖與之俱學，弗若之矣。爲是其智弗若與？曰：非然也。夫，音扶。繳，音灼。射，食亦反。爲是之爲，去聲。若與之與，平聲。○弈，圍棋也。數，技也。致，極也。弈秋，善弈者名秋也。繳，以繩繫矢而射也。○程子爲講官，言於上曰：人主一日之間。接賢士大夫之時多。親宦官宮妾之時少。則可以涵養氣質。而薰陶德性。時不能用。識者恨之。范氏曰。人君之心。惟在所養。君子養之以善則智。小人養之以惡則愚。然賢人易疏。小人易親。是以寡不能勝衆。正不能勝邪。自古國家治日常少。而亂日常多。蓋以此也。

× × × ×

孟子曰。廣土衆民。君子欲之。所樂不存焉。樂音洛。下同。○地闢民聚。澤可遠施。故君子欲之。然未足以爲樂也。

中天下而立。定四海之民。君子樂之。所性不存焉。其道大行。無一夫不被其澤。故君子樂之。然其所得於天者。則不在是也。

君子所性。雖大行不加焉。雖窮居不損焉。分定故也。分去聲。○分者。所得於天之全體。故不以窮達而有異。

君子所性。仁義禮智根於心。其生色也睟然。見於面。盎於背。施於四體。四體不言而喻。睟音粹。見音現。盎烏浪反。○上言所性之分。與所欲所樂不同。此乃言其蘊也。仁義禮智。性之四德也。根。本也。生。發見也。睟然。

清和潤澤之貌。盎。豐厚盈溢之意。施於四體。謂見於動作威儀之間也。喻。曉也。四體不言而喻。言四體不待吾言。而自能曉吾意也。蓋氣稟清明。無物欲之累。則性之四德。根本於心。其積之盛。則發而著見於外者。不待言而無不順也。程子曰。睟面盎背。皆積盛致然。四體不言而喻。惟有德者能之。○此章言君子固欲其道之大行。然其所得於天者。則不以是而有所加損也。

××××

孟子曰。盡其心者。知其性也。知其性。則知天矣。心者。人之神明。所以具衆理而應萬事者也。性則心之所具之理。而天又理之所從以出者也。人有是心。莫非全體。然不窮理。則有所蔽而無以盡乎此心之量。故能極其心之全體而無不盡者。必其能窮夫理而無不知者也。既知其理。則其所從出。亦不外是矣。以大學之序言之。知性則物格之謂。盡心則知至之謂也。

存其心。養其性。所以事天也。存。謂操而不舍。養。謂順而不害。事。則奉承而不違也。**殀壽不貳。修身以俟之。所以立命也。**殀壽。命之短長也。貳。疑也。不貳者。知天之至。修身以俟死。則事天以終身也。立命。謂全其天之所付。不以人爲害之。○程子曰。心也。性也。天也。一理也。自理而言謂之天。自稟受而言謂之性。自存諸人而言謂之心。張子曰。由太虛有天之名。由氣化有道之名。合虛與氣有性之名。合性與知覺有心之名。愚謂盡心知性而知天。所以造其理也。存心養性以事天。所以履其事也。不知其理。固不能履其事。然徒造其理而不履其事。則亦無以有諸己矣。知天而不以殀壽貳其心。智之盡也。事天而能修身以俟死。仁之至也。智有不盡。固不知所以爲仁。然智而不仁。則亦將流蕩不法而不足以爲智矣。

孟子曰。莫非命也。順受其正。人物之生。吉凶禍福。皆天所命。然惟莫之致而至者。乃爲正命。故君子修身以俟之。所以順受乎此也。

是故知命者。不立乎巖牆之下。命謂正命。巖牆。牆之將覆者。知正命。則不處危地以取覆壓之禍。

盡其道而死者。正命也。盡其道。則所値之吉凶。皆莫之致而至者矣。

桎梏死者。非正命也。死與立巖牆之下者同。皆人所桎梏。所以拘罪人者。言犯罪而取。非天所爲也。此章與上章蓋一時之言。所以發其末句未盡之意。

第三節 擴充善性

孟子曰。人皆有不忍人之心。天地以生物爲心。而所生之物。因各得夫天地生物之心以爲心。所以人皆有不忍人之心也。

先王有不忍人之心、斯有不忍人之政矣。以不忍人之心、行不忍人之政。治天下可運之掌上。言衆人雖有不忍人之心。然物欲害之。存焉者寡。故不能察識而推之政事之間。惟聖人全體此心。隨感而應故其所行。無非不忍人之政也

所以謂人皆有不忍人之心者。今人乍見孺子將入於井、皆有怵惕惻隱之心。非所以內交於孺子之父母也。非所以要譽於鄉黨朋友也。非惡其聲而然也。怵音黜。內讀爲納。要平聲。惡去聲。下同。○乍。猶忽也。怵惕。驚動貌。惻。傷之切也。隱。痛之深也。此卽所謂不忍人之心也。內。結。要。求。聲。名也。言乍見之時。便有此心。隨見而發。非由此三者而然也。程子曰。滿腔子是惻隱之心。謝氏曰。人須是識其眞心。方乍見孺子入井之時。其心怵惕。乃眞心也。非思而得。非勉而中。天理之自然也。內交要譽惡其聲而然。卽人欲之私矣。

由是觀之。無惻隱之心、非人也。無羞惡之心、非人也。無辭讓之心。非人也。無是非之心。非人也。惡去聲。下同。○羞。恥己之不善也。惡。憎人之不善也。辭。解使去己也。讓。推以與人也。是。知其善而以爲是也。非。知其惡而以爲非也。人之

所以爲心。不外乎是四者。故因論惻隱而悉數之言人若無此。則不得謂之人。所以明其必有也。

惻隱之心、仁之端也。羞惡之心、義之端也。辭讓之心、禮之端也。是非之心、智之端也。惻隱羞惡辭讓是非。情也。仁義禮智。性也。心。統性情者也。端。緒也。因其情之發。而性之本然。可得而見。猶有物在中而緒見於外也

人之有是四端也、猶其有四體也。有是四端而自謂不能者。自賊者也。謂其君不能者。賊其君者也。四體。四支。人之所必有者也自謂不能者。物欲蔽之耳。

凡有四端於我者。知皆擴而充之矣、若火之始然。泉之始達。苟能充之足以保四海。苟不充之、不足以事父母。擴音廓。○擴。推廣之意。充。滿也。四端在我。隨處發見。知皆即此推廣而充滿其本然之量。則其日新又新。將有不能自已者矣。能由此而遂充之。則四海雖遠。亦吾度內。無難保者。不能充之。則雖事之至近而不能矣。○此章所論人之性情。心之體用。本然全具而各有條理如此。學者於此。反求默識而擴充之。則天之所以與我者。可以無不盡矣。

○程子曰。人皆有是心。惟君子爲能擴而充之。不能然者皆自棄也。然其充與不充。亦在我而已矣。又曰。四端不言信者。既有誠心爲四端。則信在其中矣。愚按四端之信。猶五行之土。無定位。無成名。無專氣。而水火金木。無不待是以生者。故

土於四行無不在。於四時則寄王焉。其理亦猶是也。

浩生不害問曰。樂正子何人也。孟子曰。善人也。信人也。趙氏曰。浩生姓。不害名。齊人也。何謂善。何謂信。不害問也。曰。可欲之謂善。天下之理。其善者必可欲。其惡者必可惡。其爲人也可欲而不可惡。則可謂善人矣。有諸己之謂信。凡所謂善。皆實有之。如惡惡臭。如好好色。是則可謂信人矣。○張子曰。志仁無惡之謂善。誠善於身之謂信。充實之謂美。力行其善。至於充滿而積實。則美在其中而無待於外矣。充實而有光輝之謂大。和順積中而英華發外。美在其中而暢於四支。發於事業則德業至盛而不可加矣。大而化之之謂聖。大而能化。使其大者泯然無復可見之迹。則不思不勉。從容中道。而非人力之所能爲矣。張子曰。大可爲也。化不可爲也。在熟之而已矣。聖而不可知之之謂神。程子曰。聖不可知。謂聖之至妙。人所不能測。非聖人之上。又有一等神人也。樂正子二之中。四之下也。蓋在善信之間。觀其從於子敖。則其有諸己者或未實也。張子曰。顔淵樂正子。皆知好仁矣。樂正子志仁無惡。而不致於學。所以但爲善人信人而已。顔子好學不倦。合仁與智。具體聖人。獨未至聖人之止耳。

○程子曰。士之所難者。在有諸己而已。能有諸己。則居之安。資之深。而美且大可以馴致矣。徒知可欲之善。而若存若亡而已。則能不受變於俗者鮮矣。上下一理。擴充之至於神。則不可得而名矣。尹氏曰。自可欲之善。至於聖而不可知之矣。

孟子曰。無爲其所不爲。無欲其所不欲。如此而已矣。

李氏曰。有所不爲不欲。人皆有是心也。至於私意一萌。而不能以禮義制之。則爲所不爲。欲所不欲者多矣。能反是心。則所謂擴充其羞惡之心者。而義不可勝用矣。故曰如此而已矣。

第四篇 說仁義、非功利

孟子見梁惠王。梁惠王。魏侯罃也。都大梁。僭稱王。諡曰惠。史記。惠王三十五年。卑禮厚幣以招賢者。而孟軻至梁。

王曰。叟！不遠千里而來，亦將有以利吾國乎？叟。長老之稱。王所謂利。蓋富國彊兵之類。

孟子對曰。王！何必曰利？亦有仁義而已矣。仁者心之德。愛之理。義者。心之制。事之宜也。此二句。乃一章之大指。下文乃詳言之。後多放此。

王曰何以利吾國。大夫曰何以利吾家？士庶人曰何以利吾身？上下交征利，而國危矣。萬乘之國弑其君者必千乘之家。千乘之國弑其君者，必百乘之家。萬取千焉。千取百焉。不為不多矣，苟為後義而先利，不奪不饜。乘去聲。饜於豔反。此言求利之害。以明上文何必曰利之意也。征。取也。上取乎下。下取乎上。故曰交征。國危。謂將有弑奪之禍。乘。車數也。萬乘之國者。天子畿內地方千里。出車萬乘。千乘之家者天子之公卿采地方百里。出車千乘也。千乘之國。諸侯之國。百乘之家。諸侯之大夫也。弑。下殺上也。饜。足也。言臣之於君。每十分而取其一分。亦已多矣。若又以義爲後。而以利爲先。則不弑其君而盡奪之。其心未肯以爲足也。

未有仁而遺其親者也未有義而後其君者也　此言仁義未嘗不利。以明上文亦有仁義而已之意也。遺。猶棄也。後。不急也。言仁者必愛其親。義者必急其君。故人君躬行仁義而無求利之心。則其下化之。自親戴於己也。

王亦曰仁義而已矣。何必曰利？　重言之。以結上文兩節之意。○此章言仁義根於人心之固有。天理之公也。利心生於物我之相形。人欲之私也。循天理。則不求利而自無不利。殉人欲。則求利未得而害已隨之。所謂毫釐之差。千里之繆。此孟子之書所以造端託始之深意。學者所宜精察而明辨也。○太史公曰。余讀孟子書。至梁惠王問何以利吾國。未嘗不廢書而歎也。曰。嗟乎。利誠亂之始也。夫子罕言利。常防其源也。故曰放於利而行多怨。自天子以至於庶人。好利之弊。何以異哉。程子曰。君子未嘗不欲利。但專以利爲心則有害。惟仁義則不求利。而未嘗不利也。當是之時。天下之人。惟利是求。而不復知有仁義。故孟子言仁義而不言利。所以拔本塞源而救其弊。此聖賢之心也。

孟子曰。人不足與適也。政不足閒也。惟大人爲能格君心之非。君仁莫不仁。君義莫不義。君正莫不正。一正君而國定矣。適音謫。閒去聲。

趙氏曰。適。過也。閒。非也。格。正也。徐氏曰。格者。物之所取正也。書曰。格其非心。愚謂閒字上亦當有與字。言人君用人之非不足過謫。行政之失不足非閒。惟有大人之德。則能格其君心之不正以歸於正。而國無不治矣。大人者。大德之人正己而物正者也。

程子曰。天下之治亂。繫乎人君之仁與不仁耳。心之非。即害於政。不待乎發之於外也。昔者孟子三見齊王而不言事。門人疑之。孟子曰。我先攻其邪心。心既正。而後天下之事可從而理也。夫政事之失。用人之非。知者能更之。直者能諫之。然非心存焉。則事事而更之。後復有其事。將不勝其更矣。人人而去之。後復用其人。將不勝其去矣。是以輔相之職。必在乎格君心之非。然後無所不正。而欲格君心之非者。非有大人之德。則亦莫之能也。

孟子曰。君仁莫不仁。君義莫不義。

張氏曰。此章重出。然上篇主言人臣。當以此章直戒人君。義亦小異耳。正君爲急王子墊問曰。士何事。墊丁念反。○墊。齊王之子也。上則公卿大夫。下則農工商賈。皆有所事。而士居其間。獨無所事。故王子問之也。

孟子曰。尚志。尚。高尚也。志者。心之所之也。士既未得行公卿大夫之道。又不當爲農工商賈之業。則高尚其志而已。

曰何謂尚志。曰仁義而已矣。殺一無罪。非仁也。非其有而取之。非義也。居惡在。仁是也。路惡在。義是也。居仁由義。大人之事備矣。惡平聲。○非仁非義之事。雖小不爲。而所居所由。無不在於仁義。此士所以尚其志也。大人。謂公卿大夫。言士雖未得大人之位。而其志如此。則大人之事。體用已全。若小人之事。則固非所當爲也。

× × × ×

孟子曰。人皆有所不忍。達之於其所忍。仁也。人皆有所不爲。達之於其所爲。義也。惻隱羞惡之心。人皆有之。故莫不有所不忍不爲。此仁義之端也。然以氣質之偏。物欲之蔽。則於他事或有不能者。但推所能。達之於所不能。則無非仁義矣。

人能充無欲害人之心。而仁不可勝用也。人能充無穿踰之心。而義不可勝用也。勝平聲。○充。滿也。穿。穿穴。踰。踰牆。皆為盜之事也。能推所不忍。以達於所忍。則能滿其無欲害人之心。而無不仁矣。能推其所不為。以達於所為。則能滿其無穿踰之心。而無不義矣。

人能充無受爾汝之實。無所往而不為義也。此中說上文充無穿踰之心之意也。蓋爾汝人所輕賤之稱。人雖或有所貪昧隱忍而甘受之者。然其中心。必有慚忿而不肯受之之實。人能即此而推之。使其充滿無所虧缺。則無適而非義矣。

士未可以言而言，是以言餂之也。可以言而不言，是以不言餂之也。是皆穿踰之類也。餂音忝。○餂。探取之也。今人以舌取物曰餂。即此意也。便佞隱默。皆有意探取於人。是亦穿踰之類。然其事隱微。人所易忽。故特舉以見例。明必推無穿踰之心。以達於此而悉去之。然後為能充其無穿踰之心也。

×　×　×　×

孟子曰。欲貴者人之同心也。人人有貴於己者。弗思耳。貴於己者，謂天爵也。

人之所貴者，非良貴也。趙孟之所貴，趙孟能賤之。人之所貴謂人以爵位加己而後貴也。良者。本然之善也。趙孟，晉卿也。能以爵祿與人而使之貴，則亦能奪之而使之賤矣。若良貴，則人安得而賤之哉。

詩云：既醉以酒，既飽以德。言飽乎仁義也，所以不願人之膏粱之味也；令聞廣譽施於身，所以不願人之文繡也。聞去聲。○詩大雅既醉之篇。飽，充足也。願，欲也。膏，肥肉。粱，美穀。令，善也。聞，亦譽也。文繡，衣之美者也。仁義充足而聞譽彰著，皆所謂良貴也。尹氏曰：言在我者重，則外物輕。

××××

孟子曰：有天爵者，有人爵者。仁義忠信，樂善不倦，此天爵也；公卿大夫，此人爵也。樂音洛。○天爵者，德義可尊，自然之貴也。古之人修其天爵，而人爵從之。修其天爵，以爲吾分之所當然者耳。人爵從之，蓋不待求之而自至也。今之人修其天爵，以要人爵；既得人爵，而棄其天爵，則惑之甚者也，終亦必亡而已矣。要音邀。○要，求也。修天爵以要人爵，其心固已惑矣；得人爵而棄天爵，則其惑又甚焉，終必并其所得之人爵而亡之也。

第五篇 爲學要領

孟子曰。仁人心也。義人路也。仁者心之德。程子所謂心如穀種。仁則其生之性是也。然但謂之仁。則人不知其切於己。故反而名之曰人心。則可以見其爲此身酬酢萬變之主。而不可須臾失矣。義者行事之宜。謂之人路。則可以見其爲出入往來必由之道。而不可須臾舍矣。舍其路而弗由。放其心而不知求。哀哉。舍上聲。○哀哉二字。最宜詳味。令人惕然有深省處。人有雞犬放、則知求之。有放心而不知求。程子曰。心至重。雞犬至輕。雞犬放則知求之。心放而不知求。豈愛其至輕而忘其至重哉。弗思而已矣。愚謂上兼言仁義。而此下專論求放心者。能求放心。則不違於仁而義在其中矣。學問之道無他。求其放心而已矣。學問之事固非一端。然其道則在於求其放心而已。蓋能如是則志氣清明。義理昭著。而可以上達。不然則昏昧放逸。雖曰從事於學。而終不能有所發明矣。故程子曰。聖賢千言萬語。只是欲人使反復入身來。自能尋向上去。下學將巳放之心約之而上達也。學者宜服膺而勿失也。此乃孟子開示切要之言。程子又發明之曲盡其指。

孟子曰。自暴者、不可與有言也。自棄者。不可與有為也。言非禮義。謂之自暴也。吾身不能居仁由義、謂之自棄也。暴。猶害也。非。猶毀也。自害其身者。不知禮義之為美而非毀之。雖與之言。必不見信也。自棄其身者。猶知仁義之為美。但溺於怠惰。自謂必不能行。與之有為。必不能勉也。程子曰。人苟以善自治。則無不可移者。雖昏愚之至。皆可漸磨而進也。惟自暴者拒之以不信。自棄者絕之以不為。雖聖人與居。不能化而入也。此所謂下愚之不移也。

仁、人之安宅也。義人之正路也。仁宅已見前篇。義者宜也。乃天理之當行。無人欲之邪曲。故曰正路。曠安宅而弗居。舍正路而不由。哀哉。舍上聲。○曠空也。由。行也。○此章言道本固有而人自絕之。是可哀也。此聖賢之深戒。學者所當猛省也。

× × × ×

孟子曰。雞鳴而起、孳孳為善者。舜之徒也。孳孳。勤勉之意。言雖未至於聖人。亦是聖人之徒也。雞鳴而起孳孳為利者。蹠之徒也。蹠。盜蹠也。欲知舜與蹠之分無他、利與善之間也。

程子曰。言閒者謂相去不遠。所爭毫末耳。善與利，公私而已矣。纔出於善，便以利言也。楊氏曰。舜蹠之相去遠矣。而其分。乃在利善之閒而已，是豈可以不謹。然講之不熟。又學者所當深察也。或問雞鳴而起。若未接物。見之不明。未有不以利爲義者。如何爲善。程子曰。只主於敬。便是爲善。

×　×　×　×

孟子謂高子曰。山徑之蹊閒。介然用之而成路。爲閒不用，則茅塞之矣。今茅塞子之心矣。

介音戛。○徑，小路也。蹊，人行處也。介然，倏然之頃也。用，由也。路。大路也。爲閒，少頃也。茅塞，茅草生而塞之也。言理義之心。不可少有間斷也。

×　×　×　×

孟子曰。孔子登東山而小魯。登太山而小天下。故觀於海者難爲水。遊於聖人之門者難爲言。

此言聖人之道大也。東山，蓋魯城東之高山。而太山則又高矣。此言所處益高，則其視下益小。所見既大，則其小者不足觀也。難

為水。難為言。猶仁不可為衆之意

觀水有術，必觀其瀾。日月有明，容光必照焉。

此言道之有本也。瀾。水之湍急處也。明者光之體。光者。明之用也。觀水之瀾。則知其源之有本矣。觀日月於容光之隙無不照。則知其明之有本矣

流水之為物也，不盈科不行；君子之志於道也，不成章不達。

言學當以漸。乃能至也。成章。所積者厚。而文章外見也。達者。足於此而通於彼也。

此章言聖人之道。大而有本。學之者必以其漸。乃能至也。

× × × ×

徐子曰：仲尼亟稱於水，曰：水哉水哉！何取於水也？

亟。去吏反。○亟。數也。水哉水哉。歎美之辭

孟子曰：原泉混混，不舍晝夜。盈科而後進，放乎四海。有本者如是，是之取爾。

舍放皆上聲。○原泉。有原之水也。混混。湧出之貌。不舍晝夜。言常出不竭也。盈。滿也。科。坎也。言其進以漸也。放。至也。言水有原本。不已而漸進。以至於海。如有實行。則亦不已而漸進以

至於極也。

苟爲無本，七八月之閒雨集，溝澮皆盈；其涸也，可立而待也。故聲聞過情，君子恥之。

澮，古外反。涸，下各反。聞，去聲。○集，聚也。澮，田閒水道也。涸，乾也。如人無實行，而暴得虛譽，不能長久也。聲聞，名譽也。情，實也。恥者，恥其無實而將不繼也。林氏曰：「徐子之爲人，必有躐等干譽之病，故孟子以是答之。」○鄒氏曰：「孔子之稱水，其旨微矣。孟子獨取此者，自徐子之所急者言之也。孔子嘗以聞達告子張矣。達者，有本之謂也。聞則無本之謂也。然則學者其可以不務本乎？」

× × × ×

孟子曰：「羿之教人射，必志於彀；學者亦必志於彀。

彀，古候反。○羿，善射者也。志，猶期也。彀，弓滿也。滿而後發，射之法也。學，謂學射。

大匠誨人，必以規矩；學者亦必以規矩。」

大匠，工師也。規矩，匠之法也。

此章言事必有法，然後可成，師舍是則無以教，弟子舍是則無以學。曲藝且然，況聖人之道乎？

孟子曰。五穀者種之美者也。苟為不熟不如荑稗。夫仁亦在乎熟之而已矣。

荑音蹄。稗蒲賣反。夫音扶。○荑稗草之似穀者。其實亦可食。然不能如五穀之美也。但五穀不熟則反不如荑稗之熟。猶為仁而不熟。則反不如為他道之有成。是以為仁必貴乎熟。而不可徒恃其種之美又不可以仁之難熟。而甘為他道之有成也。

尹氏曰。日新而不已則熟。

孟子曰。有為者辟若掘井。掘井九軔。而不及泉。猶為棄井也。

辟讀作譬。軔音刃。與仞同。○八尺為仞。言鑿井雖深。然未及泉而止。猶為自棄其井也。

呂侍講曰。仁不如堯。孝不如舜。學不如孔子。終未入於聖人之域。終未至於天道。未免為半塗而廢。自棄前功也。

孟子曰。仁之勝不仁也。猶水勝火。今之為仁者。猶以一杯水。救一車薪之火也。不熄。則謂之水不勝火。此又與於不仁之甚者也。與。猶助也。仁之能勝不仁。必然之理也。但為之不力。則以為真不能勝。是我之無以勝不仁。而人遂所為。有以深助於不仁者也。亦終必亡而已矣。言此人之心。亦且自怠於為仁。終必并與其所為而亡之。

趙氏曰。言為仁不至。而不反諸己也。

×　×　×　×

孟子曰。不仁者可與言哉。安其危而利其菑。樂其所以亡者。不仁而可與言。則何亡國敗家之有。菑與災同。樂音洛。○安其危利其菑者。不知其為危菑而反以為安利也。所以亡者。謂荒淫暴虐。所以致亡之道也。不仁之人。私欲固蔽。失其本心。故其顛倒錯亂至於如此。所以不可告以忠言。而卒至於敗亡也。有孺子歌曰。滄浪之水清兮。可以濯我纓。滄浪之水濁兮。可以濯我足。浪音郎。○滄浪。水名。纓。冠系也。孔子曰。小子聽之。清斯濯纓。濁斯濯足矣。自取之也。言水之清濁有以自取之也。聖人聲入心通。無非至理。此類可見。夫人必自侮，然後人侮之。國必自伐，而後人伐之。家必自毀，而後人毀之。夫音扶。○所謂自取之者。太甲曰。天作孽，猶可違。自作孽，不可活。此之謂也。

此章言心存，則有以審夫得失之幾。不存則無以辨於存亡之著。禍福之來，皆其自取。

×　×　×　×

孟子曰。君子深造之以道，欲其自得之也。自得之，則居之安。居之安，則資之深。資之深，則取之左右逢其原。故君子欲其自得之也。造，七到反。○造，詣也。深造之者，進而不已之意。道則其進爲之方也。資，猶藉也。左右，身之兩旁，言至近而非一處也。逢，猶値也。原，本也。水之來處也。言君子務於深造而必以其道者，欲其有所持循，以俟夫默識心通，自然而得之於己也。自得於己，則所以處之者安固而不搖。處之安固，則所藉者深遠而無盡。所藉者深，則日用之間，取之至近，無所往而不値其所資之本也。

程子曰。學不言而自得者，乃自得也。有安排布置者，皆非自得也。然必潛心積慮，優游饜飫於其間，然後可以有得。若急迫求之，則是私己而已，終不足以得之也。

孟子曰：博學而詳說之，將以反說約也。

言所以博學於文，而詳說其理者，非欲以誇多而鬭靡也，欲其融會貫通，有以反而說到至約之地耳。蓋承上章之意而言，學非欲其徒博，而亦不可以徑約也。

孟子曰：求則得之，舍則失之，是求有益於得也，求在我者也。

舍上聲。○在我者，謂仁義禮智，凡性之所有者。

求之有道，得之有命，是求無益於得也，求在外者也。

有道，言不可妄求；有命，則不可必得。在外者，謂富貴利達，凡外物皆是。趙氏曰：言為仁由己，富貴在天，如不可求，從吾所好。

孟子曰：矢人豈不仁於函人哉？矢人唯恐不傷人，函人唯恐傷人。巫匠亦然。故術不可不慎也。

函音含。○函，甲也。惻隱之心，人皆有之，是矢人之心，本非不如函人之仁也。巫者為人祈祝，利人之生；匠者作為棺槨，利人之死。

孔子曰里仁爲美，擇不處仁。焉得智，夫仁，天之尊爵也。人之安宅也。莫之禦而不仁，是不智也。焉於虔反夫音扶。里有仁厚之俗者。猶以爲美。人擇所以自處而不於仁。安得爲智乎此孔子之言也。仁義禮智。皆天所與之良貴。而仁者天地生物之德。有天理自然之安。無人欲陷溺之危人當常在其中。而不可須臾離者也。故曰心。得之最先。而兼統四者。所謂元者善之長也。故曰尊爵。在人則爲本心全體之安宅。此又孟子釋孔子之意。以爲仁道之大如此。而自不爲之。豈非不智之甚乎

不仁不智，無禮無義。人役也。人役而恥爲役，由弓人而恥爲弓。矢人而恥爲矢也。由與猶通。○以不仁故不智。不智故不知禮義之所在。如恥之，莫如爲仁。此亦因人愧恥之心。而引之使志於仁也。不言智禮義者仁該全體。能爲仁則三者在其中矣。仁者如射。射者正己而後發。發而不中。不怨勝己者。反求諸己而已矣。中去聲。○爲仁由己。而由人乎哉。

× × × ×

孟子曰。人不可以無恥。無恥之恥無恥矣。

趙氏曰。人能恥己之無所恥。是能改行從善之人。終身無復有恥辱之累矣。

× × × ×

孟子曰。恥之於人大矣。恥者。吾所固有羞惡之心也。存之則進於聖賢。失之則入於禽獸。故所繫爲甚大。爲機變之巧者。無所用恥焉。爲機械變詐之巧者。所爲之事。皆人所深恥。而彼方且自以爲得計。故無所用其愧恥之心也不恥不若人。何若人有。但無恥一事不如人。則事事不如人矣。或曰。不恥其不如人。則何能有如人之事。其義亦通。○或問人有恥不能之心如何。程子曰。恥其不能而爲之可也。恥其不能而掩藏之不可也。

× × × ×

孟子曰。人之有德慧術知者。恆存乎疢疾。知去聲。疢丑刃反。○德慧者。德之慧。術知者。術之知。疢疾。猶災患也。言人必有疢疾。則能動心忍性。增益其所不能也。獨孤臣孽子。其操心也危。其慮患也深。故達。孤臣。遠臣。孽子。庶子。皆不得於君親。而常有疢疾者也。達。謂達於事理。即所謂德慧術知也。

孟子曰。舜發於畎畝之中。傅說舉於版築之間。膠鬲舉於魚鹽之中。管夷吾舉於士。孫叔敖舉於海。百里奚舉於市。

說音悅。○舜耕歷山。三十登庸。說築傅巖。武丁舉之。膠鬲遭亂鬻販魚鹽。文王舉之。管仲囚於士官。桓公舉以相國。孫叔敖隱處海濱。楚莊王舉之為令尹。百里奚事見前篇。

故天將降大任於是人也。必先苦其心志。勞其筋骨。餓其體膚。空乏其身。行拂亂其所為。所以動心忍性。曾益其所不能。

曾與增同。○降大任使之任大事也。若舜以下是也。空窮也。乏絕也。拂戾也。言使之所為不遂。多背戾也。動心忍性。謂竦動其心。堅忍其性也。然所謂性。亦指氣稟食色而言耳。程子曰。若要熟。也須從這裏過。

人恆過。然後能改。困於心。衡於慮。而後作。徵於色。發於聲。而後喻。

衡與橫同。

○恆常也。猶言大率也。橫不順也。作奮起也。徵驗也。喻曉也。此又言中人之性常必有過。然後能改。蓋不能謹於平日。故必事勢窮蹙。以至困於心。橫於慮。然後能奮發而興起。不能燭於幾微。故必事理暴著。以至驗於人之色。發於人之聲。然後能警悟而通曉也。

入則無法家拂士，出則無敵國外患者，國恆亡。拂與弼同。○此言國亦然也。法家，法度之世臣也。拂士，輔弼之賢士也。然後知生於憂患而死於安樂也。樂音洛。○以上文觀之，則知人之生全出於憂患，而死亡由於安樂矣。○尹氏曰：言困窮拂鬱，能堅人之志，而熟人之仁，以安樂失之者多矣。

××××

孟子曰：居下位而不獲於上，民不可得而治也。獲於上有道，不信於友，弗獲於上矣。信於友有道，事親弗悅，弗信於友矣。悅親有道，反身不誠，不悅於親矣。誠身有道，不明乎善，不誠其身矣。獲於上，得其上之信任也。誠，實也。反身不誠，反求諸身而其所以爲善之心有不實也。不明乎善，不能卽事以窮理，無以眞知善之所在也。游氏曰：欲誠其意，先致其知，不明乎善，不誠乎身矣。學至於誠身，則安往而不致其極哉。以內則順乎親，以外則信乎友，以上則可以得君，以下則可以得民矣。

是故誠者，天之道也；思誠者，人之道也。誠者，理之在我者皆實而無僞，天道之本然也。思誠者，欲此理之在我者皆實而無僞。人道之當然也。

至誠而不動者。未之有也。不誠，未有能動者也。至，極也。

楊氏曰：動便是驗處。若獲乎上信乎友悅於親之類是也。

此章述中庸孔子之言，見思誠為修身之本。而明善又為思誠之本。乃子思所聞於曾子而孟子所受乎子思者，亦與大學相表裏。學者宜潛心焉。

孟子曰：飢者甘食，渴者甘飲，是未得飲食之正也。飢渴害之也。豈惟口腹有飢渴之害。人心亦皆有害。口腹為飢渴所害。故於飲食不暇擇，而失其正味。人心為貧賤所害。故於富貴不暇擇，而失其正理。

人能無以飢渴之害為心害，則不及人不為憂矣。人能不以貧賤之故而動其心，則過人遠矣。

孟子曰：萬物皆備於我矣。此言理之本然也。大則君臣父子，小則事物細微，其當然之理，無一不具於性分之內也。反身而誠，樂莫大焉。樂音洛。○誠，實也。言反諸身，而所備之理，皆如惡惡臭，好好色之實然。則其行之不待勉強，而無不利矣。其為樂孰大於是。

強恕而行，求仁莫近焉。強上聲。○強，勉強也。恕，推己以及人也。反身而誠則仁矣。其有未正命。巖牆。牆之將覆者。而理未純也。故當凡事勉強，推己及人。庶幾心公理得而仁不遠也。

此章言萬物之理，具於吾身。體之而實，則道在我而樂有餘。行之以恕，則私不容而仁可得。

× × × ×

孟子曰：行之而不著焉，習矣而不察焉，終身由之而不知其道者，衆也。著者，知之明。察者，識之精。言方行之而不能明其所當然，既習矣而猶不識其所以然，所以終身由之而不知其道者多也。

× × × ×

孟子曰：君子有三樂，而王天下不與存焉。樂音洛。王與皆去聲。下並同。

父母俱存，兄弟無故，一樂也。此人所深願而不可必得者。今既得之，其樂可知。

仰不愧於天。俯不怍於人。二樂也。

程子曰。人能克己。則仰不愧。俯不怍。心廣體胖。其樂可知。有息則餒矣。

得天下英才而教育之。三樂也。

盡得一世明睿之才。而以所樂乎己者。教而養之。則斯道之傳。得之者衆。而天下後世。將無不被其澤矣。聖人之心。所願欲者。莫大於此。今既得之。其樂爲何如哉。

君子有三樂而王天下不與存焉。

林氏曰。此三樂者。一係於天。一係於人。其可以自致者。惟不愧不怍而已。學者可不勉哉。

第六篇 教育方法

孟子曰。君子之所以教者五。下文五者。蓋因人品高下。或相去遠近先後之不同。

有如時雨化之者。時雨。及時之雨也。草木之生。播種封植人力已至而未能自化。所少者。雨露之滋耳。及此時而雨之。則其化速矣。教人之妙。亦猶是也。若孔子之於顏曾是已。

有成德者。有達財者。財與材同。此各因其所長而教之者也。成德。如孔子之於冉閔。達財。如孔子之於由賜。

有答問者。就所問而答之。若孔孟之於樊遲萬章也。

有私淑艾者。艾音乂。○私。竊也。淑。善也。艾。治也。人或不能及門受業。但聞君子之道於人而竊以善治其身。是亦君子教誨之所及。若孔孟之於陳亢夷之是也。孟子亦曰。予未得爲孔子徒也。予私淑諸人也。

此五者。君子之所以教也。聖賢施教。各因其材。小以小成。大以大成。無棄人也。

孟子曰。梓匠輪輿、能與人規矩、不能使人巧。

尹氏曰。規矩法度可告者也。巧則在其人。雖大匠亦末如之何也已。蓋下學可以言傳。上達必由心悟。莊周所論斲輪之意蓋如此。

× × ×

× × × ×

公孫丑曰。道則高矣美矣。宜若登天然。似不可及也。何不使彼為可幾及而日孳孳也。幾音機。孟子曰。大匠不為拙工改廢繩墨。羿不為拙射變其彀率。

為去聲。彀古候反。率音律。○彀率。彎弓之限也。言教人者皆有不可易之法。不容自貶以徇學者之不能也。

君子引而不發。躍如也。中道而立。能者從之。

引。引弓也。發。發矢也。躍。如踴躍而出也。因上文彀率而言君子教人。但授以學之之法。而不告以得之之妙。如射者之引弓而不發矢。然其所不告者。已如踴躍而見於前矣。中者。無過不及之謂。中道而立。言其非難非易。能者從之。言學者當自勉也。

此章言道有定體。教有成法。卑不可抗。高不可貶。語不能顯。默不能藏。

公都子曰：滕更之在門也，若在所禮，而不答，何也？更平聲。○趙氏曰：滕更，滕君之弟，來學者也。

孟子曰：挾貴而問，挾賢而問，挾長而問，挾有勳勞而問，挾故而問，皆所不答也。滕更有二焉。長上聲。○趙氏曰：二，謂挾貴挾賢也。尹氏曰：有所挾，則受道之心不專，所以不答也。

此言君子雖誨人不倦，又惡夫意之不誠者。

曹交問曰：人皆可以為堯舜，有諸？孟子曰：然。趙氏曰：曹交，曹君之弟也。人皆可以為堯舜，疑古語，或孟子所嘗言也。

交聞文王十尺，湯九尺，今交九尺四寸以長。句食粟而已，如何則可？曹交問也。食粟而已，言無他材能也。

曰奚有於是亦爲之而已矣有人於此力不能勝一匹雛則爲無力人矣。今曰舉百鈞則爲有力人矣。然則舉烏獲之任是亦爲烏獲而已矣。夫人豈以不勝爲患哉。弗爲耳。

勝平聲。○匹字本作鴄。鴨也。從省作匹。禮記說匹鶩爲是也。烏獲古之有力人也。能舉移千鈞。

徐行後長者謂之弟疾行先長者謂之不弟夫徐行者豈人所不能哉所不爲也堯舜之道孝弟而已矣

後去聲。長上聲。先去聲。夫音扶。○陳氏曰。孝弟者人之良知良能。自然之性也。堯舜人倫之至。亦率是性而已。豈能加毫末於是哉。楊氏曰。堯舜之道大矣。而所以爲之。乃在夫行止疾徐之閒。非有甚高難行之事也。百姓蓋日用而不知耳。

子服堯之服誦堯之言行堯之行是堯而已矣。子服桀之服誦桀之言行桀之行是桀而已矣。

之行並去聲。○言爲善爲惡皆在我而已。詳曹交之問。淺陋麤率。必其進見之時。禮貌衣冠言動之閒。多不循理。故孟子告之如此兩節云。

曰交得見於鄒君可以假館願留而受業於門。

見音現。○假館而後受業。又可見其求道之不篤。

曰：夫道，若大路然，豈難知哉？人病不求耳。子歸而求之，有餘師。夫音扶。○言道不難知，若歸而求之，事親敬長之間，則性分之內，萬理皆備，隨處發見，無不可師，不必留此而受業也。○曹交事長之禮既不至，求道之心又不篤，故孟子教之以孝弟，而不容其受業。蓋孔子餘力學文之意，亦不屑之教誨也。

× × × ×

孟子曰：教亦多術矣，予不屑之教誨也者，是亦教誨之而已矣。多術，言非一端。屑，潔也。不以其人為潔而拒絕之，所謂不屑之教誨也。其人若能感此，退自修省，則是亦我教誨之也。

尹氏曰：言或抑或揚，或與或不與，各因其材而篤之，無非教也。

萬章問曰：孔子在陳曰：盍歸乎來！吾黨之士狂簡，進取不忘其初。孔子在陳，何思魯之狂士？盍，何不也。狂簡，謂志大而略於事。進取，謂求望高遠。不忘其初，謂不能改其舊也。此語與論語小異。

孟子曰：孔子不得中道而與之，必也狂獧乎！狂者進取，獧者有所不為也。孔子豈不欲中道哉？不可必得，故思其次也。獧音絹。○不得中道至有所不為據論語亦孔子之言。然則孔子字下當有曰字。論語道作行。獧作狷。有所不為者。知恥自好。不為不善之人也。孔子豈不欲中道以下。孟子言也。

敢問何如斯可謂狂矣。萬章問。曰：如琴張、曾皙、牧皮者，孔子之所謂狂矣。琴張。名牢。字子張。子桑戶死。琴張臨其喪而歌。事見莊子。雖未必盡然。要必有近似者。曾皙見前篇。季武子死。曾皙倚其門而歌。事見檀弓。又言志異乎三子者之撰。事見論語。牧皮未詳。

何以謂之狂也？萬章問。

曰：其志嘐嘐然，曰古之人，古之人，夷考其行而不掩焉者也。行去聲。○嘐火交反。嘐嘐。志大言大也。重言古之人。見其動輒稱之。不一稱而已也。夷。平也。掩。覆也。言平考其行。則不能覆其言也。程子曰。曾皙言志。而夫子與之。蓋與聖人之志同。便是堯舜氣象也。特行有不掩焉耳。此所謂狂也。

狂者又不可得，欲得不屑不潔之士而與之，是獧也，是又其次也。此因上文所引。遂解所以思得獧者之意。狂有志者也。獧有守者也。有志者能進於道。有守者不失其身。屑潔也。

孔子曰。過我門而不入我室，我不憾焉者。其惟鄉原乎？鄉原，德之賊也。

鄉人。非有識者。原與愿同。荀子原愨字皆讀作愿，謂謹原之人也。故鄉里所謂愿人。謂之鄉原。孔子以其似德而非德。故以為德之賊。過門不入而不恨之。以其不見親就為幸。深惡而痛絕之也。萬章又引孔子之言而問也。

曰。何如，斯可謂之鄉原矣。

曰。何以是嘐嘐也？言不顧行，行不顧言，則曰古之人古之人，行何為踽踽涼涼。生斯世也，為斯世也，善斯可矣。閹然媚於世也者。是鄉原也。

行去聲。踽其禹反。閹音奄。○踽踽。獨行不進之貌。涼涼。薄也。不見親厚於人也。鄉原譏狂者曰。何用如此嘐嘐然。行不掩其言。而徒每事必稱古人邪。又譏狷者曰。何必如此踽踽涼涼無所親厚哉。人旣生於此世。則但當為此世之人。使當世之人皆以為善則可矣。此鄉原之志也。閹。如奄人之奄。閉藏之意也。媚。求悅於人也。孟子言此深自閉藏以求親媚於世。是鄉原之行也

萬子曰。一鄉皆稱原人焉，無所往而不為原人。孔子以為德之賊，何哉？

原亦謹厚之稱。而孔子以爲德之賊。故萬章疑之。

曰。非之無舉也。刺之無刺也。同乎流俗。合乎汙世。居之似忠信。行之似廉潔。衆皆悅之，自以爲是，而不可與入堯舜之道。故曰德之賊也。呂侍講曰。言此等之人。欲非之則無可舉。欲刺之則無可刺也。流水之下流。衆莫不然也。汙。濁也。非忠信而似忠信。非廉潔而似廉潔。

孔子曰。惡似而非者。惡莠。恐其亂苗也。惡佞。恐其亂義也。惡利口。恐其亂信也。惡鄭聲。恐其亂樂也。惡紫。恐其亂朱也。惡鄉原。恐其亂德也。惡去聲。莠音有。○孟子又引孔子之言以明之。莠。似苗之草也。佞。才智之稱。其言似義而非義也。利口。多言而不實者也。鄭聲。淫樂也。樂。正樂也。紫。間色。朱。正色也。鄉原不狂不獧。人皆以爲善。有似乎中道而實非也。故恐其亂德。

君子反經而已矣。經正則庶民興。庶民興。斯無邪慝矣。反。復也。經。常也。萬世不易之常道也。興。興起於善也。邪慝。如鄉原之屬是也。世衰道微。大經不正。故人人得爲異說以濟其私。而邪慝並起。不可勝正。君子於此。亦復其常道而已。常道既復。

則民興於善。而是非明白。無所回互。雖有邪慝。不足以惑之矣。

尹氏曰。君子取夫狂狷者蓋以狂者志大而可與進道。狷者有所不為。而可與有為也。所惡於鄉原。而欲痛絕之者。為其似是而非惑人之深也。絕之之術無他焉。亦曰反經而已矣

××××

公孫丑曰。君子之不教子。何也？ 不親教也。

孟子曰。勢不行也。教者必以正。以正不行，繼之以怒，繼之以怒。則反夷矣。夫子教我以正，夫子未出於正也，則是父子相夷也。父子相夷，則惡矣。

夷傷也。教子者本為愛其子也。繼之以怒。則反傷其子矣。父既傷其子。子之心又責其父曰。夫子教我以正道。而夫子之身未必自行正道。則是子又傷其父也。

古者易子而教之。易子而教。所以全父子之恩。而亦不失其為教。父子之間不責善。責善則離，離則不祥莫大焉

責善朋友之道也。

王氏曰。父有爭子何也。所謂爭者非責善也。當不義則爭之而已矣。父之於子也如何。曰當不義則亦戒之而已矣。

孟子曰中也養不中。才也養不才。故人樂有賢父兄也。如中也棄不中、才也棄不才。則賢不肖之相去、其間不能以寸。

樂音洛。○無過不及之謂中。足以有為之謂才。養謂涵育薰陶。俟其自化也。賢。謂中而才者也。樂有賢父兄者。樂其終能成己也。為父兄者。若以子弟之不賢。遂遽絕之而不能教。則吾亦過中而不才矣。其相去之間。能幾何哉。

樂正子從於子敖之齊。

子敖。王驩字。

樂正子見孟子。孟子曰子亦來見我乎。曰先生何為出此言也。曰子來幾日矣。曰昔者。曰昔者、則我出此言也、不亦宜乎。曰舍館未定。曰子聞之也、舍館定、然後求見長者乎。

長上聲。○昔者。前日也。館。客舍也。王驩。孟子所不與言者。則其人可知矣。樂正子乃從之行。其失身之罪大矣。又不早見長者。則其罪又有甚者焉。故孟子姑以此責之。

曰。克有罪。

陳氏曰。樂正子固不能無罪矣。然其勇於受責如此。非好善而篤信之。其能若是乎。世有強辯飾非。聞諫愈甚者。又樂正子之罪人也。

孟子謂樂正子曰。子之從於子敖來。徒餔啜也。我不意子學古之道。而以餔啜也。

餔。食也。啜。飲也。言其不擇所餔博孤反。啜昌悅反。

○徒。但也。從。但求食耳。此乃正其罪而切責之。

× × × ×

孟子之滕。館於上宮。有業屨於牖上。館人求之弗得。

館。舍也。上宮。別宮名。業屨。織之有次業而未成者。蓋館人所作。置之牖上而失之也。

或問之曰。若是乎從者之廋也。曰。子以是爲竊屨來與。曰。殆非也。夫子之設科也。往者不追。來者不距。苟以是心至。斯受之而已矣。

與平聲。夫子從爲並去聲。如字。舊讀爲扶余者非。

或問之者。問於孟子也。廋。匿也。言子之從者乃匿人之物如此乎。孟子答之。而或人自悟其失。因言此從者固不爲竊屨而來追夫子設置科條以待學者。苟以向道之心而來則受之耳。雖夫子亦不能保其往也。門人取其言有合於聖賢之旨故記之。

第七篇　爲人之道

第一章　崇孝弟、明人倫

萬章問曰。舜往于田。號泣于旻天。何爲其號泣也。孟子曰。怨慕也。號平聲。○舜往于田。耕歷山時也。仁覆閔下。謂之旻天。號泣于旻天。呼天而泣也。事見虞書大禹謨篇。怨慕。怨己之不得其親而思慕也。

萬章曰。父母愛之。喜而不忘。父母惡之。勞而不怨。然則舜怨乎。曰。長息問於公明高曰。舜往于田。則吾既得聞命矣。號泣于旻天于父母。則吾不知也。公明高曰。是非爾所知也。夫公明高以孝子之心。爲不若是恝。我竭力耕田。共爲子職而已矣。父母之不我愛。於我何哉。惡去聲。夫音扶。恝苦八反。共平聲。○長息。公明高弟子。公明高。曾子弟子。于父母。亦書辭。言呼父母而泣也。恝。無愁之貌。於我何哉。自責不知己有何罪耳。非怨父母也。楊氏曰。非孟子深知舜之心。不能爲此言。蓋舜惟恐不順於

父母未嘗自以爲孝也。若自以爲孝，則非孝矣

帝使其子九男二女，百官牛羊倉廩備，以事舜於畎畝之中。天下之士多就之者。帝將胥天下而遷之焉。爲不順於父母，如窮人無所歸。

爲去聲○帝，堯也。史記云二女妻之，以觀其內。九男事之，以觀其外。又言一年所居成聚，二年成邑，三年成都。是天下之士就之也。胥，相視也。遷之，移以與之也。如窮人之無所歸，言其怨慕迫切之甚也。

天下之士悅之，人之所欲也，而不足以解憂。好色，人之所欲，妻帝之二女，而不足以解憂。富，人之所欲，富有天下，而不足以解憂。貴，人之所欲，貴爲天子，而不足以解憂。人悅之，好色，富貴，無足以解憂者。惟順於父母，可以解憂。

孟子推舜之心如此，以解上文之意。極天下之欲，不足以解憂，而惟順於父母，可以解憂。孟子眞知舜之心哉

人少，則慕父母。知好色，則慕少艾。有妻子，則慕妻子。仕則慕君。不得於君

則熱中。大孝終身慕父母。五十而慕者，予於大舜見之矣。少好皆去聲。○言常人之情因物有遷，惟聖人為能不失其本心也。艾，美好也。楚辭、戰國策所謂幼艾，義與此同。不得，失意也。熱中，躁急心熱也。言五十者，舜攝政時年五十也。五十而慕，則其終身慕可知矣。

此章言舜不以得眾人之所欲為己樂，而以不順乎親之心為己憂。非聖人之盡性，其孰能之？

× × × ×

公孫丑問曰：「高子曰：小弁，小人之詩也。」孟子曰：「何以言之？」曰：「怨。」弁音盤。○高子，齊人也。小弁，小雅篇名。周幽王娶申后，生太子宜臼；又得褒姒，生伯服，而黜申后、廢宜臼。於是宜臼之傅為作此詩，以敘其哀痛迫切之情也。

曰：「固哉，高叟之為詩也！有人於此，越人關弓而射之，則己談笑而道之；無他，疏之也。其兄關弓而射之，則己垂涕泣而道之；無他，戚之也。小弁之怨，親親也。親親，仁也。固矣夫，高叟之為詩也！」關與彎同。射，食亦反。夫音扶。○固，謂執滯不通也。為，猶治也。越，蠻夷國名。道，語也。親親之心，仁之發也。

曰。凱風何以不怨？凱風。邶風篇名。衛有七子之母。不能安其室。七子作此以自責也。

曰。凱風親之過小者也。小弁親之過大者也。親之過大而不怨，是愈疏也。親之過小而怨，是不可磯也。愈疏不孝也。不可磯，亦不孝也。磯音機。○磯。水激石也。不可磯。言微激之而遽怒也。

孔子曰。舜其至孝矣。五十而慕。言舜猶怨慕。小弁之怨。不爲不孝也。○趙氏曰。生之膝下。一體而分。喘息呼吸。氣通於親。當親而疏。怨慕號天。是以小弁之怨。未足爲愆也。

× × × ×

孟子曰。天下大悅而將歸己。視天下悅而歸己。猶草芥也。惟舜爲然。不得乎親，不可以爲人。不順乎親，不可以爲子。言舜視天下之歸己如草芥。而惟欲得其親而順之也。得者曲爲承順以得其心之悅而已。順則有以諭之於道。心與之一而未始有違。尤人所難也。爲人蓋泛言之。爲子則愈密矣。

舜盡事親之道而瞽瞍厎豫，瞽瞍厎豫而天下化。瞽瞍厎豫而天下之爲父子者定，此之謂大孝。

厎之爾反。○瞽瞍，舜父名。厎，致也。豫，悅樂也。瞽瞍至頑，嘗欲殺舜，至是而厎豫焉。書所謂不格姦亦允若是也。蓋舜至此而有以順乎親矣。是以天下之爲子者，知天下無不可事之親，顧吾所以事之者未若舜耳。於是莫不勉而爲孝，至於其親亦厎豫焉，則天下之爲父者亦莫不慈，所謂化也。子孝父慈，各止其所，而無不安其位之意，所謂定也。爲法於天下，可傳於後世，非止一身一家之孝而已，此所以爲大孝也。

李氏曰：舜之所以能使瞽瞍厎豫者，盡事親之道，共爲子職，不見父母之非而已。昔羅仲素語此云：只爲天下無不是底父母。了翁聞而善之曰：惟如此而後天下之爲父子者定。彼臣弑其君子弑其父者，常始於見其有不是處耳。

× × × ×

萬章問曰：詩云：娶妻如之何？必告父母。信斯言也，宜莫如舜。舜之不告而娶，何也？孟子曰：告則不得娶。男女居室，人之大倫也。如告，則廢人之大倫，以懟父母，是以不告也。

懟直類反。○詩齊國風南山之篇也。信，誠也，誠如此詩之言也。懟，讎怨也。舜父頑母嚚，常欲害舜。告則不聽其娶，是廢人之大倫，以讎怨

於父母也

萬章曰。舜之不告而娶，則吾既得聞命矣。帝之妻舜而不告，何也。曰。帝亦知告焉則不得妻也。

妻去聲○以女爲人妻曰妻。程子曰。堯妻舜而不告者。以君治之而已。如今之官府治民之私者亦多

萬章曰。父母使舜完廩，捐階，瞽瞍焚廩。使浚井，出，從而揜之。象曰。謨蓋都君咸我績。牛羊，父母，倉廩，父母，干戈，朕，琴，朕，弤，朕，二嫂，使治朕棲。象往入舜宮。舜在牀琴。象曰。鬱陶思君爾。忸怩。舜曰。惟茲臣庶，汝其于予治。不識舜不知象之將殺己與。曰。奚而不知也。象憂亦憂。象喜亦喜。

弤都禮反。忸女六反。怩音尼。與平聲。○完治也。捐去也。階梯也。揜蓋也。按史記曰。使舜上塗廩。瞽瞍從下縱火焚廩。舜乃以兩笠自扞而下去。得不死。後又使舜穿井。舜穿井爲匿空旁出。舜既入深。瞽瞍與象共下土實井。舜從匿空中出去。卽其事也。象。舜異母弟也。謨。謀也。蓋。蓋井也。舜所居三年成都。故謂之都君。咸。皆也。績。功也。舜既入井。象不知舜已出。欲以殺舜爲己功也。干。盾也。戈。戟也。琴。舜所彈五弦琴也。弤。琱弓也。象欲以舜之牛羊倉廩

與父母。而自取此物也。二嫂。堯二女也。棲。牀也。象欲使爲己妻也。象往舜宮欲分取所有。見舜生在牀彈琴。蓋既出即潛歸其宮也。鬱陶。思之甚而氣不得伸也。象言己思君之甚。故來見爾。忸怩慙色也。臣庶。謂其百官也。象素憎舜。不至其宮。故舜見其來而喜。使之治其臣庶也。孟子言舜非不知其將殺己。但見其憂則憂。見其喜則喜。兄弟之情。自有所不能已耳。萬章所言。其有無不可知。然舜之心。則孟子有以知之矣。他亦不足辨也。

程子曰。象憂亦憂。象喜亦喜。人情天理。於是爲至。

曰。然則舜僞喜者與。曰。否。昔者有饋生魚於鄭子產。子產使校人畜之池。校人烹之。反命曰。始舍之圉圉焉。少則洋洋焉。攸然而逝。子產曰。得其所哉。得其所哉。校人出曰。孰謂子產智。予既烹而食之。曰得其所哉。得其所哉。故君子可欺以其方。難罔以非其道。彼以愛兄之道來。故誠信而喜之。奚僞焉。與平聲。校音效。又音教。畜許六反。○校人。主池沼小吏也。圉圉。困而未紓之貌。洋洋。則稍縱矣。攸然而逝者。自得而遠去也。方。亦道也。罔。蒙蔽也。欺以其方。謂誑之以理之所有。罔以非其道。謂昧之以理之所無。象以愛兄之道來。所謂欺之以其方也。舜本不知其僞。故實喜之。何僞之有。

此章又言舜遭人倫之變。而不失天理之常也

× × × ×

孟子曰。不孝有三。無後為大。

趙氏曰。於禮有不孝者三事，謂阿意曲從。陷親不義。一也。家貧親老。不為祿仕。二也。不娶無子。絕先祖祀。三也。三者之中。無後為大。

舜不告而娶。為無後也。君子以為猶告也。

為無之為去聲。○舜告焉則不得娶。而終於無後矣。告者禮也。不告者權也。猶告。言與告同也。蓋權而得中。則不離於正矣。

范氏曰。天下之道。有正有權。正者萬世之常。權者一時之用。常道人皆可守。權非體道者不能用也。蓋權出於不得已者也。若父非瞽瞍。子非大舜。而欲不告而娶。則天下之罪人也。

桃應問曰。舜為天子。皐陶為士。瞽瞍殺人。則如之何。

桃應。孟子弟子也。其意以為舜雖愛父。而不可以私害公。皐陶雖執法。而不可以刑天子之父。故設此問。以觀聖賢用心之所極。非以為眞有此事也。

孟子曰：執之而已矣。言臯陶之心，知有法而不知有天子之父也。然則舜不禁與？與，平聲。○桃應問也。

曰：夫舜惡得而禁之？夫有所受之也。夫，音扶。惡，平聲。○言臯陶之法，有所傳受，非所敢私，雖天子之命亦不得而廢之也。

然則舜如之何？桃應問也。

曰：舜視棄天下，猶棄敝蹝也。竊負而逃，遵海濱而處，終身訢然，樂而忘天下。蹝，音徙。訢，與欣同。樂，音洛。○蹝，草履也。遵，循也。言舜之心，知有父而已，不知有天下也。孟子嘗言舜視天下猶草芥，而惟順於父母可以解憂，與此意互相發。

此章言為士者，但知有法，而不知天子父之為尊；為子者，但知有父，而不知天下之為大。蓋其所以為心者，莫非天理之極，人倫之至。學者察此而有得焉，則不待較計論量，而天下無難處之事矣。

× × × ×

匡章曰：陳仲子豈不誠廉士哉？居於陵，三日不食，耳無聞，目無見也。井上有李，螬食實者過半矣，匍匐往將食之，三咽，然後耳有聞，目有見。於音烏，下於陵同。螬音曹。咽音宴。○匡章，陳仲子，皆齊人。廉，有分辨，不苟取也。於陵，地名。螬，蠐螬蟲也。匍匐，言無力不能行也。咽，吞也。

孟子曰：於齊國之士，吾必以仲子為巨擘焉。雖然，仲子惡能廉？充仲子之操，則蚓而後可者也。擘薄厄反。惡平聲。蚓音引。○巨擘，大指也。言齊人中有仲子，如衆小指中有大指也。充，推而滿之也。操，所守也。蚓，丘蚓也。言仲子未得為廉也。必若滿其所守之志，則惟丘蚓之無求於世，然後可以為廉耳。

夫蚓，上食槁壤，下飲黃泉。仲子所居之室，伯夷之所築與？抑亦盜跖之所築與？所食之粟，伯夷之所樹與？抑亦盜跖之所樹與？是未可知也。夫音扶。與平聲。○槁壤，乾土也。黃泉，濁水也。抑，發語辭也。言蚓無求於人而自足，而仲子未免居室食粟，若所從來，或有非義，則是未能如蚓之廉也。

曰：是何傷哉？彼身織屨，妻辟纑，以易之也。辟音璧。纑音盧。○辟，績也。纑，練麻也。

曰：仲子，齊之世家也。兄戴，蓋祿萬鍾。以兄之祿為不義之祿而不食也。以兄之室爲不義之室而不居也。辟兄離母。處於於陵。他日歸。則有饋其兄生鵝者。己頻顣曰。惡用是鶃鶃者爲哉。他日。其母殺是鵝也。與之食之。其兄自外至。曰。是鶃鶃之肉也。出而哇之。蓋音閤。辟音避。頻與顰同。顣與蹙同。子六反。惡平聲。鶃魚一反。哇音蛙。○世家。世卿之家。兄名戴。食采於蓋。其入萬鍾也。歸。自於陵歸也。己。仲子也。鶃鶃。鵝聲也。頻顣而言。以其兄受饋爲不義也。哇。吐之也。

以母則不食。以妻則食之。以兄之室則弗居。以於陵則居之。是尚爲能充其類也乎。若仲子者。蚓而後充其操者也。言仲子以母之食兄之室爲不義而不食不居。其操守如此。至於妻所易之粟。於陵所居之室。既未必伯夷之所爲。則亦不義之類耳。今仲子於此則不食不居。於彼則食之居之。豈爲能充滿其操守之類者乎。必其無求自足。如丘蚓然。乃爲能滿其志而得爲廉耳。然豈人之所可爲哉。

范氏曰。天之所生。地之所養。惟人爲大。人之所以爲大者。以其有人倫也。仲子避兄離母。無親戚君臣上下。是無人倫也。豈有無人倫而可以爲廉哉。

× × × ×

孟子曰。仲子。不義。與之齊國而弗受。人皆信之。是舍簞食豆羹之義也。人莫大焉亡親戚君臣上下。以其小者。信其大者。奚可哉。舍音捨。食音嗣。○仲子陳仲子也。言仲子設若非義而與之齊國。必不肯受。齊人皆信其賢。然此但小廉耳。其辟兄離母。不食君祿。無人道之大倫。罪莫大焉。豈可以小廉信其大節。而遂以為賢哉。

× × × ×

滕定公薨。世子謂然友曰。昔者孟子嘗與我言於宋。於心終不忘。今也不幸至於大故。吾欲使子問於孟子。然後行事。定公文公父也。然友世子之傅也。大故大喪也。事謂喪禮。

然友之鄒問於孟子。孟子曰。不亦善乎。親喪固所自盡也。曾子曰。生事之以禮。死葬之以禮。祭之以禮。可謂孝矣。諸侯之禮。吾未之學也。雖然。吾嘗聞之矣。三年之喪。齊疏之服。飦粥之食。自天子達於庶人。三代共之。齊音咨。疏所居反。飦諸延反。○當時諸侯莫能行古喪禮。而文公獨能以此為問。故孟子善之。又言父母之喪。固人子之心所自盡者。蓋悲哀之情。痛疾之意。非自外至。宜乎文公於此有所不能自已也。但所引曾子之言本孔子告樊遲者。豈曾子嘗誦之以告其門人歟。三年之喪者。子生三年。然後免於父母之懷。故父母之喪。必以三年也。齊衰下縫也。不緝曰斬衰。緝之曰齊衰。疏麤也。麤布也。飦糜也。喪禮三日始食粥。既葬乃疏食。此古今貴賤通行之禮也。

× × × ×

然友反命。定為三年之喪。父兄百官皆不欲。曰吾宗國魯先君莫之行。吾先君亦莫之行也。至於子之身而反之不可。且志曰喪祭從先祖。曰吾有所受之也。

父兄同姓老臣也。滕與魯俱文王之後。而魯祖周公為長。兄弟宗之。故滕謂魯為宗國也。然謂二國不行三年之喪者。乃其後世之失。非周公之法本然也。志記也。引志之言而釋其意。以為所以如此者。蓋為上世以來。有所傳受。雖或不同。不可改也。然志所言。本謂先王之世。舊俗所傳。禮文小異。而可以通行者耳。不謂後世失禮之甚者也。

謂然友曰。吾他日未嘗學問。好馳馬試劍。今也父兄百官不我足也。恐其不能盡於大事。子為我問孟子。然友復之鄒問孟子。孟子曰。然。不可以他求者也。孔子曰。君薨，聽於冢宰，歠粥，面深墨，卽位而哭。百官有司，莫敢不哀。先之也。上有好者，下必有甚焉者矣。君子之德，風也；小人之德，草也。草尚之風必偃。是在世子。

好、為，皆去聲。復，扶又反。歠，川悅反。○不我足，謂不以我滿足其意也。然者，然其不我足之言。不可他求者，言當責之於己。冢宰，六卿之長也。歠，飲也。深墨，甚黑色也。卽，就也。尚，加也。論語作上，古字通也。偃，伏也。孟子言但在世子自盡其哀而已。

然友反命。世子曰：然。是誠在我。五月居廬，未有命戒。百官族人，可謂曰知。及至葬，四方來觀之，顏色之戚，哭泣之哀，弔者大悅。

諸侯五月而葬。未葬，居倚廬於中門之外。居喪不言，故未有命令教戒也。可謂曰知，疑有闕誤。或曰皆謂世子之知禮也。○林氏曰：孟子之時，喪禮旣壞。然三年之喪，惻隱之心，痛疾之意，出於人心之所固有者，初未嘗亡也。惟其溺於流俗之弊，是以喪其良心而不自知耳。文公見孟子而聞性善堯舜之說，則固有以啓發其良心矣。是以至此而哀痛之誠心發焉。及其父兄百官皆不欲行，則亦反躬自責，悼其前行之不足以取信，而不敢有非其父兄百官之心。雖其資質有過人者，而學問之力，亦不可誣也。及其斷然行之，而遠近見聞無不悅服，則以人心之所同然者，自我發之，而彼之心悅誠服，亦有所不期然而然者。人性之善，豈不信哉。

× × × ×

孟子自齊葬於魯，反於齊，止於嬴。充虞請曰：前日不知虞之不肖，使虞敦匠事。嚴，虞不敢請。今願竊有請也：木若以美然。孟子仕於齊，喪母，歸葬於魯。嬴，齊南邑。充虞，孟子弟子，嘗董治作棺之事者也。嚴，急也。木，棺木也。以，已通。以美，太美也。

曰：古者棺槨無度，中古棺七寸，槨稱之。自天子達於庶人。非直為觀美也，然後盡於人心。稱，去聲。○度，厚薄尺寸也。中古，周公制禮時也。槨稱之，與棺相稱也。欲其堅厚久遠，非特為人觀視之美而已。

不得，不可以為悅；無財，不可以為悅。得之為有財，古之人皆用之。吾何為獨不然？不得，謂法制所不當得。得之為有財，言得之而又為有財也。或曰：為當作而。

且比化者，無使土親膚，於人心獨無恔乎？比，必二反。恔，音效。○比，猶為也。化者，死者也。恔，快也。言為死者不使土近其肌膚，於人子之心，豈不快然無所恨乎？

吾聞之君子。不以天下儉其親。

送終之禮。所當得爲而不自盡。是爲天下愛惜此物。而薄於吾親也。

× × × ×

孟子曰。養生者。不足以當大事。惟送死可以當大事

養去聲。○事生固當愛敬。然亦人道之常耳。至於送死。則人道之大變。孝子之事親。舍是無以用其力矣。故尤以爲大事。而必誠。必信。不使少有後日之悔也。

× × × ×

齊宣王欲短喪。公孫丑曰。爲朞之喪。猶愈於已乎。

已猶止也

孟子曰。是猶或紾其兄之臂。子謂之姑徐徐云爾。亦教之孝弟而已矣。

紾之忍反。○紾戾也。教之以孝弟之道。則彼當自知兄之不可戾。而喪之不可短矣。孔子曰。子生三年。然後免於父母之懷。予也有三年之愛於其父母乎。所謂教之以孝弟者如此。蓋示之以至情之不能已者。非強之也

王子有其母死者。其傅爲之請數月之喪。公孫丑曰。若此者何如也。

爲去聲。○

陳氏曰。王子所生之母死，厭於嫡母而不敢終喪。其傅爲請於王，欲使得行數月之喪也。時又適有此事。丑問如此者是非何如。按儀禮。公子爲其母練冠麻衣。縓緣。既葬除之。疑當時此禮已廢。或既葬而未忍即除。故請之也

曰。是欲終之而不可得也。雖加一日愈於已。謂夫莫之禁而弗爲者也。

夫音扶。○言王子欲終喪而不可得。其傅爲請。雖止得加一日。猶勝不加。我前所譏。乃謂夫莫之禁而自不爲者耳。

此章言三年通喪。天經地義。不容私意有所短長。示之至情。則不肖者有以企而及之矣。

× × × ×

公都子曰。匡章、通國皆稱不孝焉。夫子與之遊。又從而禮貌之。敢問何也。

匡章。齊人。通國。盡一國之人也。禮貌。敬之也。

孟子曰。世俗所謂不孝者五。惰其四支。不顧父母之養。一不孝也。博弈好飲酒。不顧父母之養。二不孝也。好貨財。私妻子。不顧父母之養。三不孝也。從耳

目之欲，以爲父母戮，四不孝也。好勇鬭很，以危父母，五不孝也。章子有一於是乎？好、養、從，皆去聲。很，胡懇反。戮，羞辱也。很，忿戾也。

夫章子，子父責善而不相遇也。夫音扶。○遇，合也。相責以善而不相合，故爲父所逐也。責善，朋友之道也。父子責善，賊恩之大者。賊，害也。朋友當相責以善。父子行之，則害天性之恩也。夫章子豈不欲有夫妻子母之屬哉？爲得罪於父，不得近。出妻屛子，終身不養焉。其設心以爲不若是，是則罪之大者。是則章子已矣。夫章之夫音扶。爲，去聲。屛，必井反。養，去聲。○言章子非不欲身有夫妻之配，子有子母之屬。但爲身不得近於父，故不敢受妻子之養，以自責罰。其心以爲不如此，則其罪益大也。此章之旨，於衆所惡而必察焉，可以見聖賢至公至仁之心矣。楊氏曰：章子之行，孟子非取之也。特哀其志而不與之絕耳。

× × × ×

孟子曰：事孰爲大？事親爲大。守孰爲大？守身爲大。不失其身而能事其親者，吾聞之矣；失其身而能事其親者，吾未之聞也。守身，持守其身，使不陷於不義也。一失其身，則虧體辱親，雖日用三牲之養，亦不足以爲孝矣。

孰不爲事？事親，事之本也；孰不爲守？守身，守之本也。事親孝，則忠可移於君，順可移於長。身正，則家齊、國治而天下平。

曾子養曾皙，必有酒肉；將徹，必請所與；問有餘，必曰有。曾皙死，曾元養曾子，必有酒肉；將徹，不請所與；問有餘，曰亡矣，將以復進也。此所謂養口體者也。若曾子，則可謂養志也。養，去聲。復，扶又反。○此承上文事親言之。曾皙名點，曾子父也。曾元，曾子子也。曾子養其父，每食必有酒肉。食畢將徹去，必請於父曰：此餘者與誰？或父問此物尚有餘否？必曰有。恐親意更欲與人也。曾元不請所與，雖有言無。其意將以復進於親，不欲其與人也。此但能養父母之口體而已。曾子則能承順父母之志，而不忍傷之也。

事親若曾子者，可也。言當如曾子之養志，不可如曾元但養口體。程子曰：子之身所能爲者，皆所當爲，無過分之事也。故事親若曾

子可謂至矣。而孟子止曰可也。豈以曾子之孝爲有餘哉

×　×　×　×

曾晳嗜羊棗。而曾子不忍食羊棗。羊棗。實小黑而圓。又謂之羊矢棗。曾子以父嗜之。父歿之後。食必思親。故不忍食也

公孫丑問曰。膾炙與羊棗孰美

孟子曰。膾炙哉。公孫丑曰。然則曾子何爲食膾炙而不食羊棗。曰。膾炙所同也。羊棗所獨也。諱名不諱姓。姓所同也。名所獨也。肉聶而切之爲膾。炙。炙肉也。

×　×　×　×

孟子曰。吾今而後知殺人親之重也。殺人之父。人亦殺其父。殺人之兄。人亦殺其兄。然則非自殺之也。一間耳。間去聲。○言吾今而後知者。必有所爲而感發也。一間者。我往彼來。間一人耳。其實與自

害其親無異也

范氏曰。知此則愛敬人之親。人亦愛敬其親矣。

× × × ×

孟子曰。道在爾而求諸遠。事在易而求之難。人人親其親長其長而天下平。

爾通古字通用。易去聲。長上聲。○親長在人爲甚邇。親之長之在人爲甚易。而道初不外是也。舍此而他求。則遠且難而反失之。但人人各親其親各長其長。則天下自平矣。

× × × ×

孟子曰。仁之實事親是也。義之實從兄是也。

仁主於愛。而愛莫切於事親。義主於敬。而敬莫先於從兄。故仁義之道。其用至廣而其實不越於事親從兄之間。蓋良心之發最爲切近而精實者。有子以孝弟爲爲仁之本。其意亦猶此也。

智之實。知斯二者弗去是也。禮之實。節文斯二者是也。樂之實。樂斯二者。樂則生矣。生則惡可已也。惡可已。則不知足之蹈之手之舞之。

樂斯樂則之樂音洛。惡平聲。○斯二者指事親從兄而言。知而弗去。則見之明而守之固矣。節文。謂品節文章。樂則生矣。謂和順從容。無所勉強。事親從兄之意。油然自生。如草木之有生意也。旣有生意。則其暢茂條達。自有不可遏者。所謂惡可已也。其又盛。則至於手舞足蹈而不自知矣

此章言事親從兄。良心眞切。天下之道。皆原於此。然必知之明而守之固。然後節之密而樂之深也。

第二章　論古人、明人格

禹稷當平世，三過其門而不入，孔子賢之。事見前篇。顏子當亂世，居於陋巷，一簞食，一瓢飲，人不堪其憂，顏子不改其樂，孔子賢之。食音嗣。樂音洛。孟子曰。禹稷顏回同道。

聖賢之道。進則救民。退則修己。其心一而已矣。

禹思天下有溺者，由己溺之也，稷思天下有飢者，由己飢之也。是以如是其急也。由與猶同。禹稷身任其職。故以為己責而救之急也。禹稷顏子，易地則皆然。

聖賢之心。無所偏倚。隨感而應。各盡其道。故使禹稷居顏子之地，則亦能樂顏子之樂。使顏子居禹稷之任，亦能憂禹稷之憂也。

今有同室之人鬬者，救之，雖被髮纓冠而救之，可也。不暇束髮，而結纓往救，言急也。以喻禹稷。鄉鄰有鬬者，被髮纓冠而往救之，則惑也。雖閉戶可也。喻顏子也。

此章言聖賢心無不同。事則所遭或異。然處之各當其理。是乃所以為同也。尹氏曰。當其可之謂時。前聖後聖。其心一也。故所遇皆盡善。

× × × ×

曾子居武城，有越寇。或曰：寇至，盍去諸？曰：無寓人於我室，毀傷其薪木。寇退，則曰：修我牆屋，我將反。寇退，曾子反。左右曰：待先生如此其忠且敬也。寇至則先去以為民望，寇退則反，殆於不可。沈猶行曰：是非汝所知也。昔沈猶有負芻之禍，從先生者七十人，未有與焉。

與去聲。○武城，魯邑名。盍，何不也。左右，曾子之門人也。忠敬，言武城之大夫事曾子。忠誠恭敬也。為民望，言使民望而效之。沈猶行，弟子姓名也。言曾子嘗舍於沈猶氏。時有負芻者作亂。來攻沈猶氏。曾子率其弟子去之。不與其難。言師賓不與臣同。

子思居於衛，有齊寇。或曰：寇至，盍去諸？子思曰：如伋去，君誰與守？言所以不去之意如此。

孟子曰：曾子子思同道。曾子師也，父兄也；子思臣也，微也。曾子子思，易地則皆然。微，猶賤也。尹氏曰：或遠害，或死難，其事不同者，所處之地不同也。君子之心，不繫於利害，惟其是而已。故易地則皆能為之。孔氏曰：古之聖賢，言行不同，事業亦異，而其道未始不同也。學者知此，則因所遇而應之，若權衡之稱物，低昂屢變，而不害其為同也。

× × × ×

孟子曰：伯夷，目不視惡色，耳不聽惡聲。非其君不事，非其民不使。治則進，亂則退。橫政之所出，橫民之所止，不忍居也。思與鄉人處，如以朝衣朝冠坐於塗炭也。當紂之時，居北海之濱，以待天下之清也。故聞伯夷之風者，頑夫廉，懦夫有立志。治，去聲，下同。橫，去聲。朝，音潮。○橫，謂不循法度。頑者，無知覺。廉者，有分辨。懦，柔弱也。餘並見前篇。

伊尹曰、何事非君。何使非民。治亦進。亂亦進。曰、天之生斯民也。使先知覺後知。使先覺覺後覺。予天民之先覺者也。予將以此道覺此民也。思天下之民、匹夫匹婦有不與被堯舜之澤者、若己推而內之溝中。其自任以天下之重也。

與音預。○何事非君。言所事即君。何使非民。言所使即民。無不可事之君、無不可使之民也、餘見前篇。

柳下惠不羞汙君、不辭小官、進不隱賢、必以其道。遺佚而不怨、阨窮而不憫。與鄉人處、由由然不忍去也。爾為爾、我為我、雖袒裼裸裎於我側、爾焉能浼我哉。故聞柳下惠之風者、鄙夫寬、薄夫敦。

鄙。狹陋也。敦。厚也。餘見前篇。

孔子之去齊、接淅而行。去魯、曰遲遲吾行也、去父母國之道也。可以速而速、可以久而久、可以處而處、可以仕而仕、孔子也。

淅先歷反。○接。猶承也。淅。漬米水也。漬米將炊。而欲去之速。故以手承水。舉此一端。以見其久速仕止。各當其可也。或取米而行。不及炊也。曰孔子去魯。不稅冕而行。豈得為遲。楊氏曰。孔子欲去之意久矣。不欲苟去。故遲遲其行也。膰肉不至，則得以微罪行矣。故不稅冕而行，非速也。

孟子曰：伯夷，聖之清者也；伊尹，聖之任者也；柳下惠，聖之和者也；孔子，聖之時者也。

張子曰：無所雜者清之極，無所異者和之極。勉而清，非聖人之清；勉而和，非聖人之和。所謂聖者，不勉不思而至焉者也。孔氏曰：任者，以天下爲己責也。愚謂孔子仕止久速，各當其可，蓋兼三子之所以聖者而時出之，非如三子之可以一德名也。或疑伊尹出處合乎孔子，而不得爲聖之時，何也？程子曰：終是任底意思在。

孔子之謂集大成。集大成也者，金聲而玉振之也。金聲也者，始條理也；玉振之也者，終條理也。始條理者，智之事也；終條理者，聖之事也。

此言孔子集三聖之事，而爲一大聖之事；猶作樂者，集衆音之小成，而爲一大成也。成者，樂之一終，書所謂簫韶九成是也。金，鐘屬。聲，宣也，如聲罪致討之聲。玉，磬也。振，收也，如振河海而不洩之振。始，始之也。終，終之也。條理，猶言脈絡，指衆音而言也。智者，知之所及；聖者，德之所就也。蓋樂有八音：金、石、絲、竹、匏、土、革、木。若獨奏一音，則其一音自爲始終，而爲一小成。猶三子之所知偏於一，而其所就亦偏於一也。八音之中，金石爲重，故特爲衆音之綱紀。又金始震而玉終詘然也，故並奏八音，則於其未作，而先擊鎛鐘以宣其聲，俟其既闋，而後擊特磬以收其韻。宣以始之，收以終之。二者之間，脈絡通貫，無所不備，則合眾小成而為一大成，猶孔子之知無不盡而德無不全也。金聲玉振，始終條理，疑古樂經之言。故兒寬云：「惟天子建中和之極，兼總條貫，金聲而玉振之。」亦此意也。

智，譬則巧也；聖，譬則力也。由射於百步之外也，其至，爾力也；其中，非爾力也。

中，去聲。○此復以射之巧力，發明智聖二字之義。見孔子巧力俱全，而聖智兼備，三子則力有餘而巧不足，是以一節雖至於聖，而智不足以及乎時中也。

此章言三子之行，各極其一偏；孔子之道，兼全於眾理。所以偏者，由其蔽於始，是以缺於終；所以全者，由其知之至，是以行之盡。三子猶春夏秋冬之各一其時，孔子則大和元氣之流行於四時也。

× × × ×

孟子曰：「聖人，百世之師也，伯夷、柳下惠是也。故聞伯夷之風者，頑夫廉，懦夫有立志；聞柳下惠之風者，薄夫敦，鄙夫寬。奮乎百世之上，百世之下，聞者莫不興起也。非聖人而能若是乎？而況於親炙之者乎？」

興起，感動奮發也。親炙，親近而熏炙之也。

孟子曰。伯夷、非其君不事。非其友不友。立於惡人之朝。不與惡人言。立於惡人之朝、如以朝衣朝冠、坐於塗炭。推惡惡之心、思與鄉人立、其冠不正、望望然去之、若將浼焉。是故諸侯雖有善其辭命而至者、不受也。不受也者、是亦不屑就已。朝音潮。惡惡上去聲。下如字。浼莫罪反。○說文曰。動作切切也。不屑就言不以就之爲潔、而切切於是也。已。語助辭。塗。泥也。鄉人。鄉里之常人也。望望。去而不顧之貌。浼。汙也。屑。趙氏曰。潔也。

柳下惠不羞汙君、不卑小官。進不隱賢、必以其道。遺佚而不怨。阨窮而不憫。故曰、爾爲爾、我爲我。雖袒裼裸裎於我側、爾焉能浼我哉。故由由然與之偕而不自失焉。援而止之而止。援而止之而止者、是亦不屑去已。佚音逸。袒音但。裼音錫。裸。魯果反。裎。音程。焉。能之焉於虔反。○柳下惠。魯大夫展禽。居柳下而謚惠也。不隱賢。不枉道也。遺佚。放棄也。阨。困也。憫。憂也。爾爲爾至焉能浼我哉。惠之言

也。袒裼。露臂也。裸裎。露身也。由由。自得之貌。偕。並處也。不自失。不失其正也。援而止之而止者。言欲去而可留也

孟子曰。伯夷隘。柳下惠不恭。隘與不恭。君子不由也。隘。狹窄也。不恭。簡慢也。夷惠之行。固皆造乎至極之地。然既有所偏。則不能無弊。故不可由也。

× × × ×

孟子曰。柳下惠不以三公易其介。介。有分辨之意。柳下惠進不隱賢。必以其道。遺佚不怨。阨窮不憫。直道事人。至於三黜。是其介也。

此章言柳下惠和而不流。與孔子論夷齊不念舊惡意正相類。皆聖賢微顯闡幽之意也。

× × × ×

萬章問曰。象日以殺舜爲事。立爲天子。則放之。何也。孟子曰。封之也。或曰放焉。放。猶置也。置之於此。使不得去也。萬章疑舜何不誅之。孟子言舜實封之。而或者誤以爲放也。

萬章曰。舜流共工于幽州。放驩兜于崇山。殺三苗于三危。殛鯀于羽山。四罪而天下咸服。誅不仁也。象至不仁。封之有庳。有庳之人奚罪焉。仁人固如是乎。在他人則誅之。在弟則封之。曰。仁人之於弟也。不藏怒焉。不宿怨焉。親愛之而已矣。親之欲其貴也。愛之欲其富也。封之有庳。富貴之也。身為天子。弟為匹夫。可謂親愛之乎。

庳音鼻。○流。徙也。共工。官名。驩兜。人名。二人比周。相與為黨。三苗。國名。負固不服。殺。殺其君也。殛。誅也。鯀。禹父名。方命圮族。治水無功。皆不仁之人也。幽州。崇山。三危。羽山。有庳。皆地名也。或曰。今道州鼻亭。即有庳之地也。未知是否。萬章疑舜不當封象。使彼有庳之民。無罪而遭象之虐。非仁人之心也。藏怒謂藏匿其怒。宿怨謂留蓄其怨。

敢問或曰放者何謂也。曰。象不得有為於其國。天子使吏治其國。而納其貢稅焉。故謂之放。豈得暴彼民哉。雖然。欲常常而見之。故源源而來。不及貢。以政接于有庳。此之謂也。

孟子言象雖封為有庳之君。然不得治其國。天子使吏代之治。而納其所收之貢稅於象。有似於放。故或者以為放也。蓋象至不仁處之如此。則既不失吾親愛之心。而彼亦不得虐有庳之民也。源源。若水之相繼也。來。謂來朝覲也。不及貢以政接于有庳。謂不待及諸侯朝貢之期。而以政事接見有庳之君。蓋古書之辭。而孟子引以證源源而來之意。見其親愛之無已如此也。

吳氏曰。言聖人不以公義廢私恩。亦不以私恩害公義。舜之於象。仁之至。義之盡也。

× × × ×

孟子曰。舜之居深山之中。與木石居。與鹿豕遊。其所以異於深山之野人者幾希。及其聞一善言。見一善行。若決江河。沛然莫之能禦也。

行去聲。○居深山。謂耕歷山時也。蓋聖人之心。至虛至明。渾然之中。萬理畢具。一有感觸。則其應甚速。而無所不通。非孟子造道之深。不能形容至此也。

× × × ×

孟子曰。舜之飯糗茹草也。若將終身焉。及其為天子也。被袗衣。鼓琴。二女果。若固有之。

飯上聲。糗去久反。茹音汝。袗之忍反。果說文作婐。烏果反。○飯。食也。糗。乾糒也。茹。亦食也。袗。畫衣也。二女。堯二女也。果。女侍也。言聖人之心。不以貧賤而有慕於外。不以富貴而有動於中。隨遇而安。無預於己。所性分定故也。

×　×　×　×

孟子曰。附之以韓魏之家。如其自視欿然。則過人遠矣。

欿音坎。○附。益也。韓魏。晉卿富家也。欿然。不自滿之意。尹氏曰。言有過人之識。則不以富貴為事。

×　×　×　×

萬章問曰。人有言。伊尹以割烹要湯。有諸。

要。平聲。下同。○要。求也。按史記伊尹欲行道以致君而無由。乃為有莘氏之媵臣。負鼎俎以滋味說湯。致於王道。蓋戰國時有為此說者。

孟子曰。否。不然。伊尹耕於有莘之野。而樂堯舜之道焉。非其義也。非其道也。祿之以天下。弗顧也。繫馬千駟。弗視也。非其義也。非其道也。一介不以與人。一介不以取諸人。

樂音洛。○莘。國名。樂堯舜之道者。誦其詩。讀其書。而欣慕愛樂之也。駟。四匹也。介與草芥之芥同。言其辭受取與。無大無細。一以道義而不苟也。

湯使人以幣聘之。囂囂然曰，我何以湯之聘幣為哉。我豈若處畎畝之中，由是以樂堯舜之道哉。

囂，五高反，又戶驕反。○囂囂，無欲自得之貌。

湯三使往聘之。既而幡然改曰，與我處畎畝之中，由是以樂堯舜之道，吾豈若使是君為堯舜之君哉。吾豈若使是民為堯舜之民哉。吾豈若於吾身親見之哉。

幡然，變動之貌。於吾身親見之，言於我之身親見其道之行，不徒誦說向慕之而已也。

天之生此民也，使先知覺後知，使先覺覺後覺也。予，天民之先覺者也。予將以斯道覺斯民也。非予覺之而誰也。

此亦伊尹之言也。知，謂識其事之所當然。覺，謂悟其理之所以然。覺後知後覺，如呼寐者而使之寤也。言天使者，天理當然，若使之也。程子曰，予天民之先覺，謂我乃天生此民中盡得民道而先覺者也。既為先覺之民，豈可不覺其未覺者。及彼之覺，亦非分我所有以予之也。皆彼自有此理，我但能覺之而已。

思天下之民、匹夫匹婦有不被堯舜之澤者若己推而內之溝中。其自任以天下之重如此。故就湯而說之以伐夏救民。

推吐回反。內音納。說音稅。○書曰。昔先正保衡作我先王。曰予弗克俾厥后爲堯舜。其心愧恥。若撻于市。一夫不獲。則曰時予之辜。孟子之言蓋取諸此。是時夏桀無道。暴虐其民。故欲使湯伐夏以救之。徐氏曰。伊尹樂堯舜之道。堯舜揖遜。而伊尹說湯以伐夏者。時之不同。義則一也。

吾未聞枉己而正人者也。況辱己以正天下者乎。聖人之行不同也。或遠或近或去或不去。歸潔其身而已矣。

行去聲。○辱己甚於枉己。正天下難於正人。若伊尹以割烹要湯。辱己甚矣。何以正天下乎。遠。謂隱遁也。近。謂仕近君也。言聖人之行。雖不必同。然其要歸。在潔其身而已。伊尹豈肯以割烹要湯哉。

吾聞其以堯舜之道要湯。未聞以割烹也。

林氏曰。以堯舜之道要湯者。非實以是要之也。道在此而湯之聘自來耳。猶子貢言夫子之求之。異乎人之求之也。愚謂此語。亦猶前章所論父不得而子之意。

伊訓曰。天誅造攻自牧宮。朕載自亳。

伊訓。商書篇名。孟子引以證伐夏救民之事也。今書牧宮作鳴條。造載皆始也，伊尹言始攻桀無道，由我始其事，於亳也。

萬章問曰：或曰百里奚，自鬻於秦養牲者，五羊之皮，食牛，以要秦穆公。信乎？

孟子曰：否，不然，好事者為之也。

食音嗣。好去聲。下同。○百里奚虞之賢臣，人言其自賣於秦養牲者之家，得五羊之皮而為之食牛，因以干秦穆公也。

百里奚，虞人也。晉人以垂棘之璧，與屈產之乘，假道於虞以伐虢。宮之奇諫，百里奚不諫。

屈求勿反，乘去聲。○虞、虢皆國名。垂棘之地所出之璧也。屈產之乘，屈地所生之良馬也。乘，四匹也。晉欲伐虢，道經於虞，故以此物借道。其實欲并取虞。宮之奇，亦虞之賢臣。諫虞公令勿許，虞公不用，遂為晉所滅。百里奚知其不可諫，故不諫而去之。

知虞公之不可諫而去之秦，年已七十矣。曾不知以食牛干秦穆公之為汙也，可謂智乎？不可諫而不諫，可謂不智乎？知虞公之將亡而先去之，不可謂不智也。時年已七十矣。曾不知以食牛干秦穆公之為不智乎？相秦而顯其君於天下，可傳於後世，不賢而能之乎？自鬻以成其君，鄉黨自好者不爲，而謂賢者爲之乎？

相，去聲。○自好，自愛其身之人也。孟子言百里奚之智如此，必知食牛以干主之爲汙；其賢又如此，必不肯自鬻以成其君也。然此事當孟子時，已無所據，孟子直以事理反覆推之，而知其必不然耳。○范氏曰：古之聖賢未遇之時，鄙賤之事不恥爲之，如百里奚爲人養牛，無足怪也。惟是人君不致敬盡禮，則不可得而見，豈有先自汙辱以要其君哉？莊周曰：百里奚爵祿不入於心，故飯牛而牛肥，使穆公忘其賤而與之政。亦可謂知百里奚矣。伊尹、百里奚之事，皆聖賢出處之大節，故孟子不得不辯。尹氏曰：當時好事者之論，大率類此，蓋以其不正之心度聖賢也。

× × × ×

萬章問曰：或謂孔子於衛主癰疽，於齊主侍人瘠環。有諸乎？

孟子曰：否，不然也，好事者爲之也。

侍人，奄人也。瘠，姓。環，名。皆時君所近狎之人也。好事，謂喜造言生事之也。癰，於容反。疽，七余反。好，去聲。○主，謂舍於其家，以之爲主人也。癰疽，瘍醫人也。

於衛主顏讎由。彌子之妻，與子路之妻，兄弟也。彌子謂子路曰：孔子主我，衛卿可得也。子路以告。孔子曰：有命。孔子進以禮，退以義，得之不得曰有命。而主癰疽與侍人瘠環，是無義無命也。

讎如字。又音犨。○顏讎由，衛之賢大夫也。史記作顏濁鄒。彌子，衛靈公幸臣彌子瑕也。徐氏曰：禮主於辭遜，故進以禮；義主於制斷，故退以義。難進而易退者也。在我者有禮義而已，得之不得則有命存焉。

孔子不悅於魯衛，遭宋桓司馬，將要而殺之，微服而過宋。是時孔子當阨，主司城貞子，為陳侯周臣。

要平聲。○不悅，不樂居其國也。桓司馬，宋大夫向魋也。司城貞子，亦宋大夫之賢者也。陳侯名周。按史記：孔子為魯司寇，齊人饋女樂以間之，孔子遂行，適衛月餘，去衛適宋，司馬魋欲殺孔子，孔子去至陳，主於司城貞子。孟子言孔子雖當阨難，然猶擇所主，況在齊衛無事之時，豈有主癰疽侍人之事乎。

吾聞觀近臣，以其所為主；觀遠臣，以其所主。若孔子主癰疽與侍人瘠環，何以為孔子？

近臣，在朝之臣。遠臣，遠方來仕者。君子小人，各從其類，故觀其所為主，與其所主者，而其人可知。

子產聽鄭國之政，以其乘輿濟人於溱洧。

乘去聲。溱音臻。洧榮美反。○子產，鄭大夫公孫僑也。溱洧，二水名也。子產見人有徒涉此水者，以其所乘之車載而渡之。

孟子曰：惠而不知爲政。

惠謂私恩小利。政則有公平正大之體，綱紀法度之施焉。

歲十一月徒杠成，十二月輿梁成，民未病涉也。

杠音江。○杠，方橋也。徒杠，可通徒行者。梁亦橋也。輿梁，可通車輿者。周十一月，夏九月也。周十二月，夏十月也。夏令曰：十月成梁。蓋農功已畢，可用民力，又時將寒沍，水有橋梁，則民不患於徒涉，亦王政之一事也。

君子平其政，行辟人可也，焉得人人而濟之？

辟與闢同。焉於虔反。○辟，辟除也，如周禮閽人爲之辟之辟。言能平其政，則出行之際，辟除行人，使之避己，亦不爲過。況國中之水，當涉者衆，豈能悉以乘輿濟之哉。

故爲政者，每人而悅之，日亦不足矣。

言每人皆欲致私恩以悅其意，則人多日少，亦不足於用矣。諸葛武侯嘗言：治世以大德，不以小惠。得孟子之意矣。

× × × ×

孟子曰。子路人告之以有過則喜。喜其得聞而改之。其勇於自修如此。周子曰。仲由喜聞過。令名無窮焉。今人有過。不喜人規。如諱疾而忌醫。寧滅其身而無悟也。噫。程子曰。子路人告之以有過則喜。亦可謂百世之師矣。

禹聞善言則拜。書曰。禹拜昌言。蓋不待有過。而能屈己以受天下之善也。

大舜有大焉。善與人同。舍己從人。樂取於人以爲善。舍上聲。樂音洛。○言舜之所爲。又有大於禹與子路者。善與人同。公天下之善而不爲私也。己未善。則無所繫吝而舍以從人。人有善。則不待勉強而取之於己。此善與人同之目也。

自耕稼陶漁以至爲帝。無非取於人者。舜之側微。耕于歷山。陶于河濱。漁于雷澤。

取諸人以爲善。是與人爲善者也。故君子莫大乎與人爲善。與。猶許也。助也。取彼之善而爲之於我。則彼益勸於爲善矣。是我助其爲善也。能使天下之人皆勸於爲善。君子之善。孰大於此。

此章言聖賢樂善之誠。初無彼此之間。故其在人者有以裕於己。在己者有以及於人。

第三章 改過愼言

孟子曰。西子蒙不潔。則人皆掩鼻而過之。西子美婦人。蒙。猶冒也。不潔。汙穢之物也。掩鼻惡其臭也。

雖有惡人。齊戒沐浴。則可以祀上帝。齊側皆反。○惡人。醜貌者也。

尹氏曰。此章戒人之喪善。而勉人以自新也。

× × × ×

孟子曰。人之易其言也。無責耳矣。易去聲。○人之所以輕易其言者。以其未遭失言之責故耳。蓋常人之情無所懲於前。則無所警於後。非以為君子之學必俟有責而後不敢易其言也。然此豈亦有為而言之與。

× × × ×

孟子曰。言人之不善。當如後患何。此亦有為而言。

第四章　待人接物

孟子居鄒，季任為任處守，以幣交，受之而不報。處於平陸，儲子為相，以幣交，受之而不報。任，平聲。相，去聲，下同。○趙氏曰：「季任，任君之弟。任君朝會於鄰國，季任為之居守其國也。儲子，齊相也。不報者，來見則當報之，但以幣交，則不必報也。」

他日由鄒之任，見季子；由平陸之齊，不見儲子。屋廬子喜曰：「連得間矣。」屋廬子知孟子之處此，必有義理，故喜得其間隙而問之。

問曰：「夫子之任見季子，之齊不見儲子，為其為相與？」為其之為，去聲，下同。與，平聲。○言儲子但為齊相，不若季子攝守君位，故輕之邪。

曰：「非也。書曰：『享多儀，儀不及物，曰不享，惟不役志于享。』書周書洛誥之篇。享，奉上也。儀，禮也。

物、幣也。役、用也。言雖享而禮意不及其幣、則是不享矣。以其不用志於享故也。爲其不成享也。孟子釋書意如此。

屋廬子悅。或問之。屋廬子曰、季子不得之鄒、儲子得之平陸。徐氏曰、季子爲君居守、不得往他國以見孟子、則以幣交而禮意已備。儲子爲齊相、可以至齊之境內而不來見、則雖以幣交、而禮意不及其物也。

× × × ×

公行子有子之喪、右師往弔、入門、有進而與右師言者、有就右師之位而與右師言者。公行子、齊大夫。右師、王驩也。

孟子不與右師言、右師不悅曰、諸君子皆與驩言、孟子獨不與驩言、是簡驩也。簡、略也。

孟子聞之曰、禮、朝廷不歷位而相與言、不踰階而相揖也。我欲行禮、子敖以我爲簡、不亦異乎。朝、音潮。○是時齊卿大夫以君命弔、各有位次。若周禮、凡有爵者之喪禮、則職喪涖其禁令、序其事。故云朝廷也。歷、更涉也。位。他人之位也。右師未就位而進與之言。則右師歷己之位矣。右師已就位而就與之言。則己歷右師之位矣。孟子右師之位。又不同階。孟子不敢失此禮。故不與右師言也。

孟子爲卿於齊。出弔於滕。王使蓋大夫王驩爲輔行。王驩朝暮見。反齊滕之路，未嘗與之言行事也。

蓋古盍反。見。音現。○蓋。齊下邑也。王驩。王嬖臣也。輔行。副使也。反。往而還也。行事。使事也。

公孫丑曰。齊卿之位。不爲小矣。齊滕之路，不爲近矣。反之而未嘗與言行事，何也？曰。夫既或治之。予何言哉。

夫音扶。○王驩蓋攝卿以行。故曰齊卿。夫既或治之。言有司已治之矣。孟子之待小人。不惡而嚴如此。

× × × ×

魯平公將出，嬖人臧倉者請曰。他日君出，則必命有司所之。今乘輿已駕矣，有司未知所之。敢請。公曰。將見孟子。曰。何哉？君所爲輕身以先於匹夫者以為賢乎？禮義由賢者出。而孟子之後喪踰前喪。君無見焉。公曰諾。乘去聲○乘輿、君車也。駕。駕馬也、孟子前喪父、後喪母。踰。過也。言其厚母薄父也。諾應辭也。

樂正子入見曰。君奚為不見孟軻也？曰或告寡人曰。孟子之後喪踰前喪是以不往見也。曰何哉君所謂踰者？前以士，後以大夫。前以三鼎，而後以五鼎與？曰。否。謂棺槨衣衾之美也。曰。非所謂踰也，貧富不同也。入見之見。音現。與平聲○樂正子孟子弟子也、仕於魯。三鼎。士祭禮。五鼎。大夫祭禮

樂正子見孟子曰。克告於君。君為來見也。嬖人有臧倉者沮君，君是以不果來也。曰。行或使之。止或尼之。行止非人所能也。吾之不遇魯侯，天也。臧氏之子，焉能使予不遇哉？為去聲。沮慈呂反。尼女乙反。焉於虔反。○克樂正子名。沮尼皆止之之意也。言人之行。必有人使　尼之者。然其所以行所以止。則固有天命而非此人所能使。亦非此人所能　尼也。然則我之不遇。豈臧倉之所能為哉。

此章言聖賢之出處。關時運之盛衰。乃天命之所爲。非人力之可及。

× × × ×

貉稽曰。稽大不理於口。貉音陌。○趙氏曰。貉姓。稽名。爲衆口所訕。理。賴也。今按漢書無俚。方言亦訓賴。

孟子曰。無傷也。士憎茲多口。趙氏曰。爲士者。益多爲衆口所訕。按此則憎當從土。今本皆從心。蓋傳寫之誤。

詩云。憂心悄悄。慍于羣小。孔子也。肆不殄厥慍。亦不隕厥問。文王也。詩。邶風柏舟。及大雅緜之篇也。悄悄。憂貌。慍。怒也。本言衛之仁人。見怒於羣小。孟子以爲孔子之事可以當之。肆。發語辭。隕。墜也。問。聲問也。本言大王事昆夷。雖不能殄絕其慍怒。亦不自墜其聲問之美。孟子以爲文王之事可以當之。尹氏曰。言人顧自處如何。盡其在我者而已。

× × × ×

孟子謂宋句踐曰。子好遊乎。吾語子遊。句音鉤。好語皆去聲。○宋。姓。句踐。名。遊。遊說也。人知之亦囂囂。人不知亦囂囂。趙氏曰。囂囂。自得無欲之貌。

曰：何如斯可以囂囂矣。曰：尊德樂義，則可以囂囂矣。樂音洛。○德，謂所得之善。尊之，則有以自重，而不慕乎人爵之榮。義，謂所守之正。樂之，則有以自安，而不殉乎外物之誘矣。

故士窮不失義，達不離道。離力智反。○言不以貧賤而移，不以富貴而淫。此尊德樂義見於行事之實也。

窮不失義，故士得己焉。達不離道，故民不失望焉。得己，言不失己也。民不失望，言人素望其興道致治，而今果如所望也。

古之人得志，澤加於民。不得志，脩身見於世。窮則獨善其身，達則兼善天下。見音現。○見，謂名實之顯著也。此又言士得己、民不失望之實。此章言內重而外輕，則無往而不善。

× × × ×

孟子曰：人之患在好爲人師。好去聲。○王勉曰：學問有餘，人資於己，不得已而應之可也。若好爲人師，則自足而不復有進矣。此人之大患也。

孟子曰：可以取，可以無取，取傷廉。可以與，可以無與，與傷惠。可以死，可以無死，死傷勇。

先言可以者。略見而自許之辭也。後言可以無者。深察而自疑之辭也。過取固害於廉。然過與亦反害其惠。過死亦反害其勇。蓋過猶不及之意也。林氏曰。公西華受五秉之粟。是傷廉也。冉子與之。是傷惠也。子路之死於衛。是傷勇也。

孟子曰：人有不為也，而後可以有為。

程子曰。有不為。知所擇也。惟能有不為。是以可以有為。無所不為者。安能有所為邪。

孟子曰：於不可已而已者，無所不已。於所厚者薄，無所不薄也。

已。止也。不可止。謂所

不得不爲者也。所厚所當厚者也。此言不及者之弊。**其進銳者，其退速。**進銳者，用心太過，其氣易衰，故退速。○三者之弊，理勢必然，雖過不及之不同，然卒同歸於廢弛。

× × × ×

孟子曰：仲尼不爲已甚者。已，猶太也。楊氏曰：言聖人所爲，本分之外，不加毫末。非孟子眞知孔子，不能以是稱之。

× × × ×

孟子曰：大人者，言不必信，行不必果，惟義所在。行，去聲。○必，猶期也。大人言行，不先期於信果，但義之所在，則必從之，卒亦未嘗不信果也。○尹氏曰：主於義，則信果在其中矣；主於信果，則未必合義。王勉曰：若不合於義而不信不果，則妄人爾。

× × × ×

孟子曰：存乎人者，莫良於眸子。眸子不能掩其惡。胸中正，則眸子瞭焉；胸中不正，則眸子眊焉。眸，音牟。瞭，音了。眊，音耄。○良，善也。眸子，目瞳子也。瞭，明也。眊者，蒙蒙目不明之貌。蓋人與物接之時，其神在目，故胸中正則神精而明。不正則神散而昏。

聽其言也，觀其眸子，人焉廋哉？焉於虔反。廋音搜。○廋，匿也。言亦心之所發，故并此以觀，則人之邪正不可匿矣。然言猶可以僞爲，眸子則有不容僞者。

× × × ×

孟子曰：周于利者，凶年不能殺；周于德者，邪世不能亂。周，足也。言積之厚則用有餘。

× × × ×

孟子曰：好名之人，能讓千乘之國；苟非其人，簞食豆羹見於色。好、乘、食皆去聲。見音現。○好名之人，矯情干譽，是以能讓千乘之國。然若本非能輕富貴之人，則於得失之小者，反不覺其眞情之發見矣。蓋觀人不於其所勉，而於其所忽，然後可以見其所安之實也。

× × × ×

盆成括仕於齊。孟子曰：死矣盆成括！盆成括見殺，門人問曰：夫子何以知其將見殺。曰其爲人也，小有才。未聞君子之大道也。則足以殺其軀而已矣。

盆成姓。括名也。恃才妄作所以取禍。徐氏曰。君子道其常而已。括有死之道焉。設使幸而獲免。孟子之言猶信也。

×　×　×　×

孟子曰。有不虞之譽。有求全之毀。

虞度也。呂氏曰。行不足以致譽而偶得譽。是謂不虞之譽。求免於毀而反致毀。是謂求全之毀。言毀譽之言未必皆實。修己者不可以是遽爲憂喜。觀人者不可以是輕爲進退。

第五章　交友之道

萬章問曰。敢問友。

孟子曰。不挾長不挾貴。不挾兄弟而友。友也者。友其德也。不可以有挾也。

挾者兼有而恃之之稱。

孟獻子。百乘之家也、有友五人焉。樂正裘、牧仲。其三人則予忘之矣。獻子之與此五人者友也、無獻子之家者也。此五人者亦有獻子之家、則不與之友矣。

乘去聲下同。○孟獻子。魯之賢大夫仲孫蔑也。張子曰。獻子忘其勢。五人者忘人之勢。不資其勢而利其有。然後能忘人之勢。若五人者有獻子之家。則反為獻子之所賤矣

非惟百乘之家為然也。雖小國之君亦有之。費惠公曰。吾於子思、則師之矣。吾於顏般、則友之矣。王順、長息則事我者也。

費音祕。般音班。○惠公。費邑之君也。師。所尊也。友。所敬也。事我者。所使也

非惟小國之君為然也。雖大國之君亦有之。晉平公之於亥唐也、入云則入、坐云則坐。食云則食。雖疏食菜羹、未嘗不飽。蓋不敢不飽也。然終於此而已矣。弗與共天位也。弗與治天職也。弗與食天祿也。士之尊賢者也。非王公之尊

賢也。疏食之食音嗣。平公王公下。諸本多無之字。疑闕文也。○亥唐。晉賢人也。平公造之。唐言入。公乃入。言坐乃坐。言食乃食也。疏食。糲飯也。不敢不飽。敬賢者之命也。范氏曰位曰天位。職曰天職。祿曰天祿。言天所以待賢人。使治天民。非人君所得專者也

舜尚見帝。帝館甥于貳室。亦饗舜。迭為賓主。是天子而友匹夫也。尚。上也。舜上而見於帝堯也。館。舍也。禮。妻父曰外舅。謂我舅者吾謂之甥。堯以女妻舜。故謂之甥。貳室。副宮也。堯舍舜於副宮。而就饗其食。

用下敬上。謂之貴貴。用上敬下。謂之尊賢。貴貴尊賢。其義一也。貴貴尊賢皆事之宜者。然當時但知貴貴。而不知尊賢。故孟子曰其義一也。

此言朋友人倫之一。所以輔仁。故以天子友匹夫而不為詘。以匹夫友天子而不為僭。此堯舜所以為人倫之至。而孟子言必稱之

××××

孟子謂萬章曰。一鄉之善士。斯友一鄉之善士。一國之善士。斯友一國之善士。天下之善士。斯友天下之善士。言己之善蓋於一鄉。然後能盡友一鄉之善士。推而至於一國天下皆然。

讀其高下以爲廣狹也。

以友天下之善士爲未足，又尚論古之人。頌其詩，讀其書，不知其人可乎？是以論其世也。是尚友也。

尚，上同。言進而上也。頌，誦通。論其世，論其當世行事之迹也。言既觀其言，則不可以不知其爲人之實，是以又考其行也。夫能友天下之善士，其所友衆矣，猶以爲未足，又進而取於古人。是能進其取友之道，而非止爲一世之士矣。

× × × ×

逄蒙學射於羿，盡羿之道，思天下惟羿爲愈己，於是殺羿。孟子曰：是亦羿有罪焉。公明儀曰：宜若無罪焉。曰：薄乎云爾，惡得無罪。

逄，薄江反。惡，平聲。○羿，有窮后羿也。逄蒙，羿之家衆也。羿善射，篡夏自立，後爲家衆所殺。愈，猶勝也。薄，言其罪差薄耳。

鄭人使子濯孺子侵衞，衞使庾公之斯追之。子濯孺子曰：今日我疾作，不可以執弓，吾死矣夫。問其僕曰：追我者誰也？其僕曰：庾公之斯也。曰：吾生矣。

其僕曰。庾公之斯，衛之善射者也。夫子曰吾生，何謂也？曰。庾公之斯，學射於尹公之他，尹公之他，學射於我。夫尹公之他，端人也。其取友必端矣。庾公之斯至，曰夫子何為不執弓？曰。今日我疾作，不可以執弓。曰。小人學射於尹公之他，尹公之他學射於夫子。我不忍以夫子之道，反害夫子。雖然，今日之事，君事也。我不敢廢。抽矢扣輪，去其金。發乘矢而後反。

他，徒何反。矣夫、夫尹之夫，並音扶。去，上聲。乘，去聲。○之，語助也。僕，御也。尹公他，亦衛人也。端，正也。孺子以尹公正人，知其取友必正，故度庾公必不害己。小人，庾公自稱也。金，鏃也。扣輪出鏃，令不害人，乃以射也。乘矢，四矢也。孟子言使羿如子濯孺子得尹公他而教之，則必無逢蒙之禍。然夷羿簒弒之賊，蒙乃逆儔，庾斯雖全私恩，亦廢公義。其事皆無足論者。孟子蓋特以取友而言耳。

第八篇 爲政之道

第一章 辨王霸、明治道

孟子曰：以力假仁者霸，霸必有大國。以德行仁者王，王不待大。湯以七十里，文王以百里。

力謂土地甲兵之力。假仁者本無是心，而借其事以爲功者也。霸，若齊桓晉文是也。以德行仁，則自吾之得於心者推之，無適而非仁也。

以力服人者，非心服也，力不贍也。以德服人者，中心悅而誠服也，如七十子之服孔子也。詩云：自西自東，自南自北，無思不服。此之謂也。

贍，足也。詩，大雅文王有聲之篇。王霸之心，誠僞不同，故人所以應之者，其不同亦如此。

鄒氏曰：以力服人者，有意於服人，而人不敢不服。以德服人者，無意於服人，而人不能不服。從古以來，論王霸者多矣，未有若此章之深切而著明也。

孟子曰。霸者之民。驩虞如也。王者之民。皞皞如也。

皞胡老反。○驩虞與歡娛同。皞皞。廣大自得之貌。程子曰。驩虞有所造為而然。豈能久也。耕田鑿井。帝力何有於我。如天之自然。乃王者之政。楊氏曰。所以致人驩虞。必有違道干譽之事。若王者則如天。亦不令人喜。亦不令人怒。

殺之而不怨。利之而不庸。民日遷善而不知為之者。

此所謂皞皞如也。庸。功也。豐氏曰。因民之所惡而去之。非有心於殺之也。何怨之有。因民之所利而利之。非有心於利之也。何庸之有。輔其性之自然。使自得之。故民日遷善而不知誰之所為也。

夫君子所過者化。所存者神。上下與天地同流。豈曰小補之哉。

夫音扶。○君子。聖人之通稱也。所過者化。身所經歷之處。卽人無不化。如舜之耕歷山而田者遜畔。陶河濱而器不苦窳也。所存者神。心所存主處。便神妙不測。如孔子之立斯立。道斯行。綏斯來。動斯和。莫知其所以然而然也。是其德業之盛。乃與天地之化。同運並行。舉一世而甄陶之。非如霸者。但小小補塞其罅漏而已。此則王道之所以為大。而學者所當盡心也。

公孫丑問曰：夫子當路於齊，管仲晏子之功，可復許乎？

復扶又反。○公孫丑，孟子弟子，齊人也。當路，居要地也。管仲，齊大夫，名夷吾，相桓公霸諸侯。許，猶期也。孟子未嘗得政，丑蓋設辭以問也。

孟子曰：子誠齊人也，知管仲晏子而已矣。

齊人但知其國有二子而已，不復知有聖賢之事。

或問乎曾西曰：吾子與子路孰賢？曾西蹵然曰：吾先子之所畏也。曰：然則吾子與管仲孰賢？曾西艴然不悅，曰：爾何曾比予於管仲？管仲得君，如彼其專也；行乎國政，如彼其久也；功烈，如彼其卑也。爾何曾比予於是？

蹵子六反。艴音拂，又音勃。曾並音增。○孟子引曾西與或人問答如此。曾西，曾子之孫。蹵然，不安貌。先子，曾子也。艴，怒色也。曾之言則也。烈，猶光也。桓公獨任管仲四十餘年，是專且久也。管仲不知王道而行霸術，故言功烈之卑也。楊氏曰：孔子言子路之才，曰千乘之國，可使治其賦也。使其見於施為，如是而已。其於九合諸侯，一匡天下，固有所不逮也。然則曾西推尊子路如此，而羞比管仲者何哉？譬之御者，子路則範我馳驅而不獲者也；管仲之功，詭遇而獲禽耳。曾西，仲尼之徒也，故不道管仲之事。

曰：管仲、曾西之所不為也，而子為我願之乎？

子為之為，去聲。○曰，孟子言也。願，望也。

曰：管仲以其君霸，晏子以其君顯。管仲、晏子猶不足為與？

與，平聲。○顯，顯名也。

曰：以齊王，由反手也。

王，去聲。由、猶通。○反手，言易也。

曰：若是，則弟子之惑滋甚。且以文王之德，百年而後崩，猶未洽於天下；武王、周公繼之，然後大行。今言王若易然，則文王不足法與？

易，去聲，下同。與，平聲。○滋，益也。文王九十七而崩，言百年，舉成數也。文王三分天下，纔有其二；武王克商，乃有天下。周公相成王，制禮作樂，然後教化大行。

曰：文王何可當也？由湯至於武丁，賢聖之君六七作，天下歸殷久矣，久則難變也。武丁朝諸侯有天下，猶運之掌也。紂之去武丁未久也，其故家遺俗，流風善政，猶有存者；又有微子、微仲、王子比干、箕子、膠鬲，皆賢人也，相與輔相之。故久而後失之也。尺地莫非其有也，一民莫非其臣也，然而文王猶方百里起。

是以難也。朝音潮，鬲音隔。又音歷。輔相之相，去聲，猶方之猶與由通。○當，猶敵也。商自成湯至於武丁中間大甲大戊祖乙盤庚，皆賢聖之君。作，起也。自武丁至紂凡九世。故家，舊臣之家也。

齊人有言曰：雖有智慧，不如乘勢；雖有鎡基，不如待時。今時則易然也。鎡音茲。○鎡基，田器也。時，謂耕種之時。

夏后殷周之盛，地未有過千里者也，而齊有其地矣；雞鳴狗吠相聞，而達乎四境，而齊有其民矣。地不改辟矣，民不改聚矣，行仁政而王，莫之能禦也。辟與闢同。○此言其勢之易也。三代盛時，王畿不過千里。今齊已有之，異於文王之百里。又雞犬之聲相聞，自國都以至於四境，言民居稠密也。

且王者之不作，未有疏於此時者也；民之憔悴於虐政，未有甚於此時者也。飢者易為食，渴者易為飲。此言其時之易也。自文武至此七百餘年，異於商之賢聖繼作；民苦虐政之甚，異於紂之猶有善政。易為飲食，言飢渴之甚，不待甘美也。

孔子曰，德之流行，速於置郵而傳命。（郵音尤。○置，驛也。郵，馹也。所以傳命也。孟子引孔子之言如此。）當今之時，萬乘之國行仁政，民之悅之，猶解倒懸也。故事半古之人，功必倍之。惟此時為然。（乘去聲。○倒懸，喻困苦也。所施之事，半於古人；而功倍於古人。由時勢易而德行速也。）

× × × ×

齊宣王問曰，齊桓晉文之事，可得聞乎？（齊宣王，姓田氏，名辟彊，諸侯僭稱王也。齊桓公、晉文公，皆霸諸侯者。）

孟子對曰，仲尼之徒，無道桓文之事者。是以後世無傳焉。臣未之聞也。無以，則王乎？（道，言也。董子曰，仲尼之門，五尺童子，羞稱五霸。為其先詐力而後仁義也。亦此意也。以、已通用。無已，必欲言之而不止也。王，謂王天下之道。）

曰，德何如，則可以王矣？曰，保民而王，莫之能禦也。（保，愛護也。）

曰，若寡人者，可以保民乎哉？曰，可。曰，何由知吾可也？

曰：臣聞之胡齕曰，王坐於堂上，有牽牛而過堂下者。王見之，曰：牛何之？對曰，將以釁鐘。王曰，舍之，吾不忍其觳觫，若無罪而就死地。對曰，然則廢釁鐘與？曰，何可廢也？以羊易之，不識有諸？ 齕音核。舍上聲。觳音斛。觫音速。與平聲。○胡齕，齊臣也。釁鐘，新鑄鐘成，而殺牲取血以塗其釁郄也。觳觫，恐懼貌。孟子述所聞胡齕之語而問王，不知果有此事否。

曰：有之。曰：是心足以王矣。百姓皆以王為愛也，臣固知王之不忍也。 王見牛之觳觫而不忍殺，即所謂惻隱之心，仁之端也。擴而充之，則可以保四海矣。故孟子指而言之，欲王察識於此而擴充之也。愛，猶吝也。

王曰：然。誠有百姓者。齊國雖褊小，吾何愛一牛？即不忍其觳觫，若無罪而就死地，故以羊易之也。 言以羊易牛，其迹似吝，實有如百姓所譏者。然我之心不如是也。

曰：王無異於百姓之以王為愛也。以小易大，彼惡知之？王若隱其無罪而就死地，則牛羊何擇焉？王笑曰：是誠何心哉？我非愛其財，而易之以羊也，宜乎百姓之謂我愛也。

惡平聲。○異，怪也。隱，痛也。擇，猶分也。言牛羊皆無罪而死，何所分別而以羊易牛乎。孟子故設此難，欲王反求而得其本心。王不能然，故卒無以自解於百姓之言也。

曰：無傷也，是乃仁術也，見牛未見羊也。君子之於禽獸也，見其生，不忍見其死；聞其聲，不忍食其肉。是以君子遠庖廚也。

遠，去聲。○無傷，言雖有百姓之言，不為害也。術，謂法之巧者。蓋殺牛既所不忍，釁鐘又不可廢。於此無以處之，則此心雖發而終不得施矣。然見牛則此心已發而不可遏，未見羊則其理未形而無所妨。故以羊易牛，則二者得以兩全而無害，此所以為仁之術也。聲，謂將死而哀鳴也。蓋人之於禽獸，同生而異類。故用之以禮，而不忍之心施於見聞之所及。其所以必遠庖廚者，亦以預養是心，而廣為仁之術也。

王說曰：詩云：他人有心，予忖度之，夫子之謂也。夫我乃行之，反而求之，不得吾心。夫子言之，於我心有戚戚焉。此心之所以合於王者，何也？

說，音悅。忖，七本反。度，待洛反。夫，音扶。○詩，小雅巧言之篇。戚戚，心動貌。王因孟子之言，而前日之心復萌，乃知此心不從外得，然猶未知所以反其本而推之也。

曰有復於王者曰吾力足以舉百鈞而不足以舉一羽明足以察秋毫之末而不見輿薪則王許之乎曰否今恩足以及禽獸而功不至於百姓者獨何與然則一羽之不舉為不用力焉輿薪之不見為不用明焉百姓之不見保為不用恩焉故王之不王不為也非不能也與平聲。為不之為去聲。○復白也。鈞三十斤。百鈞至重難舉也。羽鳥羽。一羽至輕易舉也。秋毫之末毛至秋而末銳。小而難見也。輿薪以車載薪。大而易見也。許猶可也。今恩以下。又孟子之言也。蓋天地之性。人為貴故人之與人。又為同類而相親。是以惻隱之發則於民切而於物緩推廣仁術則仁民易而愛物難。今王此心能及物矣則其保民而王非不能也。但自不肯為耳

曰不為者與不能者之形何以異曰挾大山以超北海語人曰我不能是誠不能也為長者折枝語人曰我不能是不為也非不能也故王之不王非挾大山以超北海之類也王之不王是折枝之類也語去聲為長之為去聲長上聲折之舌反。○形狀也。挾。以腋持物也。超。躍而過也。為長者折枝以長者之命折草木之枝。言不難也。是心固有。不待外求。擴而充之。在我而已。何難之有。

老吾老，以及人之老。幼吾幼，以及人之幼。天下可運於掌。詩云，刑于寡妻，至于兄弟，以御于家邦。言舉斯心，加諸彼而已。故推恩，足以保四海。不推恩，無以保妻子。古之人所以大過人者，無他焉。善推其所為而已矣。今恩足以及禽獸，而功不至於百姓者，獨何與？

與平聲。○老。以老事之也。吾老。謂我之父兄。人之老。謂人之父兄。幼。以幼畜之也。吾幼。謂我之子弟。人之幼。謂人之子弟。運於掌。言易也。詩大雅思齊之篇。刑。法也。寡妻。寡德之妻。謙辭也。御。治也。不能推恩。則眾叛親離。故無以保妻子。蓋骨肉之親本同一氣。又非但若人之同類而已。故古人必由親親推之。然後及於仁民。又推其餘。然後及於愛物。皆由近以及遠。自易以及難。今王反之。則必有故矣。故復推本而再問之。

權，然後知輕重。度，然後知長短。物皆然，心為甚。王請度之。

度之之度，待洛反。○權。稱錘也。度。丈尺也。度之。謂稱量之也。言物之輕重長短。人所難齊。必以權度度之而後可見。若心之應物。則其輕重長短之難齊。而不可不度以本然之權度。又有甚於物者。今王恩及禽獸。而功不至於百姓。是其愛物之心重且長。而仁民之心輕且短。失其當然之序而不自知也。故上文既發其端。而於此請王度之也。

抑王興甲兵，危士臣，構怨於諸侯。然後快於心與？

與平聲。○抑。發語辭。士。戰士也。構。結也。孟

子以王愛民之心所以輕且短者。必其以是三者為快也。然三事實非人心之所快。有甚於殺觳觫之牛者。故指以問王。欲其以此而度之也

王曰。否。吾何快於是？將以求吾所大欲也。

不快於此者。心之正也。而必為此者。欲誘之也。欲之所誘者獨在於是。是以其心尚明於他。而獨暗於此。此其愛民之心所以輕短。而功不至於百姓也

曰。王之所大欲，可得聞與？王笑而不言。曰。為肥甘不足於口與？輕煖不足於體與？抑為采色不足視於目與？聲音不足聽於耳與？便嬖不足使令於前與？王之諸臣，皆足以供之。而王豈為是哉？曰。否。吾不為是也。曰。然則王之所大欲可知已。欲辟土地，朝秦楚，莅中國，而撫四夷也。以若所為，求若所欲。猶緣木而求魚也。

與平聲。為肥抑為豈為不為之為皆去聲。便令皆平聲。辟與闢同。朝音潮。○便嬖。近習嬖幸之人也。已。語助辭。辟。開廣也。朝。致其來朝也。秦楚。皆大國。莅。臨也。若。如此也。所為。指興兵結怨之事。緣木求魚。言必不可得。

王曰。若是其甚與？曰。殆有甚焉。緣木求魚，雖不得魚，無後災。以若所為求

若所欲，盡心力而為之，後必有災。曰：可得聞與？曰：鄒人與楚人戰，則王以為孰勝？曰：楚人勝。曰：然則小固不可以敵大，寡固不可以敵眾，弱固不可以敵彊。海內之地方千里者九，齊集有其一。以一服八，何以異於鄒敵楚哉？蓋亦反其本矣。

甚與、聞與之與，平聲。○殆、蓋，皆發語辭。鄒，小國。楚，大國。齊集有其一，言集合齊地，其方千里。是有天下九分之一也。以一服八，必不能勝，所謂後災也。

今王發政施仁，使天下仕者，皆欲立於王之朝，耕者皆欲耕於王之野，商賈皆欲藏於王之市，行旅皆欲出於王之塗。天下之欲疾其君者，皆欲赴愬於王。其若是，孰能禦之？

朝音潮。賈音古。愬與訴同。○行貨曰商，居貨曰賈。發政施仁，所以王天下之本也。近者悅，遠者來，則大小強弱非所論矣。蓋力求所欲，則所欲者反不可得；能反其本，則所欲者不求而至。與首章意同。

王曰：吾惛，不能進於是矣。願夫子輔吾志，明以教我。我雖不敏，請嘗試之。惛與昏同。

曰：無恆產而有恆心者，惟士為能。若民，則無恆產，因無恆心。苟無恆心，放辟邪侈無不爲已。及陷於罪，然後從而刑之。是罔民也。焉有仁人在位，罔民而可爲也。恒胡登反。辟與僻同。焉於虔反。○恒，常也。產，生業也。恒產，可常生之業也。恒心，人所常有之善心也。士嘗學問，知義理，故雖無常產而有常心。民則不能然矣。罔，猶羅網。欺其不見而取之也。

是故明君制民之產，必使仰足以事父母，俯足以畜妻子。樂歲終身飽，凶年免於死亡。然後驅而之善。故民之從之也輕。畜許六反，下同。○輕，猶易也。此言民有常產而有常心也。

今也制民之產，仰不足以事父母，俯不足以畜妻子。樂歲終身苦，凶年不免於死亡。此惟救死而恐不贍，奚暇治禮義哉？者平聲。爲已理之義者去聲。治平聲凡治字爲理物之義。後皆放此。○贍，足也。此所謂無常產而無常心者也。

王欲行之，則盍反其本矣？盍，何不也。使民有常產者，又發政施仁之本也。

五畝之宅，樹之以桑，五十者可以衣帛矣。雞豚狗彘之畜，無失其時，七十者可以食肉矣。百畝之田，勿奪其時，八口之家，可以無飢矣。謹庠序之敎，申之以孝悌之義，頒白者，不負戴於道路矣。老者衣帛食肉，黎民不飢不寒，然而不王者，未之有也。

此言制民之產之法也。趙氏曰。八口之家，次上農夫也。此王政之本，常生之道，故孟子爲齊梁之君各陳之也。楊氏曰，爲天下者，舉斯心加諸彼而已。然雖有仁心仁聞，而民不被其澤者，不行先王之道故也。故以制民之產告之。

此章言人君當黜霸功，行王道。而王道之要，不過推其不忍之心，以行不忍之政而已。齊王非無此心，而奪於功利之私，不能擴充以行仁政。雖以孟子反覆曉告精切如此，而蔽固已深，終不能悟，是可歎也。

× × × ×

齊宣王問曰，人皆謂我毀明堂。毀諸，已乎？

趙氏曰。明堂大山明堂，周天子東巡守朝諸侯之處，漢時遺址尚在。人欲毀之者，蓋以天子不復巡守，諸侯又不當居之也。王問當毀之乎，且止乎。

孟子對曰，夫明堂者，王者之堂也。王欲行王政，則勿毀之矣。

夫音扶。○明堂，王者

所居以出政令之所也。能行王政。則亦可以王矣。何必毀哉。

王曰。王政可得聞與。對曰。昔者文王之治岐也。耕者九一。仕者世祿。關市譏而不征。澤梁無禁。罪人不孥。老而無妻曰鰥。老而無夫曰寡。老而無子曰獨。幼而無父曰孤。此四者天下之窮民而無告者。文王發政施仁。必先斯四者。詩云哿矣富人。哀此煢獨。

與平聲。孥音奴。鰥姑頑反。哿工可反。煢音瓊。○岐。周之舊國也。九一者。井田之制也。方一里爲一井。其田九百畝。中畫井字界爲九區。一區之中。爲田百畝。中百畝爲公田。外八百畝爲私田。八家各受私田百畝。而同養公田。是九分而稅其一也。世祿者。先王之世。仕者之子孫皆教之敎之而成材則官之。如不足用。亦使之不失其祿。蓋其先世嘗有功德於民。故報之如此。忠厚之至也。關。謂道路之關。市。謂都邑之市。譏。察也。征。稅也。關市之吏。察異服異言之人。而不征商賈之稅也。澤。謂瀦水。梁。謂魚梁。與民同利。不設禁也。孥。妻子也。惡惡止其身。不及妻子也。先王養民之政。導其妻子。使之養其老而恤其幼。不幸而有鰥寡孤獨之人。無父母妻子之養。則尤宜憐恤。故必以爲先也。詩。小雅正月之篇。哿。可也。煢。困悴貌。

王曰。善哉言乎。曰。王如善之。則何爲不行。王曰。寡人有疾。寡人好貨。對曰。昔者公劉好貨。詩云，乃積乃倉。乃裹餱糧。于橐于囊。思戢用光。弓矢斯張。干戈戚揚。爰方啓行。故居者有積倉，行者有裹糧也。然後可以爰方啓行。王如好貨，與百姓同之。於王何有。

餱音侯。橐音托。戢詩作輯。音集。○王自以爲好貨。故取民無制。而不能行此王政。公劉。后稷之曾孫也。詩。大雅公劉之篇。積。露積也。餱。乾糧也。無底曰橐。有底曰囊。皆所以盛餱糧也。戢。安集也。言思安集其民人。以光大其國家也。戚。斧也。揚。鉞也。爰。於也。啓行。言往遷於豳也。何有。言不難也。孟子言公劉之民富足如此。是公劉好貨。而能推己之心以及民也。今王好貨。亦能如此。則其於王天下也。何難之有。

王曰。寡人有疾，寡人好色。對曰。昔者大王好色。愛厥妃。詩云。古公亶甫。來朝走馬。率西水滸。至于岐下。爰及姜女。聿來胥宇。當是時也。內無怨女。外無曠夫。王如好色，與百姓同之。於王何有。

大音泰。○王又言此者。好色則心志蠱惑。用度奢侈。而不能行王政也。大王。公劉九世孫。詩。大雅緜之篇也。古公。大王之本號。後乃追尊爲大王也。亶甫。大王名也。來朝走馬。避狄人之難也。率。循也。滸。水涯也。岐下。岐山之下也。姜女。大王之妃也。胥。相也。宇。居也。曠。空也。無怨曠者。是大王好色。而能推己之心以及民也。

楊氏曰。孟子與人君言。皆所以擴充其善心而格其非心。不止就事論事。若使為人臣者。論事每如此。豈不能堯舜其君乎。愚謂此篇自首章至此。大意皆同。蓋鐘鼓苑囿。遊觀之樂。與夫好勇好貨好色之心。皆天理之所有。而人情之所不能無者。然天理人欲。同行異情。循理而公於天下者。聖賢之所以盡其性也。縱欲而私於一己者。眾人之所以滅其天也。二者之間。不能以髮。而其是非得失之歸。相去遠矣。故孟子因時君之問。而剖析於幾微之際。皆所以遏人欲而存天理。其法似疏而實密。其事似易而實難。學者以身體之。則有以識其非曲學阿世之言。而知所以克己復禮之端矣。

孟子曰。堯舜。性之也。湯武。身之也。五霸。假之也。堯舜天性渾全。不假修習。湯武修身體道。以復其性。五霸則假借仁義之名。以求濟其貪欲之私耳。

久假而不歸。惡知其非有也。惡平聲。○歸還也。有實有也。言竊其名以終身。而不自知其非眞有。或曰。蓋歎世人莫覺其僞者。亦通。舊說。久假不歸。卽為眞有。則誤矣。

尹氏曰。性之者與道一也。身之者履之也。及其成功則一也。五霸則假之而已。是以功烈如彼其卑也。

孟子曰。五霸者，三王之罪人也。今之諸侯，五霸之罪人也。今之大夫，今之諸侯之罪人也。

趙氏曰。五霸齊桓晉文秦穆宋襄楚莊也。三王。夏禹商湯周文武也。丁氏曰。夏昆吾商大彭豕韋周齊桓晉文。謂之五霸。

天子適諸侯曰巡狩。諸侯朝於天子曰述職。春省耕而補不足。秋省斂而助不給。入其疆，土地辟。田野治。養老尊賢。俊傑在位則有慶。慶以地。入其疆，土地荒蕪。遺老失賢。掊克在位。則有讓。一不朝則貶其爵。再不朝則削其地。三不朝則六師移之。是故天子討而不伐。諸侯伐而不討。五霸者，摟諸侯以伐諸侯者也。故曰五霸者三王之罪人也。

朝音潮。辟與闢同。治去聲。○慶。賞也。益其地以賞之也。掊克。聚斂也。讓。責也。移之者。誅其人而變置之也。討者。出命以討其罪。而使方伯連帥帥諸侯以伐之也。伐者。奉天子之命。聲其罪而伐之也。摟。牽也。五霸牽諸侯以伐諸侯。不用天子之命也。自入其疆至則有讓。言巡狩之事。自一不朝至六師移之。言述職之事。

五霸桓公為盛。葵丘之會諸侯。束牲載書而不歃血。初命曰。誅不孝。無易樹子。無以妾爲妻。再命曰。尊賢育才。以彰有德。三命曰。敬老慈幼。無忘賓旅。四命曰。士無世官。官事無攝。取士必得。無專殺大夫。五命曰。無曲防。無遏糴。無有封而不告。曰。凡我同盟之人。既盟之後。言歸于好。今之諸侯。皆犯此五禁。故曰今之諸侯。五霸之罪人也。歃所洽反。糴音狄。好去聲。○按春秋傳僖公九年。葵丘之會。陳牲而不殺。讀書加於牲上。壹明天子之禁。

樹。立也。已立世子。不得擅易。初命三事。所以修身正家之要也。賓。賓客也。旅。行旅也。皆當有以待之。不可忽忘也。士世祿而不世官。恐其未必賢也。官事無攝。當廣求賢才以充之。不可以闕人廢事也。取士必得。必得其人也。無專殺大夫。有罪則請命於天子而後殺之也。無曲防。不得曲爲隄防。壅泉激水。以專小利。病鄰國也。無遏糴。鄰國凶荒。不得閉糴也。無有封而不告者。不得專封國邑而不告天子也。

長君之惡其罪小。逢君之惡其罪大。今之大夫。皆逢君之惡。故曰今之大夫。今之諸侯之罪人也。長上聲。○君有過不能諫。又順之者。長君之惡也。君之過未萌。而先意導之者。逢君之惡也。

林氏曰。邵子有言。治春秋者。不先治五霸之功罪。則事無統理。而不得聖人之心。春秋之間。有功者未有大於五霸。有過者亦未有大於五霸。故五霸者。

功之首，罪之魁也。孟子此章之義，其亦若此也與。然五霸得罪於三王，今之諸侯得罪於五霸，皆出於異世，故得以逃其罪。至於今之大夫，其得罪於今之諸侯，則同時矣。而諸侯非惟莫之罪也，乃反以爲良臣而厚禮之，不以爲罪而反以爲功，何其謬哉。

× × × ×

孟子曰。諸侯之寶三。土地，人民，政事。寶珠玉者，殃必及身。

尹氏曰。言寶得其寶者安，寶失其寶者危。

× × × ×

孟子曰。以佚道使民，雖勞不怨。以生道殺民，雖死不怨殺者。

程子曰。以佚道使民。謂本欲佚之也。播穀乘屋之類是也。以生道殺民。謂本欲生之也。除害去惡之類是也。蓋不得已而爲其所當爲。則雖咈民之欲而民不怨。其不然者反是。

× × × ×

孟子曰。仁言不如仁聲之入人深也。

程子曰。仁言。謂以仁厚之言加於民。仁聲謂仁聞。謂有仁之實而爲衆所稱道者也。此尤見仁德之昭著。故其感人尤深也。

善政，不如善教之得民也。

教。謂道德齊禮。所以格其心也。政。謂法度禁令。所以制其外也。

善政民畏之。善教民愛之。善政得民財。善教得民心。

得民財者。百姓足而君無不足也。得民心者。不遺其親。不後其君也。

× × × ×

孟子曰。以善服人者，未有能服人者也。以善養人，然後能服天下。天下不心服而王者，未之有也。

王去聲。○服人者。欲以取勝於人、養人者。欲其同歸於善。蓋心之公、私小異。而人之嚮背頓殊。學者於此。不可以不審也。

× × × ×

孟子謂齊宣王曰。王之臣，有託其妻子於其友，而之楚遊者。比其反也，則凍餒其妻子，則如之何。王曰：棄之。

比必二反。○託寄也。棄絕也。

曰：士師不能治士，則如之何。王曰：已之。

士師獄官也。其屬有鄉士遂士之官，士師皆當治之。已罷去也。

曰：四境之內不治，則如之何。王顧左右而言他。

治去聲。○孟子將問此而先設上二事以發之。及此而王不能答也。其憚於自責，恥於下問如此。不足與有為可知矣。○趙氏曰：言君臣上下各勤其任，無墮其職，乃安其身。

× × × ×

孟子之平陸，謂其大夫曰：子之持戟之士，一日而三失伍，則去之否乎。曰：不待三。

去上聲。○平陸齊下邑也。大夫邑宰也。戟有枝兵也。士戰士也。伍行列也。去之殺之也。

然則子之失伍也亦多矣。凶年饑歲，子之民，老羸轉於溝壑，壯者散而之四方者，幾千人矣。曰：此非距心之所得為也。

幾上聲。○子之失伍，言其失職，猶士之失伍也。距心大夫名。對言此乃王之失政使然，非我所得專為也。

曰：今有受人之牛羊而為之牧之者，則必為之求牧與芻矣。求牧與芻而不得，則反諸其人乎，抑亦立而視其死與。曰：此則距心之罪也。

為去聲。死與之與平聲。牧之，養之也。牧，牧地也。芻，草也。孟子言若不得自專，何不致其事而去。

他日見於王曰：王之為都者，臣知五人焉。知其罪者，惟孔距心。為王誦之。王曰：此則寡人之罪也。

見音現。為王之為去聲。○為都，治邑也。邑有先君之廟曰都。孔，大夫姓也。為王誦其語，欲以諷曉王也。

陳氏曰：孟子一言而齊之君臣舉知其罪，固足以興邦矣。然而齊卒不得為善國者，豈非說而不繹，從而不改故邪。

×　×　×　×

齊宣王問卿。孟子曰：王何卿之問也。王曰：卿不同乎。曰：不同，有貴戚之卿，有異姓之卿。王曰：請問貴戚之卿。曰：君有大過則諫，反覆之而不聽，則易位。

大過，謂足以亡其國者。易位，易君之位，更立親戚之賢者。蓋與君有親親之恩，無可去之義。以宗廟為重，不忍坐視其亡，故不得已而至於此也。

王勃然變乎色。勃然，變色貌。

曰：王勿異也，王問臣，臣不敢不以正對。孟子語也。

王色定，然後請問異姓之卿。曰：君有過則諫，反覆之而不聽，則去。君臣義合，不合則去。

此章言大臣之義，親疏不同，守經行權，各有其分。貴戚之卿，小過非不諫也，但必大過而不聽，乃可易位。異姓之卿，大過非不諫也，雖小過而不聽，已可去矣。然三仁貴戚，不能行之於紂；而霍光異姓，乃能行之於昌邑。此又委任權力之不同，不可以執一論也。

× × × ×

公孫丑曰：伊尹曰：予不狎于不順，放太甲于桐，民大悅。太甲賢，又反之，民大悅。予不狎于不順，太甲篇文。狎，習見也。不順，言太甲所爲，不順義理也。

賢者之爲人臣也，其君不賢，則固可放與？與平聲。

孟子曰：有伊尹之志則可，無伊

尹之志則篡也。伊尹之志，公天下以爲心，而無一毫之私者。

第二章　法堯舜、行仁政

孟子曰：「規矩，方員之至也；聖人，人倫之至也。至，極也。人倫說見前篇。規矩盡所以爲方員之理，猶聖人盡所以爲人之道。欲爲君盡君道，欲爲臣盡臣道，二者皆法堯舜而已矣。不以舜之所以事堯事君，不敬其君者也；不以堯之所以治民治民，賊其民者也。法堯舜以盡君臣之道，猶用規矩以盡方員之極，此孟子所以道性善而稱堯舜也。孔子曰：『道二，仁與不仁而已矣。』法堯舜則盡君臣之道而仁矣；不法堯舜則慢君賊民而不仁矣。二端之外，更無他道。出乎此則入乎彼矣，可不謹哉。暴其民甚，則身弒國亡；不甚，則身危國削。名之曰幽厲，雖孝子慈孫，百世不能改也。幽，暗；厲，虐；皆惡謚也。苟得其實，則雖有孝子慈孫，愛其祖考之甚者，亦不得廢公義而改之。言不仁之禍必至於此，可懼之甚也。詩云：『殷鑒不遠，在夏后之世。』此之謂也。」

詩大雅蕩之篇。言商紂之所當鑒者，近在夏桀之世。而孟子引之，又欲後人以幽厲爲鑒也。

× × × ×

孟子曰：離婁之明，公輸子之巧，不以規矩，不能成方員；師曠之聰，不以六律，不能正五音；堯舜之道，不以仁政，不能平治天下。

離婁，古之明目者。公輸子，名班，魯之巧人也。規，所以爲員之器也。矩，所以爲方之器也。師曠，晉之樂師，知音者也。六律，截竹爲筩，陰陽各六，以節五音之上下。黃鍾、太蔟、姑洗、蕤賓、夷則、無射爲陽，大呂、夾鍾、仲呂、林鍾、南呂、應鍾爲陰也。五音，宮商角徵羽也。范氏曰：此言治天下不可無法度，仁政者，治天下之法度也。

今有仁心仁聞，而民不被其澤，不可法於後世者，不行先王之道也。

聞，去聲。

仁心，愛人之心也。仁聞者，有愛人之聲聞於人也。先王之道，仁政是也。范氏曰：齊宣王不忍一牛之死，以羊易之，可謂有仁心。梁武帝終日一食蔬素，宗廟以麪爲犧牲，斷死刑必爲之涕泣，天下知其慈仁，可謂有仁聞。然而宣王之時，齊國不治；武帝之末，江南大亂。其故何哉？有仁心仁聞而不行先王之道故也。

故曰：徒善不足以爲政，徒法不能以自行。

徒，猶空也。有其心，無其政，是謂徒善；有其政，無其心，是爲徒法。程子嘗言爲政須要有綱紀文章。謹權審量讀法平價皆不可闕。而又曰必有關雎麟趾之意。然後可以行周官之法度。正謂此也。

詩云。不愆不忘。率由舊章。遵先王之法而過者。未之有也。詩。大雅假樂之篇。愆。過也。率。循也。章。典法也。所行不過差不遺忘者。以其循用舊典故也。

聖人既竭目力焉，繼之以規矩準繩。以爲方員平直，不可勝用也。既竭耳力焉，繼之以六律。正五音，不可勝用也。既竭心思焉，繼之以不忍人之政。而仁覆天下矣。勝平聲。○準。所以爲平。繩所以爲直。覆。被也。此言古之聖人。既竭耳目心思之力。然猶以爲未足以徧天下及後世。故制爲法度以繼續之。則其用不窮。而仁之所被者廣矣。

故曰爲高必因丘陵。爲下必因川澤。爲政不因先王之道，可謂智乎？丘陵本高。川澤本下。爲高下者因之。則用力少而成功多矣。鄒氏曰。自章首至此。論以仁心仁聞行先王之道。

是以惟仁者宜在高位。不仁而在高位，是播其惡於衆也。仁者有仁心仁聞而能擴而充之。以行先王之道者也。播惡於衆，謂貽患於下也。

上無道揆也，下無法守也，朝不信道，工不信度，君子犯義，小人犯刑，國之所存者幸也。朝音潮。○此言不仁而在高位之禍也。道，義理也。揆，度也。法，制度也。道揆，謂以義理度量事物而制其宜。法守，謂以法度自守。工，官也。度，即法也。君子小人，以位而言也。由上無道揆，故下無法守。無道揆，則朝不信道而君子犯義；無法守，則工不信度而小人犯刑。有此六者，其國必亡；其不亡者，僥倖而已。

故曰：城郭不完，兵甲不多，非國之災也；田野不辟，貨財不聚，非國之害也。上無禮，下無學，賊民興，喪無日矣。辟與闢同。喪，去聲。○上不知禮，則無以教民；下不知學，則易與為亂。鄒氏曰：自是以惟仁者至此，所以責其君。

詩曰：天之方蹶，無然泄泄。蹶，居衛反。泄，弋制反。○詩，大雅板之篇。蹶，顚覆之意。泄泄，怠緩悅從之貌。言天欲顚覆周室，羣臣無得泄泄然，不急救正之。

泄泄，猶沓沓也。沓，徒合反。○沓沓，即泄泄之意。蓋孟子時人語如此。

事君無義，進退無禮，言則非先王之道者，猶沓沓也。非，詆毀也。

故曰。責難於君謂之恭。陳善閉邪謂之敬。吾君不能謂之賊。

范氏曰。人臣以難事責於君。使其君爲堯舜之君者。尊君之大也。開陳善道以禁閉君之邪心。惟恐其君或陷於有過之地者。敬君之至也。謂其君不能行善道而不以告者。賊害其君之甚也。鄒氏曰。自詩云天之方蹶至此。所以責其臣。

鄒氏曰。此章言爲治者。當有仁心仁聞。以行先王之政。而君臣又當各任其責也。

× × × ×

孟子曰。仁也者。人也。合而言之道也。

仁者。人之所以爲人之理也。然仁。理也。人。物也。以仁之理。合於人之身而言之。乃所謂道者也。程子曰。中庸所謂率性之謂道是也。○或曰。外國本。人也之下。有義也者宜也。禮也者履也。智也者知也。信也者實也。凡二十字。今按如此。則理極分明。然未詳其是否也。

× × × ×

孟子曰。三代之得天下也以仁。其失天下也以不仁。

三代。謂夏商周也。禹湯文武。以仁得

之。桀紂幽厲。以不仁失之。

國之所以廢興存亡者亦然。國。謂諸侯之國。天子不仁，不保四海。諸侯不仁，不保社稷。卿大夫不仁，不保宗廟。士庶人不仁，不保四體。言必死亡。今惡死亡，而樂不仁。是猶惡醉，而強酒。惡去聲。樂音洛。強上聲。○此承上章之意而推言之也。

× × × ×

孟子曰：愛人不親反其仁。治人不治反其智。禮人不答反其敬。治人之治平聲。不治之治去聲。○我愛人，而人不親我，則反求諸己，恐我之仁未至也。智敬放此。

行有不得者，皆反求諸己，其身正而天下歸之。不得，謂不得其所欲。如不親不治不答是也。反求諸己。謂反其仁反其智反其敬也。如此，則其自治益詳，而身無不正矣。天下歸之，極言其效也。

詩云：永言配命。自求多福。

孟子曰：桀紂之失天下也，失其民也。失其民者，失其心也。得天下有道，得其民，斯得天下矣。得其民有道，得其心，斯得民矣。得其心有道，所欲與之聚之，所惡勿施爾也。

惡去聲。○民之所欲，皆為致之，如聚斂然。民之所惡，則勿施於民。鼂錯所謂人情莫不欲壽，三王生之而不傷。人情莫不欲富，三王厚之而不困。人情莫不欲安，三王扶之而不危。人情莫不欲逸，三王節其力而不盡，此類之謂也。

民之歸仁也，猶水之就下，獸之走壙也。

走音奏。○壙，廣野也。言民之所以歸乎此，以其所欲之在乎此也。

故為淵敺魚者，獺也；為叢敺爵者，鸇也；為湯武敺民者，桀與紂也。

為去聲。敺與驅同。獺音闥。爵與雀同。鸇諸延反。○淵，深水也。獺，食魚者也。叢，茂林也。鸇，食雀者也。言民之所以去此，以其所欲在彼而所畏在此也。

今天下之君有好仁者，則諸侯皆為之敺矣。雖欲無王，不可得已。

好為王皆去聲。

今之欲王者，猶七年之病，求三年之艾也。苟為不畜，終身不得。苟不志於仁，終身憂辱。以陷於死亡。王去聲。○艾草名。所以灸者。乾久益善。夫病已深而欲求乾久之艾。固難卒辦。然自今畜之。則猶或可及。不然。則病日益深。死日益迫。而艾終不可得矣。

詩云。其何能淑。載胥及溺。此之謂也。詩大雅桑柔之篇。淑善也。載則也。胥相也。言今之所為。其何能善。則相引以陷於亂亡而已。

×　×　×　×

孟子曰。仁則榮。不仁則辱。今惡辱而居不仁。是猶惡濕而居下也。惡去聲。下同。○好榮惡辱。人之常情。然徒惡之而不去其得之之道。不能免也。

如惡之。莫如貴德而尊士。賢者在位。能者在職。國家閒暇。及是時明其政刑。閒音閑。○此因其惡辱之情而進之以強仁之事也。貴德猶尚德也。士則指其人而言之。賢有德者。使之在位。則足以正君而善俗。能有才者。使之在職。則足以修政而立事。國家閒暇。可以有為之時也。詳味及字。則惟日不足之意可見矣。

雖大國必畏之矣。

詩云：「迨天之未陰雨，徹彼桑土，綢繆牖戶。今此下民，或敢侮予？」孔子曰：「爲此詩者，其知道乎！能治其國家，誰敢侮之？」徹，直列反。土，音杜。綢，音稠。繆，武彪反。○詩豳風鴟鴞之篇，周公之所作也。迨，及也。徹，取也。桑土，桑根之皮也。綢繆，纏綿補葺也。牖戶，巢之通氣出入處也。予，鳥自謂也。言我之備患詳密如此，今此在下之人，或敢有侮予者乎？周公以鳥之爲巢如此，比君之爲國，亦當思患而預防之。孔子讀而贊之，以爲知道也。

今國家閒暇，及是時般樂怠敖，是自求禍也。般，音盤。樂，音洛。敖，音傲。○言其縱欲偷安，亦惟日不足也。

禍福無不自己求之者。結上文之意。詩云：「永言配命，自求多福。」太甲曰：「天作孽，猶可違；自作孽，不可活。」此之謂也。孽，魚列反。○詩大雅文王之篇。永，長也。言，猶念也。配，合也。命，天命也。太甲，商書篇名。孽，禍也。

× × × ×

孟子曰：「不仁哉，梁惠王也！仁者以其所愛，及其所不愛；不仁者以其所不愛，及其所愛。」親親而仁民，仁民而愛物，所謂以其所愛及其所不愛也。

公孫丑曰。何謂也？梁惠王以土地之故，糜爛其民而戰之。大敗將復之，恐不能勝，故驅其所愛子弟以殉之。是之謂以其所不愛及其所愛也。梁惠王以下，孟子答辭也。

糜爛其民。使之戰鬭。糜爛其血肉也。復之。復戰也。子弟。謂太子申也。以土地之故及其民。以民之故及其子。皆以其所不愛及其所愛也。

× × × ×

孟子見梁襄王。襄王，惠王子。名赫。出語人曰。望之不似人君。就之而不見所畏焉。卒然問曰。天下惡乎定？吾對曰。定于一。語去聲。卒七沒反。惡平聲。○語告也。不似人君。不見所畏。言其無威儀也。卒然。急遽之貌。蓋容貌辭氣。乃德之符。其外如此。則其中之所存者可知。王問列國分爭。天下當何所定。孟子對以必合於。然後定也。

孰能一之？王問也。對曰。不嗜殺人者能一之。嗜甘也。

孰能與之？王復問也。與。猶歸也。對曰。天下莫不與也。王知夫苗乎？七八月之間旱，則苗槁矣。天油然作雲，沛然下雨，則苗浡然興之矣。其如是，孰能禦之，今夫天下之人牧，未有不嗜殺人者也。如有不嗜殺人者，則天下之民，皆引領而望之矣。誠如是也，民歸之，由水之就下。沛然誰能禦之。夫音扶。浡音勃。由當作猶。古字借用。後多放此。○周七八月，夏五六月也。油然，雲盛貌。沛然，雨盛貌。浡然，興起貌。禦，禁止也。人牧，謂牧民之君也。領，頸也。蓋好生惡死，人心所同。故人君不嗜殺人，則天下悅而歸之。

蘇氏曰：孟子之言，非苟為大而已。然不深原其意而詳究其實，未有不以為迂者矣。予觀孟子以來，自漢高祖及光武及唐太宗及我太祖皇帝，能一天下者四君，皆以不嗜殺人致之。其餘殺人愈多而天下愈亂。秦晉及隋，力能合之，而好殺不已，故或合而復分，或遂以亡國。孟子之言，豈偶然而已哉。

× × × ×

鄒與魯鬨。穆公問曰：吾有司死者三十三人，而民莫之死也。誅之，則不可勝誅；不誅，則疾視其長上之死而不救，如之何則可也？鬨，胡弄反。勝，平聲。長，上聲，下同。○鬨，鬭聲也。穆公，鄒君也。不可勝誅，言人衆不可盡誅也。長上，謂有司也。民怨其上，故疾視其死而不救也。

孟子對曰：「凶年饑歲，君之民，老弱轉乎溝壑，壯者散而之四方者，幾千人矣。而君之倉廩實，府庫充，有司莫以告，是上慢而殘下也。曾子曰：『戒之戒之，出乎爾者，反乎爾者也。』夫民今而後得反之也，君無尤焉。

幾，上聲。夫，音扶。○轉，飢餓輾轉而死也。充，滿也。上，謂君及有司也。尤，過也。

君行仁政，斯民親其上，死其長矣。」

君不仁而求富，是以有司知重斂而不知恤民。故君行仁政，則有司皆愛其民，而民亦愛之矣。

范氏曰：「書曰：『民惟邦本，本固邦寧。』有倉廩府庫，所以為民也。豐年則斂之，凶年則散之，恤其飢寒，救其疾苦。是以民親愛其上，有危難則赴救之，如子弟之衛父兄，手足之捍頭目也。穆公不能反己，猶欲歸罪於民，豈不誤哉。」

第三章　制恒產、重民生

滕文公問為國。

文公以禮聘孟子，故孟子至滕，而文公問之。

孟子曰：「民事，不可緩也。詩云：『晝爾于茅，宵爾索綯，亟其乘屋，其始播百穀。』

綯音陶。亟紀力反。○民事，謂農事。詩，豳風七月之篇。于，往取也。綯，絞也。亟，急也。乘，升也。播，布也。言農事至重，人君不可以爲緩而忽之。故引詩言治屋之急如此者，葢以來春將復始播百穀，而不暇爲此也。

民之爲道也，有恒產者有恒心，無恒產者無恒心。苟無恒心，放辟邪侈，無不爲已。及陷乎罪，然後從而刑之，是罔民也。焉有仁人在位，罔民而可爲也？

是故賢君必恭儉禮下，取於民有制。恭則能以禮接下，儉則能取民以制。陽虎曰：爲富不仁矣；爲仁不富矣。陽虎，陽貨，魯季氏家臣也。天理人欲，不容並立。虎之言此，恐爲富之害於仁也。君子小人，每相反而已矣。

夏后氏五十而貢，殷人七十而助，周人百畝而徹，其實皆什一也。徹者，徹也；助者，藉也。徹，敕列反。藉，子夜反。○此以下乃言制民常產，與其取之之制也。夏時一夫授田五十畝，而每夫計其五畝之入以爲貢。商人始爲井田之制，以六百三十畝之地，畫爲九區，區七十畝。中爲公田，其外八家各授一區，但借其力以助耕公田，而不復稅其私田。周時一夫授田百畝。鄉遂用貢法，十夫有溝；都鄙用助法，八家同井。耕則通力而作，收則計畝而分，故謂之徹。其實皆什一者，貢法固以十分之一爲常數，惟助法乃是九一，而商制不可考。周制則公田百畝，中以二十畝爲廬舍，一夫所耕公田實計十畝，通私田百畝，爲十一分而取其一，蓋又輕於什一矣。竊料商制亦當似此，而以十四畝爲廬舍，一夫實耕公田七畝，是亦不過什一也。徹，通也，均也。藉，借也。

龍子曰：治地莫善於助，莫不善於貢。貢者校數歲之中以爲常。樂歲粒米狼戾，多取之而不爲虐，則寡取之；凶年糞其田而不足，則必取盈焉。爲民父母，使民盻盻然，將終歲勤動，不得以養其父母，又稱貸而益之，使老稚轉乎溝壑，惡在其爲民父母也？

樂音洛。盻，五禮反，從目從兮。或音普莧反者非。養，去聲。惡，平聲。○龍子，古賢人。狼戾，猶狼藉，言多也。糞，壅也。盈，滿也。盻，恨視也。勤動，勞苦也。稱，舉也。貸，借也。取物於人，而出息以償之也。益之，以足取盈之數也。稚，幼子也。

夫世祿，滕固行之矣。

夫音扶。○孟子嘗言文王治岐，耕者九一，仕者世祿，二者王政之本也。今世祿滕已行之，惟助法未行，故取於民者無制耳。蓋世祿者，授之王田，使之食其公田之入，實與助法相爲表裏，所以使君子野人各有定業，而上下相安者也。故下文遂言助法。

詩云：雨我公田，遂及我私。惟助爲有公田。由此觀之，雖周亦助也。

雨，于付反。○詩，小雅

大田之篇，雨，降雨也。言願天雨於公田，而遂及私田，先公而後私也。當時助法盡廢，典籍不存，惟有此詩，可見周亦用助，故引之也。

設為庠序學校以教之，庠者，養也，校者，教也，序者，射也，夏曰校，殷曰序，周曰庠。學則三代共之，皆所以明人倫也，人倫明於上，小民親於下。庠以養老為義，校以教民為義，序以習射為義，皆鄉學也，學，國學也。共之，無異名也，倫，序也。父子有親，君臣有義，夫婦有別，長幼有序，朋友有信，此人之大倫也，庠序學校皆以明此而已。

有王者起，必來取法，是為王者師也。滕國褊小，雖行仁政，未必能興王業，然為王者師，則雖不有天下，而其澤亦足以及天下矣，聖賢至公無我之心，於此可見。

詩云，周雖舊邦，其命惟新。文王之謂也，子力行之，亦以新子之國。詩大雅文王之篇，言周雖后稷以來，舊為諸侯，其受天命而有天下，則自文王始也，子，指文公，諸侯未踰年之稱也。

使畢戰問井地，孟子曰，子之君將行仁政，選擇而使子，子必勉之，夫仁政，必自經界始，經界不正，井地不鈞，穀祿不平，是故暴君汙吏必慢其經界，經界既正，

分田制祿可坐而定也。夫音扶。○畢戰滕臣。文公因孟子之言而使畢戰主為井地之事。故又使之來問其詳也。井地。即井田也。經界謂治地分田。經畫其溝塗封植之界也。此法不修。則田無定分。而豪強得以兼幷。故井地有不鈞。賦無定法。而貪暴得以多取。故穀祿有不平。此欲行仁政者之所以必從此始。而暴君汙吏則必欲慢而廢之也。有以正之。則分田制祿可不勞而定矣。

夫滕壤地褊小。將為君子焉。將為野人焉。無君子莫治野人。無野人莫養君子。夫音扶。養去聲。○言滕地雖小。然其間亦必有為君子而仕者亦必有為野人而耕者。是以分田制祿之法。不可偏廢也。

請野九一而助。國中什一使自賦。此分田制祿之常法。所以治野人使養君子也。野。郊外都鄙之地也。九一而助。為公田而行助法也。國中。郊門之內。鄉遂之地也。田不井授。但為溝洫。使什而自賦其一。蓋用貢法也。周所謂徹法者蓋如此。以此推之。當時非惟助法不行。其貢亦不止什一矣。

卿以下必有圭田。圭田五十畝。此世祿常制之外。又有圭田。所以厚君子也。圭。潔也。所以奉祭祀也。不言世祿者。滕已行之。但此未備耳。

餘夫二十五畝。程子曰。一夫上父母。下妻子。以五口八口為率。受田百畝。如有弟。是餘夫也。年十六。別受田二十五畝。俟其壯而有等。然後更受百畝之田。愚按，此百畝常制之外，又有餘夫之田，以厚野人也。

死徙無出鄉，鄉田同井。出入相友，守望相助，疾病相扶持，則百姓親睦。死，謂葬也。徙，謂徙其居也。同井者，八家也。友，猶伴也。守望，防寇盜也。

方里而井，井九百畝，其中為公田。八家皆私百畝，同養公田。公事畢，然後敢治私事，所以別野人也。養，去聲。別，彼列反。○此詳言井田形體之制，乃周之助法也。公田以為君子之祿，而私田野人之所受。先公後私，所以別君子野人之分也。不言君子，據野人而言，省文耳。上言野及國中二法，此獨詳於治野者，國中貢法，當時已行，但取之過於什一爾。

此其大略也。若夫潤澤之，則在君與子矣。夫，音扶。○井地之法，諸侯皆去其籍。此特其大略而已。潤澤，謂因時制宜，使合於人情，宜於土俗，而不失乎先王之意也。呂氏曰：子張子慨然有意三代之治，論治人先務，未始不以經界為急，講求法制，粲然備具，要之可以行於今，如有用我者，舉而措之耳。嘗曰：仁政必自經界始。貧富不均，教養無法，雖欲言治，皆苟而已。世之病難行者，未始不以亟奪富人之田為辭，然茲法之行，悅之者眾，苟處之有術，期以數年，不刑一人而可復，所病者特上之未行耳。乃言曰：縱不能行之天下，猶可驗之一鄉。方與學者議古之法。買田一方。畫爲數井。上不失公家之賦役。退以其私。正經界。分宅里。立斂法。廣儲蓄。興學校。成禮俗。救菑卹患。厚本抑末。足以推先王之遺法。明當今之可行。有志未就而卒。

愚按。喪禮經界兩章。見孟子之學。識其大者。是以雖當禮法廢壞之後。制度節文。不可復考。而能因略以致詳。推舊而爲新。不屑屑於既往之迹。而能合乎先王之意。眞可謂命世亞聖之才矣。

× × × ×

孟子曰。伯夷辟紂。居北海之濱。聞文王作。興曰。盍歸乎來。吾聞西伯善養老者。大公辟紂。居東海之濱。聞文王作。興曰。盍歸乎來。吾聞西伯善養老者。天下有善養老。則仁人以爲己歸矣。

辟去聲。下同。大他蓋反。○己歸。謂己之所歸。餘見前篇。

五畝之宅。樹牆下以桑。匹婦蠶之。則老者足以衣帛矣。五母雞。二母彘。無失其時。老者足以無失肉矣。百畝之田。匹夫耕之。八口之家。足以無飢矣。

衣去聲。○此文王之政也。一家養母雞五。母彘二也。餘見前篇。

所謂西伯善養老者。制其田里。教之樹畜。導其妻子。使養其老。五十非帛不煖。七十非肉不飽。不煖不飽。謂之凍餒。文王之民無凍餒之老者。此之謂也。田。謂百畝之田。里。謂五畝之宅。樹。謂耕桑。畜。謂雞豚也。趙氏曰。善養老者。教導之使可以養其老耳。非家賜而人益之也。

× × × ×

孟子曰。伯夷辟紂。居北海之濱。聞文王作。興曰。盍歸乎來。吾聞西伯善養老者。太公辟紂。居東海之濱。聞文王作。興曰。盍歸乎來。吾聞西伯善養老者。辟去聲。○作興。皆起也。盍。何不也。西伯。即文王也。紂命為西方諸侯之長。得專征伐。故稱西伯。太公。姜姓。呂氏。名尚。文王發政。必先鰥寡孤獨。庶人之老。皆無凍餒。故伯夷太公來就其養。非求仕也。

二老者。天下之大老也。而歸之。是天下之父歸之也。天下之父歸之。其子焉往。焉於虔反。○二老。伯夷太公也。大老。言非常人之老者。天下之父。言齒德皆尊。如眾父然。既得其心。則天下之心不能外矣。蕭何所謂養民致賢以圖天

下者暗與此合。但其意則有公
庶人之學者又不可以不察也。

諸侯有行文王之政者，七年之內，必為政於天下矣。

七年。以小國而言也。大國五年。在其中矣

× × × ×

孟子曰。易其田疇。薄其稅斂。民可使富也。

易斂皆去聲。○易治也。疇耕治之田也

食之以時。用之以禮。財不可勝用也。

勝音升。○教民節儉。則財用足也。

民非水火不生活。昏暮叩人之門戶，求水火，無弗與者。至足矣。聖人治天下。使有菽粟如水火。菽粟如水火，而民焉有不仁者乎。

焉於虔反。○水火。民之所急。宜其愛之而反不愛者。多故也。

尹氏曰。言禮義生於富足。民無常產。則無常心矣。

× × × ×

孟子曰。有布縷之征。粟米之征。力役之征。君子用其一，緩其二。用其二，而民有殍。用其三而父子離。征賦之法。歲有常數。然布縷取之於夏。粟米取之於秋。力役取之於冬。當各以其時。若并取之。則民力有所不堪矣。今兩稅三限之法。亦此意也。尹氏曰。言民為邦本。取之無度。則其國危矣。

× × × ×

戴盈之曰。什一。去關市之征。今茲未能。請輕之。以待來年。然後已。何如？去上聲。○盈之。亦宋大夫也。什一。井田之法也。關市之征。商賈之稅也。已。止也。

孟子曰。今有人日攘其鄰之雞者。或告之曰。是非君子之道。曰。請損之。月攘一雞。以待來年。然後已。攘。如羊反。○攘。物自來而取之也。損。減也。如知其非義。斯速已矣。何待來年？知義理之不可而不能速改。與月攘一雞何以異哉。

× × × ×

孟子曰。古之為關也。將以禦暴。譏察非常。今之為關也。將以為暴。王之囿。與民同之。齊宣王之圓為阱國中。此以圓囿為暴也。後世為暴不止征稅出入。

范氏曰。古之耕者什一。後世或收大半之稅。此以賦斂為暴也。文於關。若使孟子用於諸侯。必行文王之政。凡此之類。皆不終日而改也。

× × × ×

梁惠王曰。寡人之於國也。盡心焉耳矣。河內凶。則移其民於河東。移其粟於河內。河東凶亦然。察鄰國之政。無如寡人之用心者。鄰國之民不加少。寡人之民不加多。何也。

寡人。諸侯自稱。言寡德之人也。河內河東。皆魏地。凶。歲不熟也。移民以就食。移粟以給其老稚之不能移者。

孟子對曰。王好戰。請以戰喻。填然鼓之。兵刃既接。棄甲曳兵而走。或百步而後止。或五十步而後止。以五十步笑百步。則何如。曰。不可。直不百步耳。是亦走也。曰。王如知此。則無望民之多於鄰國也。

好。去聲。填。音田。○填。鼓音也。兵以鼓進。以金退。直。猶但也。言此以譬鄰國不恤其民。惠王能行小惠。然皆不能行王道以養其民。不可以此而笑彼也。楊氏曰。移民移粟。荒政之所不廢也。然不能行先王之道。而徒以是為盡心焉。

則未矣

不違農時，穀不可勝食也；數罟不入洿池，魚鼈不可勝食也；斧斤以時入山林，材木不可勝用也。穀與魚鼈不可勝食，材木不可勝用，是使民養生喪死無憾也。養生喪死無憾，王道之始也。勝音升。數音促。罟音古。洿音烏。○農時，謂春耕夏耘秋收之時。凡有興作，不違此時，至冬乃役之也。不可勝食，言多也。數，密也。罟，網也。洿，窊下之地，水所聚也。古者網罟必用四寸之目。魚不滿尺，市不得粥，人不得食。山林川澤，與民共之，而有厲禁。草木零落，然後斧斤入焉。此皆為治之初，法制未備，且因天地自然之利，而撙節愛養之事也。然飲食宮室所以養生，祭祀棺槨所以送死，皆民所急而不可無者。今皆有以資之，則人無所恨矣。王道以得民心為本，故以此為王道之始。

五畝之宅，樹之以桑，五十者可以衣帛矣；雞豚狗彘之畜，無失其時，七十者可以食肉矣；百畝之田，勿奪其時，數口之家，可以無飢矣；謹庠序之教，申之以孝悌之義，頒白者不負戴於道路矣。七十者衣帛食肉，黎民不飢不寒，

然而不王者，未之有也。衣去聲。畜敕六反。數去聲。王去聲。凡有天下者，人稱之曰王，則平聲；據其身臨天下而言曰王，則去聲。後皆放此。○五畝之宅，一夫所受，二畝半在田，二畝半在邑。田中不得有木，恐妨五穀，故於牆下植桑以供蠶事。五十始衰，非帛不煖，未五十者不得衣也。畜，養也。時，謂孕字之時，如孟春犧牲毋用牝之類也。七十非肉不飽，未七十者不得食也。百畝之田，亦一夫所受。至此則經界正，井地均，無不受田之家矣。庠序，皆學名也。申，重也，丁寧反覆之意。善事父母爲孝，善事兄長爲悌。頒，與斑同。老人頭半白黑者也。負，任在背。戴，任在首。夫民衣食不足，則不暇治禮義；而飽煖無教，則又近於禽獸。故既富而教以孝悌，則人知愛親敬長而代其勞，不使之負戴於道路矣。衣帛食肉但言七十，舉重以見輕也。黎，黑也。黎民，黑髮之人，猶秦言黔首也。少壯之人，雖不得衣帛食肉，然亦不至於飢寒也。此言盡法制品節之詳，極財成輔相之道，以左右民，是王道之成也。

狗彘食人食而不知檢，塗有餓莩而不知發。人死，則曰：非我也，歲也。是何異於刺人而殺之，曰：非我也，兵也。王無罪歲，斯天下之民至焉。莩平表反。刺七亦反。檢，制也。莩，餓死人也。發，發倉廩以賑貸也。歲，謂歲之豐凶也。惠王不能制民之產，又使狗彘得以食人之食，則與先王制度品節之意異矣。至於民飢而死，猶不知發，則其所移特民間之粟而已。乃以民不加多，歸罪於歲凶，是知刃之殺人，而不知操刃者之殺人也。不罪歲，則必能自反而益修其政，天下之民至焉。

則不但多於鄒國而已。

程子曰。孟子之論王道。不過如此。可謂實矣。又曰。孔子之時。周室雖微。天下猶知尊周之爲義。故春秋以尊周爲本。至孟子時。七國爭雄。天下不復知有周。而生民之塗炭已極。當是時。諸侯能行王道。則可以王矣。此孟子所以勸齊梁之君也。蓋王者。天下之義主也。聖賢亦何心哉。視天命之改與未改耳。

梁惠王曰。寡人願安承教。承上章言願安意以受教。

孟子對曰。殺人以梃與刃。有以異乎。曰。無以異也。○梃徒頂反。梃。杖也。

以刃與政。有以異乎。曰。無以異也。孟子又問而王答也。

曰。庖有肥肉。廄有肥馬。民有飢色。野有餓莩。此率獸而食人也。厚斂於民以養禽獸。而使民飢以死。則無異於驅獸以食人矣。

獸相食。且人惡之。爲民父母。行政不免於率獸而食人。惡在其爲民父母也。惡在之惡平聲。惡之之惡去聲。○君者。民之父母也。惡在。猶言何在也。

仲尼曰：「始作俑者，其無後乎！」爲其象人而用之也。如之何其使斯民飢而死也？

俑音勇。爲去聲。○俑，從葬木偶人也。古之葬者，束草爲人以爲從衛，謂之芻靈，略似人形而已。中古易之以俑，則有面目機發，而大似人矣。故孔子惡其不仁，而言其必無後也。孟子言此作俑者，但用象人以葬，孔子猶惡之，況實使民飢而死乎？

李氏曰：爲人君者，固未嘗有率獸食人之心。然徇一己之欲，而不恤其民，則其流必至於此。故以爲民父母告之。夫父母之於子，爲之就利避害，未嘗頃刻而忘於懷，何至視之不如犬馬乎？

第四章　民爲貴、君爲輕

孟子曰：「民爲貴，社稷次之，君爲輕。

社，土神。稷，穀神。建國則立壇壝以祀之。蓋國以民爲本，社稷亦爲民而立，而君之尊，又係於二者之存亡，故其輕重如此。

是故得乎丘民而爲天子，得乎天子爲諸侯，得乎諸侯爲大夫。

丘民，田野之民，至微賤也。然得其心，則天下歸之。天子至尊貴也，而得其心者，不過爲諸侯耳。是民爲重也。

諸侯危社稷，則變

置。諸侯無道，將使社稷爲人所滅，則當更立賢君。是君輕於社稷也。犧牲既成，粢盛既潔，祭祀以時，然而旱乾水溢，則變置社稷。盛音成。○祭祀不失禮，而土穀之神不能爲民禦災捍患，則毀其壇壝而更置之，亦年不順成，八蜡不通之意。是社稷雖重於君而輕於民也。

× × × ×

齊宣王問曰：湯放桀，武王伐紂，有諸？孟子對曰：於傳有之。傳，直戀反。○放，置也。書曰：成湯放桀于南巢。

曰：臣弑其君可乎？桀紂天子，湯武諸侯。

曰：賊仁者，謂之賊。賊義者，謂之殘。殘賊之人，謂之一夫。聞誅一夫紂矣，未聞弑君也。賊，害也。殘，傷也。害仁者，凶暴淫虐，滅絕天理，故謂之賊。害義者，顛倒錯亂，傷敗彝倫，故謂之殘。一夫，言衆叛親離，不復以爲君也。書曰：獨夫紂。蓋四海歸之，則爲天子；天下叛之，則爲獨夫。所以深警齊王，垂戒後世也。王勉曰：斯言也，惟在下者有湯武之仁，而在上者有桀紂之暴則可；不然

是未免於篡弒之罪也

× × × ×

萬章曰。堯以天下與舜，有諸。孟子曰。否。天子不能以天下與人。天下者天下之天下。非一人之私有故也。

然則舜有天下也，孰與之。曰。天與之。萬章問而孟子答也。

天與之者，諄諄然命之乎。諄之淳反。○萬章問也。諄諄詳語之貌。

曰。否。天不言，以行與事示之而已矣。行去聲，下同。○行之於身謂之行，措諸天下謂之事。言但因舜之行事，而示以與之之意耳。

曰。以行與事示之者，如之何。曰。天子能薦人於天，不能使天與之天下。諸侯能薦人於天子，不能使天子與之諸侯。大夫能薦人於諸侯，不能使諸侯與之大夫。昔者堯薦舜於天，而天受之；暴之於民，而民受之。故曰天不言，以行與事示之而已矣。

暴，步卜反。下同。○暴，顯也。言下能薦人於上，不能令上必用之。舜為天人所受，是因舜之行與事，而示之以與之之意也。

曰：敢問薦之於天而天受之，暴之於民而民受之，如何？曰：使之主祭而百神享之，是天受之；使之主事而事治，百姓安之，是民受之也。天與之，人與之，故曰天子不能以天下與人。

治，去聲。

舜相堯，二十有八載，非人之所能為也，天也。堯崩，三年之喪畢，舜避堯之子於南河之南。天下諸侯朝覲者，不之堯之子，而之舜；訟獄者，不之堯之子而之舜；謳歌者，不謳歌堯之子而謳歌舜。故曰天也。夫然後之中國，踐天子位焉。而居堯之宮，逼堯之子，是篡也，非天與也。

相，去聲。朝，音潮。夫，音扶。○南河在冀州之南，其南即豫州也。訟獄，謂獄不決而訟之也。

太誓曰。天視自我民視。天聽自我民聽。此之謂也。

自。從也。天無形。其視聽皆從於民之視聽。民之歸舜如此。則天與之可知矣。

× × × ×

萬章問曰。人有言，至於禹而德衰，不傳於賢，而傳於子。有諸。孟子曰。否。不然也。天與賢，則與賢。天與子，則與子。昔者舜薦禹於天。十有七年。舜崩，三年之喪畢。禹避舜之子於陽城，天下之民從之，若堯崩之後，不從堯之子而從舜也。禹薦益於天。七年。禹崩，三年之喪畢，益避禹之子於箕山之陰。朝覲訟獄者，不之益而之啓，曰吾君之子也。謳歌者，不謳歌益而謳歌啓，曰吾君之子也。

朝音潮。○陽城箕山之陰。皆嵩山下深谷中可藏處。啓。禹之子也。楊氏曰。此語孟子必有所受。然不可考矣。但云天與賢則與賢。天與子則與子。可以見堯舜禹之心。皆無一毫私意也。

丹朱之不肖，舜之子亦不肖。舜之相堯，禹之相舜也，歷年多，施澤於民久。啓賢，能敬承繼禹之道。益之相禹也，歷年少，施澤於民未久。舜禹益相去久遠，其子之賢不肖，皆天也，非人之所能爲也。莫之爲而爲者，天也；莫之致而至者，命也。

之相之相去聲。相去之相如字。○堯舜之子皆不肖，而舜禹之爲相久，此堯舜之子所以不有天下，而舜禹有天下也。禹之子賢，而益相不久，此啓所以有天下，而益不有天下也。然此皆非人力所爲而自爲，非人力所致而自至者。蓋以理言之謂之天，自人言之謂之命，其實則一而已。

匹夫而有天下者，德必若舜禹，而又有天子薦之者，故仲尼不有天下。

孟子因禹益之事，歷舉此下兩條以推明之。言仲尼之德，雖無愧於舜禹，而無天子薦之者，故不有天下。

繼世以有天下，天之所廢，必若桀紂者也，故益伊尹周公不有天下。

繼世而有天下者，其先世皆有大功德於民，故必有大惡如桀紂，則天乃廢之。如啓及大甲成王，雖不及益伊尹周公之賢聖，但能嗣守先業，則天亦不廢之。故益伊尹周公雖有舜禹之德，而亦不有天下。

伊尹相湯以王於天下。湯崩，太丁未立。外丙二年。仲壬四年。太甲顛覆湯之典刑。伊尹放之於桐，三年。太甲悔過，自怨自艾，於桐處仁遷義，三年，以聽伊尹之訓己也。復歸于亳。

相王皆去聲。艾音乂。○此承上文言伊尹不有天下之事。趙氏曰。太丁，湯之太子。未立而死。外丙立二年。仲壬立四年。皆太丁弟也。太甲，太丁子也。程子曰。古人謂歲為年。湯崩時。外丙方二歲。仲壬方四歲。惟太甲差長故立之也。二說未知孰是。顛覆，壞亂也。典刑，常法也。桐，湯墓所在。艾，治也。說文云。芟草也。蓋斬絕自新之意。亳，商所都也。

周公之不有天下，猶益之於夏，伊尹之於殷也。此復言周公所以不有天下之意。

孔子曰。唐虞禪，夏后殷周繼，其義一也。

禪音擅。○禪，授也。或禪或繼，皆天命也。聖人豈有私意於其間哉。尹氏曰。孔子曰。唐虞禪，夏后殷周繼。其義一也。孟子曰。天與賢則與賢。天與子則與子。知前聖之心者。無如孔子。繼孔子者孟子而已矣

×　×　×　×

沈同以其私問曰。燕可伐與。孟子曰。可。子噲不得與人燕，子之不得受燕

於子噲有仕於此。而子悅之。不告於王而私與之吾子之祿爵。夫士也亦無王命而私受之於子。則可乎何以異於是。伐與之與平聲。下伐與殺與同。夫音扶。○沈同齊臣。以私問。非王命也。諸侯土地人民。受之天子。傳之先君私以與人。則與者受者皆有罪也。仕。爲官也。士。卽從仕之人也。

× × × ×

齊人伐燕。或問曰。勸齊伐燕。有諸。曰未也。沈同問燕可伐與。吾應之曰可。彼然而伐之也。彼如曰孰可以伐之。則將應之曰爲天吏則可以伐之。今有殺人者。或問之曰。人可殺與。則將應之曰可。彼如曰孰可以殺之。則將應之曰爲士師則可以殺之。今以燕伐燕。何爲勸之哉。言齊無道。與燕無異。如以燕伐燕也。史記亦謂孟子勸齊伐燕。蓋傳聞此說之誤。○楊氏曰。燕固可伐矣。故孟子曰可。使齊王能誅其君。弔其民。何不可之有。乃殺其父兄。虜其子弟。而後燕人畔之。乃以是歸咎孟子之言。則誤矣。

× × × ×

齊人伐燕，勝之。

按史記燕王噲讓國於其相子之。而國大亂。齊因伐之。燕士卒不戰。城門不閉。遂大勝燕

宣王問曰。或謂寡人勿取。或謂寡人取之。以萬乘之國，伐萬乘之國。五旬而舉之。人力不至於此。不取，必有天殃。取之何如？

乘去聲下同。○以伐燕爲宣王事。與史記諸書不同。

孟子對曰。取之而燕民悅，則取之。古之人有行之者。武王是也。取之而燕民不悅，則勿取。古之人有行之者。文王是也。

商紂之世。文王三分天下有其二。以服事殷。至武王十三年。乃伐紂而有天下。張子曰。此事間不容髮。一日之間。天命未絕。則是君臣。當日命絕。則爲獨夫。然命之絕否。何以知之。人情而已。諸侯不期而會者八百。武王安得而止之哉。

以萬乘之國，伐萬乘之國，簞食壺漿，以迎王師。豈有他哉？避水火也。如水益深。如火益熱。亦運而已矣。

簞音丹。食音嗣。○簞。竹器。食。飯也。運。轉也。言齊若更爲暴虐。則民將轉而望救於他人矣。

趙氏曰。征伐之道。當順民心。民心悅。則天意得矣。

齊人伐燕取之。諸侯將謀救燕。宣王曰。諸侯多謀伐寡人者。何以待之。孟子對曰。臣聞七十里爲政於天下者。湯是也。未聞以千里畏人者也。千里畏人指齊王也

書曰。湯一征。自葛始。天下信之。東面而征西夷怨。南面而征北狄怨。曰奚爲後我。民望之。若大旱之望雲霓也。歸市者不止。耕者不變。誅其君而弔其民。若時雨降。民大悅。書曰。徯我后。后來其蘇。霓五稽反。徯胡禮反。○兩引書皆商書仲虺之誥文也。與今書文亦小異。

一征。初征也。天下信之。信其志在救民。不爲暴也。奚爲後我。言湯何爲不先來征我之國也。霓。虹也。雲合則雨。虹見則止。變。動也。徯。待也。后。君也。蘇。復生也。他國之民。皆以湯爲我君。而待其來。使己得蘇息也。此言湯之所以七十里而爲政於天下也。

今燕虐其民。王往而征之。民以爲將拯己於水火之中也。簞食壺漿。以迎王師。若殺其父兄。係累其子弟。毀其宗廟。遷其重器。如之何其可也。天下

固畏齊之彊也。今又倍地而不行仁政。是動天下之兵也。累力追反○ 拯。救也。係累。繫縛也。重器。寶器也。畏。忌也。倍地。幷燕而增一倍之地也。齊之取燕。若能如湯之征葛。則燕人悅之。而齊可為政於天下矣。今乃不行仁政。而肆為殘虐。則無以慰燕民之望。而服諸侯之心。是以不免乎以千里而畏人也

王速出令。反其旄倪。止其重器。謀於燕衆。置君而後去之。則猶可及止也。旄與耄同。倪五稽反○ 反。還也。旄。老人也。倪。小兒也。謂所虜略之老小也。猶。尚也。及止。及其未發而止之也。

范氏曰。孟子事齊梁之君。論道德則必稱堯舜。論征伐則必稱湯武。蓋治民不法堯舜。則是為暴。行師不法湯武。則是為亂。豈可謂吾君不能。而舍所學以徇之哉。

× × × ×

燕人畔。王曰。吾甚慚於孟子。齊破燕後二年。燕人共立太子平為王。

陳賈曰。王無患焉。王自以為與周公。孰仁且智。王曰。惡。是何言也。曰。周公

使管叔監殷，管叔以殷畔。知而使之，是不仁也；不知而使之，是不智也。仁智，周公未之盡也，而況於王乎？賈請見而解之。

惡監皆平聲。○陳賈，齊大夫也。管叔，名鮮，武王弟，周公兄也。武王勝商殺紂，立紂子武庚，而使管叔與弟蔡叔、霍叔監其國。武王崩，成王幼，周公攝政，管叔與武庚畔，周公討而誅之。

見孟子，問曰：「周公何人也？」曰：「古聖人也。」曰：「使管叔監殷，管叔以殷畔也，有諸？」曰：「然。」曰：「周公知其將畔而使之與？」曰：「不知也。」「然則聖人且有過與？」曰：「周公，弟也；管叔，兄也。周公之過，不亦宜乎？」

與平聲。○言周公乃管叔之弟，管叔乃周公之兄。然則周公不知管叔之將畔而使之，其過有所不免矣。或曰：周公之處管叔，不如舜之處象，何也？游氏曰：象之惡已著，而其志不過富貴而已，故舜得以是而全之；若管叔之惡則未著，而其志其才，皆非象比也。周公詎忍逆探其兄之惡而棄之耶？周公愛兄，宜無不盡者。管叔之事，聖人之不幸也。舜誠信而喜象，周公誠信而任管叔，此天理人倫之至，其用心一也。

且古之君子，過則改之；今之君子，過則順之。古之君子，其過也，如日月之食。民皆見之。及其更也。民皆仰之。今之君子。豈徒順之。又從為之辭。更平聲。○順猶遂也。更改也。辭辯也。更之則無損於明。故民仰之。順而為之辭。則其過愈深矣。責賈不能勉其君以遷善改過。而教之以遂非文過也。

林氏曰。齊王慙於孟子。蓋羞惡之心。有不能自已者。使其臣有能因是心而將順之。則義不可勝用矣。而陳賈鄙夫。方且為之曲為辯說。而沮其遷善改過之心。長其飾非拒諫之惡。故孟子深責之。

××××

孟子曰。天時不如地利。地利不如人和。天時。謂時日支干孤虛王相之屬也。地利。險阻城池之固也。人和。得民心之和也。

三里之城。七里之郭。環而攻之而不勝。夫環而攻之。必有得天時者矣。然而不勝者。是天時不如地利也。夫音扶。○三里七里。城郭之小者。郭。外城。環。圍也。言四面攻圍。曠日持久。必有值天時之善者。

城非不高也。池非不深也。兵革非不堅利也。米粟非不多也。委而去之。是地利不如人和也。革，甲也。粟，穀也。委，棄也。言不得民心，民不爲守也。

故曰域民不以封疆之界，固國不以山谿之險，威天下不以兵革之利。得道者多助，失道者寡助。寡助之至，親戚畔之。多助之至，天下順之。域，界限也。以天下之所順，攻親戚之所畔。故君子有不戰，戰必勝矣。言不戰則已，戰則必勝。○尹氏曰：言得天下者，凡以得民心而已。

× × × ×

孟子見梁惠王。王立於沼上，顧鴻鴈麋鹿，曰：賢者亦樂此乎？樂音洛，篇內同。○沼，池也。鴻，鴈之大者。麋，鹿之大者。

孟子對曰：賢者而後樂此，不賢者雖有此不樂也。此一章之大指。

詩云：經始靈臺，經之營之，庶民攻之，不日成之。經始勿亟，庶民子來。王在靈囿，麀鹿攸伏，麀鹿濯濯，白鳥鶴鶴。王在靈沼，於牣魚躍。文王以民力爲臺為沼。而民歡樂之。謂其臺曰靈臺。謂其沼曰靈沼。樂其有麋鹿魚鼈。古之人與民偕樂。故能樂也。

亟音棘。麀音憂。鶴詩作翯。戶角反。於音烏。○此引詩而釋之。以明賢者而後樂此之意。詩大雅靈臺之篇。經量度也。靈臺文王臺名也。營謀為也。攻治也。不日。不終日也。亟速也。言文王戒以勿亟也。子來。如子來趨父事也。靈囿靈沼。臺下有囿。囿中有沼也。麀牝鹿也。伏安其所。不驚動也。濯濯。肥澤貌。鶴鶴。潔白貌。於歎美辭。牣滿也。孟子言文王雖用民力。而民反歡樂之。既加以美名。而又樂其所有。蓋由文王能愛其民。故民樂其樂。而文王亦得以享其樂也。

湯誓曰。時日害喪。予及女偕亡。民欲與之偕亡。雖有臺池鳥獸。豈能獨樂哉。

害音曷。喪去聲。女音汝。此引書而釋之。以明不賢者雖有此不樂之意也。湯誓商書篇名。時是也。日指夏桀。害何也。桀嘗自言吾有天下。如天之有日。日亡吾乃亡耳。民怨其虐。故因其自言而目之曰。此日何時亡乎。若亡則我寧與之俱亡。蓋欲其亡之甚也。孟子引此。以明君獨樂而不恤其民。則民怨之而不能保其樂也。

齊宣王見孟子於雪宮。王曰。賢者亦有此樂乎。孟子對曰。有。人不得。則非其上矣。

（樂音洛。下同。○雪宮。離宮名。言人君能與民同樂。則人皆有此樂。不然。則下之不得此樂者。必有非其君上之心。明人君當與民同樂。不可使人有不得者。非但當與賢者共之而已也）

不得而非其上者非也。為民上而不與民同樂者。亦非也。（下不安分。上不恤民。皆非理也）

樂民之樂者。民亦樂其樂。憂民之憂者。民亦憂其憂。樂以天下。憂以天下。然而不王者。未之有也。

（樂民之樂而民樂其樂。則樂以天下矣。憂民之憂而民憂其憂。則憂以天下矣）

昔者齊景公問於晏子曰。吾欲觀於轉附朝儛。遵海而南。放于琅邪。吾何脩而可以比於先王觀也。

（朝音潮。放上聲。○晏子。齊臣。名嬰。轉附朝儛。皆山名也。遵。循也。放。至也。琅邪。齊東南境上邑名。觀。遊也）

晏子對曰。善哉問也。天子適諸侯曰巡狩。巡狩者巡所守也。諸侯朝於天子曰述職。述職者述所職也。無非事者。春省耕而補不足。秋省斂而助不給。夏諺曰。吾王不遊。吾何以休。吾王不豫。吾何以助。一遊一豫。爲諸侯度。狩舒救反。省悉井反。○述陳也。省。視也。斂。收穫也。給。亦足也。夏諺。夏時之俗語也。豫。樂也。巡狩。巡行諸侯所守之土也。述職。陳其所受之職也。皆無有無事而空行者。而又春秋循行郊野。察民之所不足而補助之。故夏諺以爲王者一遊一豫。皆有恩惠以及民。而諸侯皆取法焉。不敢無事慢遊以病其民也。

今也不然。師行而糧食。飢者弗食。勞者弗息。睊睊胥讒。民乃作慝。方命虐民。飲食若流。流連荒亡。爲諸侯憂。睊古縣反。○今。謂晏子時也。師。衆也。二千五百人爲師。春秋傳曰。君行師從。糧。謂糗糒之屬。睊睊。側目貌。胥。相也。讒。謗也。慝。惡也。言民不勝其勞而起謗怨也。方。逆也。命。王命也。若流。如水之流無窮極也。流連荒亡。解見下文。諸侯。謂附庸之國。縣邑之長。

從流下而忘反謂之流。從流上而忘反謂之連。從獸無厭謂之荒。樂酒無厭謂之亡。厭平聲。○此釋上文之義也。從流下。謂放舟隨水而下。從流上。謂挽舟逆水而上。從獸。田獵也。荒。廢也。樂酒。以飲酒爲樂也。亡。猶失也。言廢時失事也。

先王無流連之樂。荒亡之行。行去聲。惟君所行也。言先王之法。今時之弊。二者惟在君所行耳。

景公說。大戒於國。出舍於郊。於是始興發補不足。召大師曰。為我作君臣相說之樂。蓋徵招角招是也。其詩曰，畜君何尤。畜君者，好君也。

說音悅。爲去聲。樂如字。徵陟里反。招與韶同。畜敕六反。○戒，告命也。出舍，自責以省民也。興，發。發倉廩也。大師，樂官也。君臣，己與晏子也。樂有五聲。三曰角爲民。四曰徵爲事。招，舜樂也。其詩，徵招角招之詩也。尤，過也。言晏子能畜止其君之欲。宜爲君之所尤。然其心則何過哉。孟子釋之，以爲臣能畜止其君之欲，乃是愛其君者也。

尹氏曰。君之與民。貴賤雖不同。然其心未始有異也。孟子之言，可謂深切矣。齊王不能推而用之。惜哉。

× × × ×

莊暴見孟子曰。暴見於王，王語暴以好樂。暴未有以對也。曰。好樂何如。孟子曰。王之好樂甚，則齊國其庶幾乎。

見於之見音現。下見於同。語去聲。下同。好去聲。篇內並同。○莊暴。齊臣也。庶幾。近辭也。言近於治。

他日見於王曰。王嘗語莊子以好樂。有諸。王變乎色曰。寡人非能好先王之樂也。直好世俗之樂耳。

變色者，慚其好之不正也。

曰王之好樂甚則齊其庶幾乎今之樂猶古之樂也今樂世俗之樂古樂先王之樂曰可得聞與曰獨樂樂與人樂樂孰樂曰不若與人曰與少樂樂與衆樂樂孰樂曰不若與衆聞與之與平聲樂樂下字音洛孰樂亦音洛○獨樂不若與人與少樂不若與衆亦人之常情也

臣請爲王言樂爲去聲○此以下皆孟子之言也今王鼓樂於此百姓聞王鐘鼓之聲管籥之音舉疾首蹙頞而相告曰吾王之好鼓樂夫何使我至於此極也父子不相見兄弟妻子離散今王田獵於此百姓聞王車馬之音見羽旄之美舉疾首蹙頞而相告曰吾王之好田獵夫何使我至於此極也父子不相見兄弟妻子離散此無他不與民同樂也蹙子六反頞音遏夫音扶同樂之樂音洛○鐘鼓管籥皆樂器也舉皆也疾首頭痛也蹙聚也頞額也人憂慼則蹙其額極窮也羽旄旌屬不與民同樂謂獨樂其身而不恤其民使之窮困也

今王鼓樂於此百姓聞王鐘鼓之聲管籥之音舉欣欣然有喜色而相告

曰吾王庶幾無疾病與，何以能鼓樂也？今王田獵於此，百姓聞王車馬之音，見羽旄之美，舉欣欣然有喜色而相告曰：吾王庶幾無疾病與，何以能田獵也？此無他，與民同樂也。

病與之與平聲。同樂之樂音洛。○與民同樂者，推好樂之心以行仁政，使民各得其所也。

今王與百姓同樂，則王矣。

好樂而能與百姓同之，則天下之民歸之矣。所謂齊其庶幾者如此。

范氏曰：戰國之時，民窮財盡，人君獨以南面之樂自奉其身。孟子切於救民，故因齊王之好樂，開導其善心，深勸其與民同樂，而謂今樂猶古樂。其實今樂古樂何可同也？但與民同樂之意，則無古今之異耳。若必欲以禮樂治天下，當如孔子之言，必用韶舞，必放鄭聲。蓋孔子之言，為邦之正道；孟子之言，救時之急務，所以不同。

楊氏曰：樂以和為主，使人聞鐘鼓管弦之音而疾首蹙頞，則雖奏以咸英韶濩，無補於治也。故孟子告齊王以此，姑正其本而已。

× × × ×

齊宣王問曰：文王之囿方七十里，有諸？孟子對曰：於傳有之。

囿音又。傳直戀反。○囿者，蕃育

鳥獸之所。古者四時之田。皆於農隙以講武事。然不欲馳騖於稼穡場圃之中。故度閒曠之地以爲囿。然文王七十里之囿。其亦三分天下有其二之後也與。傳謂古書。

曰。若是其大乎。曰。民猶以爲小也。曰。寡人之囿。方四十里。民猶以爲大。何也。曰。文王之囿。方七十里。芻蕘者往焉。雉兔者往焉。與民同之。民以爲小。不亦宜乎。芻音初。蕘音饒。芻草也。蕘薪也。

臣始至於境。問國之大禁。然後敢入。臣聞郊關之內。有囿方四十里。殺其麋鹿者。如殺人之罪。則是方四十里爲阱於國中。民以爲大。不亦宜乎。阱才性反。○補註。國而問禁。國外百里爲郊。郊外有關。阱坎地以陷獸者。言陷民於死也。

第五章 交鄰國之道

齊宣王問曰：「交鄰國有道乎？」孟子對曰：「有。惟仁者為能以大事小，是故湯事葛，文王事昆夷；惟智者為能以小事大，故大王事獯鬻，句踐事吳。獯音熏。鬻音育。句音鉤。○仁人之心，寬洪惻怛，而無較計大小強弱之私，故小國雖或不恭，而吾所以字之之心自不能已。智者明義理，識時勢，故大國雖見侵陵，而吾所以事之之禮尤不敢廢。湯事見後篇。文王事見詩大雅。大王事見後章，所謂狄人，即獯鬻也。句踐，越王名。事見國語、史記。

以大事小者，樂天者也；以小事大者，畏天者也。樂天者保天下，畏天者保其國。樂音洛。○天者，理而已矣。大之字小，小之事大，皆理之當然也。自然合理，故曰樂天。不敢違理，故曰畏天。包含徧覆，無不周徧，保天下之氣象也。制節謹度，不敢縱逸，保一國之規模也。

詩云：『畏天之威，于時保之。』」詩周頌我將之篇。時，是也。

王曰：「大哉言矣！寡人有疾，寡人好勇。」言以好勇，故不能事大而恤小也。

對曰：「王請無好小勇。夫撫劍疾視曰：『彼惡敢當我哉！』此匹夫之勇，敵一人者也。王請大之。夫撫之夫音扶。惡平聲。○疾視，怒目而視也。小勇，血氣所為。大勇，義理所發。

詩云。王赫斯怒。爰整其旅。以遏徂莒。以篤周祜。以對于天下。此文王之勇也。文王一怒而安天下之民。詩。大雅皇矣篇。赫。赫赫然怒貌。爰。於也。旅。衆也。遏。詩作按。止也。徂。往也。莒。詩作旅。徂旅。謂密人侵阮徂共之衆也。篤。厚也。祜。福也。對。答也。以答天下仰望之心也。此文王之大勇也。

書曰。天降下民。作之君。作之師。惟曰其助上帝。寵之四方。有罪無罪惟我在。天下曷敢有越厥志。一人衡行於天下。武王恥之。此武王之勇也。而武王亦一怒而安天下之民。衡與横同。○書。周書大誓之篇也。然所引與今書文小異。今且依此解之。寵之四方。寵異之於四方也。有罪者我得而誅之。無罪者我得而安之。我既在此。則天下何敢有過越其心志而作亂者乎。衡行。謂作亂也。孟子釋書意如此。而言武王亦大勇也。

今王亦一怒而安天下之民。民惟恐王之不好勇也。王若能如文武之爲。則天下之民。望其一怒。以除暴亂。而拯己於水火之中。惟恐王之不好勇耳。

此章言人君能懲小忿。則能恤小事大。以交鄰國。能養大勇。則能除暴救民。以安天下。

張敬夫曰。小勇者。血氣之怒也。大勇者。理義之怒也。血氣之怒不可有。理義之怒不可無。知此。則可以見性情之正。而識天理人欲之分矣。

× × × ×

孟子曰天下有道，小德役大德，小賢役大賢，天下無道。小役大。弱役強。斯二者天也。順天者存。逆天者亡。有道之世。人皆修德。而位必稱其德之大小。天下無道。人不修德。則但以力相役而已。天者。理勢之當然也。

齊景公曰。既不能令。又不受命。是絕物也。涕出而女於吳。女。去聲。○引此以言小役大弱役強之事也。令。出令以使人也。受命。聽命於人也。物。猶人也。女。以女與人也。吳。蠻夷之國也。景公羞與為昏而畏其強。故涕泣而以女與之。

今也小國師大國而恥受命焉。是猶弟子而恥受命於先師也。言小國不修德以自強。其般樂怠敖。皆若效大國之所為者。而獨恥受其教命。不可得也。

如恥之。莫若師文王。師文王，大國五年，小國七年，必為政於天下矣。

此因其愧恥之心而勉以修德也。文王之政。布在方策。舉而行之。所謂師文王也。五年七年。以其所乘之勢不同為差。蓋天下雖無道。然修德之至。則道自我行。而大國反為吾役矣。程子曰。五年七年。聖人度其時則可矣。然凡此類。學者皆當思其作為如何。乃有益耳。

詩云。商之孫子。其麗不億。上帝既命。侯于周服。侯服于周。天命靡常。殷士膚敏。祼將于京。孔子曰。仁不可為衆也。夫國君好仁。天下無敵。

祼音灌。夫音扶。好去聲。○詩大雅文王之篇。孟子引此詩及孔子之言。以言文王之事。麗。數也。十萬曰億。侯。維也。商士。商孫子之臣也。膚。大也。敏。達也。祼。宗廟之祭。以鬱鬯之酒灌地而降神也。將。助也。言商之孫子衆多。其數不但十萬而已。上帝既命周以天下。則凡此商之孫子。皆臣服于周矣。所以然者。以天命不常。歸于有德故也。是以商士之膚大而敏達者。皆執祼獻之禮。助王祭事于周之京師也。孔子因讀此詩。而言有仁者則雖有十萬之衆。不能當之。故國君好仁。則必無敵於天下也。不可為衆。猶所謂難為兄難為弟云爾。

今也欲無敵於天下而不以仁。是猶執熱而不以濯也。詩云。誰能執熱。逝不以濯。

恥受命於大國。是欲無敵於天下也。乃師大國而不師文王。是不以仁也。詩。大雅桑柔之篇。逝。語辭也。言誰能執持熱物。而不以水自濯其手乎。

此章言不能自強，則聽天所命；修德行仁，則天命在我。

× × × ×

梁惠王曰：「晉國，天下莫強焉，叟之所知也。及寡人之身，東敗於齊，長子死焉；西喪地於秦七百里；南辱於楚。寡人恥之，願比死者一洒之，如之何則可？」

長上聲。喪去聲。比必二反。洒與洗同。○魏本晉大夫魏斯，與韓氏趙氏共分晉地，號曰三晉。故惠王猶自謂晉國。惠王三十年，齊擊魏，破其軍，虜太子申。十七年，秦取魏少梁。後魏又數獻地於秦。又與楚將昭陽戰敗，亡其七邑。比，猶爲也。言欲爲死者雪其恥也。

孟子對曰：「地方百里而可以王。

百里，小國也。然能行仁政，則天下之民歸之矣。

王如施仁政於民，省刑罰，薄稅斂，深耕易耨。壯者以暇日修其孝悌忠信，入以事其父兄，出以事其長上，可使制梃以撻秦楚之堅甲利兵矣。

省所梗反。斂、易，皆去聲。耨奴豆反。長上聲。○省刑罰，薄稅斂，此二者仁政之大目也。易，治也。耨，耘也。盡己之謂忠，以實之謂信。君行仁政，則民得盡力於農畝，而又有暇日以修禮義，是以尊君親上而樂於效死也。

彼奪其民時，使不得耕耨以養其父母。父母凍餓，兄弟妻子離散。養，去聲。○彼謂敵國也。

彼陷溺其民，王往而征之，夫誰與王敵？夫音扶。○陷，陷於阱。溺，溺於水。暴虐之意。征，正也。以彼暴虐其民，而率吾尊君親上之民，往正其罪。彼民方怨其上而樂歸於我，則誰與我為敵哉？

故曰：仁者無敵。王請勿疑。仁者無敵，蓋古語也。百里可王，以此而已。恐王疑其迂闊，故勉使勿疑也。○孔氏曰：惠王之志在於報怨，孟子之論在於救民。所謂惟天吏則可以伐之，蓋孟子之本意。

× × × ×

滕文公問曰：滕，小國也，間於齊楚。事齊乎？事楚乎？間，去聲。滕，國名。

孟子對曰：是謀非吾所能及也。無已，則有一焉：鑿斯池也，築斯城也，與民守之，效死而民弗去，則是可為也。一，謂一說也。效，猶致也。國君死社稷，故致死以守國。至於民亦為之死守而不去，則非有以深得其心者不能也。

此章言有國者當守義而愛民，不可僥倖而苟免。

× × × ×

滕文公問曰：齊人將築薛，吾甚恐，如之何則可？

薛，國名，近滕，齊取其地而城之，故文公以其偪己而恐也。

孟子對曰：昔者大王居邠，狄人侵之，去之岐山之下居焉。非擇而取之，不得已也。

邠與豳同。○邠，地名。言大王非以岐下為善，擇取而居之也。詳見下章。

苟為善，後世子孫必有王者矣。君子創業垂統，為可繼也。若夫成功，則天也。君如彼何哉？彊為善而已矣。

夫音扶。彊，上聲。○創，造。統，緒也。言能為善，則如大王雖失其地，而其後世遂有天下，乃天理也。然君子造基業於前，而垂統緒於後，但能不失其正，令後世可繼續而行耳。若夫成功，則豈可必乎？彼，齊也。君之力既無如之何，則但彊於為善，使其可繼而俟命於天耳。

此章言人君但當竭力於其所當為，不可徼幸於其所難必。

× × × ×

滕文公問曰。滕。小國也。竭力以事大國。則不得免焉。如之何則可。

孟子對曰。昔者大王居邠。狄人侵之。事之以皮幣。不得免焉。事之以犬馬。不得免焉。事之以珠玉。不得免焉。乃屬其耆老而告之曰。狄人之所欲者。吾土地也。吾聞之也。君子不以其所以養人者害人。二三子何患乎無君。我將去之。去邠。踰梁山。邑于岐山之下居焉。邠人曰。仁人也。不可失也。從之者如歸市。

屬音燭。○皮。謂虎豹麋鹿之皮也。幣。帛也。屬。會集也。土地本生物以養人。今爭地而殺人。是以其所以養人者害人也。邑。作邑也。歸市。人衆而爭先也。

或曰。世守也。非身之所能爲也。效死勿去。

又言或謂土地乃先人所受而世守之者。非己所能專。但當致死守之。不可舍去。此國君死社稷之常法。傳所謂國滅君死之。正也。正謂此也。

君請擇於斯二者。

則謹守常法。蓋遷國能如大王則避之。不能以圖存者權也。守正而俟死者義也。審己量力擇而處之可也。

楊氏曰。孟子之於文公。始告之以效死而已。禮之正也。至其甚恐。則以大王之事告之。非得已也。然無大王之德而去。則民或不從而遂至於亡。則又不若效死之爲愈。故又請擇於斯二者。又曰。孟子所論自世俗觀之。則可謂無謀矣。然理之可爲者。不過如此。舍此則必爲儀秦之爲矣。凡事求可。功求成。取必於智謀之末而不循天理之正者。非聖賢之道也。

× × × ×

萬章問曰。宋。小國也。今將行王政。齊楚惡而伐之。則如之何。惡去聲。○萬章。孟子弟子。宋王偃嘗滅滕伐薛。敗齊楚魏之兵。欲霸天下。疑即此時也。

孟子曰。湯居亳。與葛爲鄰。葛伯放而不祀。湯使人問之曰。何爲不祀。曰。無以供犧牲也。湯使遺之牛羊。葛伯食之。又不以祀。湯又使人問之曰。何爲不祀。曰。無以供粢盛也。湯使亳衆往爲之耕。老弱饋食。葛伯率其民。要其有酒食黍稻者奪之。不授者殺之。有童子以黍肉餉。殺而奪之。書曰。葛伯仇餉。此之謂也。遺。唯季反。盛。音成。往爲之爲。去聲。饋食酒食之食。音嗣。要。平聲。餉。式亮反。○葛。國名。伯。爵也。放而不祀。放縱無道。不祀先祖也。亳衆。湯之民。其民。葛民也。授。與也。餉。亦饋也。書。商書仲虺之誥也。仇餉，言與餉者爲仇也。

爲其殺是童子而征之。四海之内皆曰。非富天下也。爲匹夫匹婦復讎也。

爲去聲。○非富天下，言湯之心。非以天下爲富而欲得之也。

湯始征。自葛載。十一征而無敵於天下。東面而征西夷怨。南面而征北狄怨。曰奚爲後我。民之望之。若大旱之望雨也。歸市者弗止。芸者不變。誅其君。弔其民。如時雨降。民大悅。書曰。徯我后。后來其無罰。

載。亦始也。十一征。所征十一國也。

有攸不惟臣。東征。綏厥士女。匪厥玄黃。紹我周王見休。惟臣附于大邑周。其君子實玄黃于匪以迎其君子。其小人簞食壺漿以迎其小人。救民於水火之中。取其殘而已矣。

食音嗣。○按周書武成篇。載武王之言。孟子約其文如此。然其辭時與今書文不類。今姑依此文解之。有所不惟臣。謂助紂爲惡而不爲周臣者。匪。與篚同。玄黃。幣也。紹。繼也。猶言事也。言其士女以篚盛玄黃之幣。迎武王而事之也。商人而曰我周王。猶商書所謂我后也。休。美也。言武王能順天休命而事之者。皆見休也。臣附。歸服也。孟子又釋其意。言商人聞周師之來。各以其類相迎者。以武王能拯民於水火之中。取其殘民者誅之。而不為暴虐耳。君子。謂在位之人。小人。謂細民也。

大誓曰。我武惟揚。侵于之疆。則取于殘。殺伐用張。于湯有光。大誓。周書也。今書文亦小異。言武王威武奮揚。侵彼紂之疆界。取其殘賊。而殺伐之功。因以張大。比於湯之伐桀又有光焉。引此以證上文取其殘之義。

不行王政云爾。苟行王政。四海之內。皆舉首而望之。欲以為君。齊楚雖大。何畏焉。宋實不能行王政。後果為齊所滅。王偃走死。

尹氏曰。為國者能自治而得民心。則天下皆將歸往之。恨其征伐之不早也。尚何強國之足畏哉。苟不自治。而以強弱之勢言之。是可畏而已矣。

× × × ×

孟子曰。尊賢使能。俊傑在位。則天下之士。皆悅而願立於其朝矣。朝音潮。○俊傑。才德之異於眾者。

市廛而不征，法而不廛，則天下之商皆悅而願藏於其市矣。廛，市宅也。張子曰：或賦其市地之廛，而不征其貨；或治之以市官之法，而不賦其廛。蓋逐末者多，則廛以抑之；少則不必廛也。

關譏而不征，則天下之旅皆悅而願出於其路矣。

耕者助而不稅，則天下之農皆悅而願耕於其野矣。但使出力以助耕公田，而不稅其私田也。

廛無夫里之布，則天下之民皆悅而願為之氓矣。氓音盲。○周禮：宅不毛者有里布；民無職事者出夫家之征。鄭氏謂：宅不種桑麻者，罰之使出一里二十五家之布；民無常業者，罰之使出一夫百畝之稅，一家力役之征也。今戰國時，一切取之。市宅之民，已賦其廛，又令出此夫里之布，非先王之法也。氓，民也。

信能行此五者，則鄰國之民仰之若父母矣。率其子弟，攻其父母，自生民以來，未有能濟者也。如此，則無敵於天下。無敵於天下者，天吏也。然而不王者，未之有也。

呂氏曰。奉行天命。謂之天吏。廢興存亡。惟天所命。不敢不從。若湯武是也。

此章言能行王政。則寇戎爲父子。不行王政。則赤子爲仇讎。

第六章 用人之道

孟子曰。有事君人者。事是君則爲容悅者也。阿殉以爲容。逢迎以爲悅。此鄙夫之事。妾婦之道也

有安社稷臣者。以安社稷爲悅者也。言大臣之計安社稷。如小人之務悅其君。眷眷於此而不忘也。

有天民者。達可行於天下而後行之者也。民者。無位之稱。以其全盡天理。乃天之民。故謂之天民。必其道可行於天下。然後行之。不然。則寧沒世不見知而不悔。不肯小用其道以殉於人也。張子曰。必功覆斯民然後出。如伊呂之徒。

有大人者。正己而物正者也。大人。德盛而上下化之。所謂見龍在田。天下文明者。

此章言人品不同。略有四等。容悅佞臣不足言。安社稷則忠矣。然猶一國之士也。天民則非一國之士矣。然猶有意也。無意無必。惟其所在而物無不化。惟聖者能之。

孟子見齊宣王曰：「為巨室，則必使工師求大木。工師得大木，則王喜，以為能勝其任也。匠人斲而小之，則王怒，以為不勝其任矣。夫人幼而學之，壯而欲行之。王曰：『姑舍女所學而從我』，則何如？

勝平聲。夫音扶。舍上聲。女音汝，下同。○巨室，大宮也。工師，匠人之長。匠人，衆工人也。姑，且也。言賢人所學者大，而王欲小之也。

今有璞玉於此，雖萬鎰，必使玉人彫琢之。至於治國家，則曰『姑舍女所學而從我』，則何以異於教玉人彫琢玉哉？」

鎰音溢。○璞，玉之在石中者。鎰，二十兩也。玉人，玉工也。不敢自治而付之能者，愛之甚也。治國家則徇私欲而不任賢，是愛國家不如愛玉也。

范氏曰：「古之賢者常患人君不能行其所學，而世之庸君亦常患賢者不能從其所好。是以君臣相遇，自古以為難。孔孟終身而不遇，蓋以此耳。」

孟子曰，不信仁賢，則國空虛。空虛，言若無人然。無禮義，則上下亂。禮義所以辨上下，定民志。無政事，則財用不足。生之無道，取之無度，用之無節故也。

尹氏曰，三者以仁賢為本。無仁賢，則禮義政事處之皆不以其道矣。

×　×　×　×

孟子見齊宣王曰，所謂故國者，非謂有喬木之謂也，有世臣之謂也。王無親臣矣。昔者所進，今日不知其亡也。世臣，累世勳舊之臣，與國同休戚者也。親臣，君所親信之臣，與君同休戚者也。此言喬木世臣，皆故國所宜有。然所以為故國者，則在此而不在彼也。昨日所進用之人，今日有亡去而不知者，則無親臣矣。況世臣乎。

王曰，吾何以識其不才而舍之。舍，上聲。○王意以為此亡去者，皆不才之人。我初不知而誤用之，故今不以其去為意耳。因問何以先識其不才而舍之邪。

曰，國君進賢，如不得已。將使卑踰尊，疏踰戚，可不慎與。與，平聲。○如不得已，言謹之至也。蓋尊尊親親，禮之常也。然或尊者親者未必賢，則必進疏遠之賢而用之。是使卑者踰尊，疏者踰戚，非禮之常，故不可不謹也。

左右皆曰賢，未可也；諸大夫皆曰賢，未可也；國人皆曰賢，然後察之；見賢焉，然後用之。左右皆曰不可，勿聽；諸大夫皆曰不可，勿聽；國人皆曰不可，然後察之；見不可焉，然後去之。

去，上聲。○左右近臣，其言固未可信。諸大夫之言，宜可信矣，然猶恐其蔽於私也。至於國人，則其論公矣，然猶必察之者，蓋人有同俗而為眾所悅者，亦有特立而為俗所憎者，故必自察之，而親見其賢否之實，然後從而用舍之；則於賢者知之深，任之重，而不才者不得以幸進矣。所謂進賢如不得已者如此。

左右皆曰可殺，勿聽；諸大夫皆曰可殺，勿聽；國人皆曰可殺，然後察之；見可殺焉，然後殺之。故曰國人殺之也。

此言非獨以此進退人才，至於用刑，亦以此道。蓋所謂天命天討，皆非人君之所得私也。

如此，然後可以為民父母。

傳曰：民之所好好之，民之所惡惡之，此之謂民之父母。

× × × ×

孟子告齊宣王曰。君之視臣如手足，則臣視君如腹心。君之視臣如犬馬，則臣視君如國人。君之視臣如土芥，則臣視君如寇讎。孔氏曰。宣王之遇臣下。恩禮衰薄至於昔者所進今日不知其亡。則其於羣臣可謂邈然無敬矣。故孟子告之以此。手足腹心。相待一體恩義之至也。如犬馬則輕賤之。然猶有豢養之恩焉。國人。猶言路人。言無怨無德也。土芥則踐踏之而已矣。斬艾之而已矣。其賤惡之又甚矣。寇讎之報。不亦宜乎。

王曰。禮為舊君有服，何如斯可為服矣。為去聲。下為之同。○儀禮曰。以道去君而未絕者。服齊衰三月。王疑孟子之言太甚。故以此禮為問。

曰。諫行言聽，膏澤下於民。有故而去，則君使人導之出疆，又先於其所往。去三年不反，然後收其田里。此之謂三有禮焉。如此則為之服矣。導之出疆。防剽掠也。先於其所往。稱道其賢。欲其收用之也。三年而後收其田祿里居。前此猶望其歸也。

今也為臣。諫則不行，言則不聽，膏澤不下於民。有故而去，則君搏執之，又極之於其所往、去之日、遂收其田里。此之謂寇讎。寇讎何服之有？

極，窮也。窮之於其所往之國，如晉錮欒盈也。○潘興嗣曰：孟子告齊王之言，猶孔子對定公之意也。而其言有迹，不若孔子之渾然也。蓋聖賢之別如此。楊氏曰：君臣以義合者也。故孟子為齊王深言報施之道，使知為君者不可不以禮遇其臣耳。若君子之自處，則豈處其薄乎？孟子曰：王庶幾改之，予日望之。君子之言蓋如此。

孟子曰：無罪而殺士，則大夫可以去；無罪而戮民，則士可以徙。

言君子當見幾而作。禍已迫，則不能去矣。

孟子曰：知者無不知也，當務之為急；仁者無不愛也，急親賢之為務。堯舜之知而不徧物，急先務也；堯舜之仁不徧愛人，急親賢也。

知者之知，並去聲。○知者固無不知，然常以所當務者為急，則事無不治，而其為知也大矣；仁者固無不愛，然常急於親賢，則恩無不洽，而其為仁也博矣。

能三年之喪，而緦小功之察，放飯流歠，而問無齒決，是之謂不知務。飯扶晚反，歠昌悅反○三年之喪，服之重者也。緦麻三月，小功五月，服之輕者也。察，致詳也。放飯，大飯。流歠，長歠。不敬之大者也。齒決，齧斷乾肉。不敬之小者也。問，講求之意。

此章言君子之於道，識其全體，則心不狹；知所先後，則事有序。

豐氏曰：智不急於先務，雖徧知人之所知，徧能人之所能，徒弊精神而無益於天下之治矣。不急於親賢，雖有仁民愛物之心，小人在位，無由下達，聰明日蔽於上，而惡政日加於下，此孟子所謂不知務也。

× × × ×

孟子曰：為政不難，不得罪於巨室。巨室之所慕，一國慕之；一國之所慕，天下慕之；故沛然德教溢乎四海。巨室，世臣大家也。得罪，謂身不正而取怨怒也。麥丘邑人祝齊桓公曰：願主君無得罪於羣臣百姓。意蓋如此。慕，向也。心悅誠服之謂也。沛然，盛大流行之貌。溢，充滿也。蓋巨室之心，難以力服；而國人素所取信，今既悅服，則國人皆服，而吾德教之所施，可以無遠而不至矣。

林氏曰：戰國之世，諸侯失德，巨室擅權，為患甚矣。然或者不修其本，而遽欲勝之，則未必能勝，而適以取禍。故孟子推本而言，惟務修德以服其心。彼既悅服，則吾之德教，無所留礙，可以及乎天下矣。裴度所謂韓弘輿疾討賊，承宗斂手削地。非朝廷之力能制其死命。特以處置得人。豈是皆以脩身爲本爲是故也。

×　×　×　×

魯欲使樂正子爲政。孟子曰。吾聞之。喜而不寐。喜其道之得行。

公孫丑曰。樂正子強乎。曰否。有知慮乎。曰否。多聞識乎。曰否。知去聲。○此三者皆當世之所向。而樂正子之所短。故丑疑而歷問之。

然則奚爲喜而不寐。丑問也。曰。其爲人也好善。好去聲。下同。

好善足乎。丑問也。曰。好善優於天下。而況魯國乎。優有餘裕也。言雖治天下。尚有餘力也。

夫苟好善。則四海之內。皆將輕千里而來告之以善。夫音扶。下同。○輕易也。言不以千里爲難也。

夫苟不好善。則人將曰訑訑。予既已知之矣。訑訑之聲音顏色距人於千里之外。士止於千里之外。則讒諂面諛之人至矣。與讒諂面諛之人居。國欲治可得乎？訑音移，治去聲。○訑訑，自足其智，不嗜善言之貌。君子小人，迭爲消長，直諒多聞之士遠，則讒諂面諛之人至，理勢然也。

此章言爲政，不在於用一己之長，而貴於有以來天下之善。

×　×　×　×

魯欲使慎子爲將軍。慎子，魯臣。孟子曰：不教民而用之，謂之殃民。殃民者，不容於堯舜之世。教民者，教之禮義，使知入事父兄，出事長上也。用之，使之戰也。一戰勝齊，遂有南陽，然且不可。是時魯蓋欲使慎子伐齊，取南陽也，故孟子言就使慎子善戰有功如此，且猶不可。

慎子勃然不悅曰：此則滑釐所不識也。滑音骨。○滑釐，慎子名。

曰：吾明告子。天子之地方千里；不千里，不足以待諸侯。諸侯之地方百里；不百里，不足以守宗廟之典籍。待諸侯，謂待其朝覲聘問之禮。宗廟典籍，祭祀會同之常制也。

周公之封於魯，爲方百里也；地非不足，而儉於百里。太公之封於齊也，亦爲方百里也。地非不足也、而儉於百里。二公有大勳勞於天下、而其封國不過百里。儉、止而不過之意也。

今魯方百里者五。子以爲有王者作、則魯在所損乎、在所益乎。魯地之大、皆幷吞小國而得之。有王者作、則必在所損矣。

徒取諸彼以與此、然且仁者不爲、況於殺人以求之乎。徒、空也。言不殺人而取之也。

君子之事君也、務引其君以當道、志於仁而已。當道、謂事合於理。志仁、謂心在於仁。

× × × ×

孟子謂戴不勝曰、子欲子之王之善與。我明告子。有楚大夫於此、欲其子之齊語也、則使齊人傅諸。使楚人傅諸。曰、使齊人傅之。曰、一齊人傅之、衆楚人咻之、雖日撻而求其齊也、不可得矣。引而置之莊嶽之間數年、雖日撻而求其楚、亦不可得矣。與、平聲。咻、音休。○戴不勝、宋臣也。齊語、齊人語也。傅、敎也。咻、讙也。齊、齊語也。莊嶽、齊街里名也。楚、楚語也。此先設譬以曉之也。

子謂薛居州善士也。使之居於王所。在於王所者，長幼卑尊，皆薛居州也，王誰與爲不善？在王所者長幼卑尊，皆非薛居州也，王誰與爲善？一薛居州獨如宋王何？

長上聲。○居州亦宋臣。言小人衆而君子獨，無以成正君之功。

第七章 以身作則

孟子曰：人有恆言，皆曰天下國家。天下之本在國，國之本在家，家之本在身。

恆胡登反。○恆，常也。雖常言之，而未必知其言之有序也。故推言之，而又以家本乎身也。大學所謂自天子至於庶人，壹是皆以修身爲本，爲是故也。

× × × ×

孟子曰：身不行道，不行於妻子；使人不以道，不能行於妻子。

身不行道者，以行言之。不行者，道不行也。使人不以道者，以事言之。不能行者，令不行也。

孟子曰：言近而指遠者，善言也。守約而施博者，善道也。君子之言也，不下帶而道存焉。施去聲。○古人視不下於帶。則帶之上。乃目前常見至近之事而至理存焉所以處也舉目前之近爲言近而指遠也。

君子之守，修其身而天下平。此所謂守約而施博也。人病舍其田而芸人之田。所求於人者重，而所以自任者輕。舍音捨。○此言不守約而務博施之病。

第八章　爵祿制度

北宮錡問曰：周室班爵祿也，如之何？錡魚綺反。○北宮姓。錡名。衛人。班。列也。

孟子曰：其詳不可得聞也。諸侯惡其害己也，而皆去其籍。然而軻也嘗聞其略也。惡去聲。去上聲。○當時諸侯兼幷僭竊故惡周制妨害己之所爲也。

天子一位，公一位，侯

大夫一位，上士一位，中一位，伯一位，子男同一位，凡五等也。君一位，卿一位，士

一位，下士一位，凡六等。此班爵之制也。五等通於天下，六等施於國中。

天子之制，地方千里，公侯皆方百里，伯七十里，子男五十里，凡四等。不能

五十里，不達於天子，附於諸侯曰附庸。此以下，班祿之制也。不能，猶不足也。小國之地，不足五十里者，不能自達於天子，因大國以姓名通，謂之附庸，若春秋郳儀父之類是也。

天子之卿，受地視侯，大夫受地視伯，元士受地視子男。視，比也。徐氏曰：王畿之內，亦制都鄙受地也。元士，上士也。

大國地方百里，君十卿祿，卿祿四大夫，大夫倍上士，上士倍中士，中士倍

下士，下士與庶人在官者同祿，祿足以代其耕也。十，十倍之也。四，四倍之也。倍，加一倍也。徐氏曰：大國

君田三萬二千畝。其入可食二千八百八十人。卿田三千二百畝。可食二百八十八人。大夫田八百畝。可食七十二人。上士田四百畝。可食三十六人。中士田二百畝。可食十八人。下士與庶人在官者田百畝。可食九人至五人。庶人在官。府史胥徒也。愚按君以下所食之祿。皆助法之公田。藉農夫之力以耕而收其租。士之無田。與庶人在官者。則但受祿於官。如田之入而已。

次國地方七十里。君十卿祿。卿祿三大夫。大夫倍上士。上士倍中士。中士倍下士。下士與庶人在官者同祿。祿足以代其耕也。

小國地方五十里。君十卿祿。卿祿二大夫。大夫倍上士。上士倍中士。中士倍下士。下士與庶人在官者同祿。祿足以代其耕也。

二。卿倍也。徐氏曰。小國君田一萬六千畝。可食千四百四十人。千六百畝卿田一可食百四十四人。

耕者之所獲。一夫百畝。百畝之糞。上農夫食九人。上次食八人。中食七人。中次食六人。下食五人。庶人在官者。其祿以是為差。

食音嗣。○獲得也。一夫一婦。佃田百畝。加之以糞。糞多而力勤者爲上農。其所收可供九人。其次用力不齊。故有此五等。庶人在官者。其受祿不同。亦有此五等也。

愚按此章之說。與周禮王制不同。蓋不可考。闕之可也。程子曰。孟子之時。去先王未遠。載籍未經秦火。然而班爵祿之制。已不聞其詳。今之禮書。皆掇拾於煨燼之餘。而多出於漢儒一時之傅會。奈何欲盡信而句爲之解乎。然則其事固不可一一追復矣。

第九篇 錯簡

孟子曰。孔子之去魯。曰遲遲吾行也。去父母國之道也。去齊接淅而行。去他國之道也。（重出）

× × × ×

高子曰。禹之聲。尚文王之聲。（尚加尚也。豐氏曰。言禹之樂。過於文王之樂。）

孟子曰。何以言之。曰。以追蠡。（追音堆。蠡音禮。○豐氏曰。追鐘紐也。周禮所謂旋蟲是也。蠡者齧木蟲也。言禹時鐘在者。鐘紐如蟲齧而欲絕。蓋用之者多。而文王之鐘不然。是以如禹之樂。過於文王之樂也。）

曰。是奚足哉。城門之軌。兩馬之力與。

此章文義本不可曉。舊說相承如此。而豐氏差明白。故今存之。亦未知其是否也。

孟子曰。君子之戹於陳蔡之閒。無上下之交也。君子，孔子也。戹，與厄同。君臣皆惡，無所與交也。

孟子曰。言無實不祥。不祥之實，蔽賢者當之。或曰，天下之言無有實不祥者。惟蔽賢為不祥之實。或曰，言而無實者不祥，故蔽賢為不祥之實。二說不同，未知孰是，疑或有闕文焉。

萬章問曰。敢問交際何心也。孟子曰。恭也。際，接也。交際，謂人以禮儀幣帛相交接也。

曰。卻之卻之為不恭，何哉。曰。尊者賜之，曰其所取之者，義乎不義乎，而後受之。以是為不恭，故弗卻也。卻，不受而還之也。再言之，未詳。萬章疑交際之間，有所卻者，人便以為不恭，何哉。孟子言尊者之賜，而心竊計其所以得此物者，未知合義與否，必其合義，然後可受，不然則卻之矣，所以卻之為不恭也。

曰請無以辭卻之以心卻之曰其取諸民之不義也而以他辭無受不可乎曰其交也以道其接也以禮斯孔子受之矣

萬章以為彼既得之不義則其餽不可受但無以言語間而卻之直以心度其不義而託於他辭以卻之如此可否邪交以道如餽贐聞戒周其飢餓之類接以禮謂辭命恭敬之節孔子受之如受陽貨烝豚之類也

萬章曰今有禦人於國門之外者其交也以道其餽也以禮斯可受禦與曰不可康誥曰殺越人于貨閔不畏死凡民罔不譈是不待教而誅者也殷受夏周受殷所不辭也於今為烈如之何其受之

與平聲譈書作憝徒對反○禦止也止人而殺之且奪其貨也國門之外無人之處也萬章以為苟不問其物之所從來而但觀其交接之禮則設有禦人者用其禦得之貨以禮餽我則可受之乎康誥周書篇名越顛越也今書閔作愍無凡民二字譈怨也言殺人而顛越之因取其貨閔然不知畏死凡民無不怨之孟子言此乃不待教戒而當即誅者也如何而可受之乎商受至為烈十四字語意不倫李氏以為此必有斷簡或闕文者近之而愚意其直為衍字耳然不可考姑闕之可也

曰今之諸侯取之於民也猶禦也苟善其禮際矣斯君子受之敢問何說也

曰子以爲有王者作將比今之諸侯而誅之乎其教之不改而後誅之乎夫謂非其有而取之者盜也充類至義之盡也孔子之仕於魯也魯人獵較孔子亦獵較獵較猶可而況受其賜乎

比去聲夫音扶較音角○比連也言今諸侯之取於民固多不義然有王者起必不連合而盡誅之必教之不改而後誅之則其與禦人之盜不待教而誅者不同矣夫禦人於國門之外與非其有而取之二者固皆不義之類然必禦人乃爲眞盜其謂非有而取爲盜者乃推其類至於義之至精至密之處而極言之耳非便以爲眞盜也然則今之諸侯雖曰取非其有而豈可遽以同於禦人之盜也哉又引孔子之事以明世俗所尚猶或可從況受其賜何爲不可乎獵較未詳趙氏以爲田獵相較奪禽獸以祭孔子不違所以小同於俗也張氏以爲獵而較所獲之多少也二說未知孰是

曰然則孔子之仕也非事道與曰事道也事道奚獵較也曰孔子先簿正祭器不以四方之食供簿正曰奚不去也曰爲之兆也兆足以行矣而不行而後去是以未嘗有所終三年淹也

與平聲○此因孔子事而反覆辯論也事道者以行道爲事也事道奚獵較也萬章問也先簿正祭

未詳。徐氏曰。先以簿書正其祭器。使有定數。不以四方難繼之物實之。夫器有常數。實有常品。則其本正矣。彼獵較者。將久而自廢矣。未知是否也。兆。猶卜之兆。蓋事之端也。孔子所以不去者。亦欲小試行道之端。以示於人。使知吾道之果可行也。若其端既可行。而人不能遂行之。然後不得已而必去之。蓋其去雖不輕而亦未嘗不決。是以未嘗終三年留於一國也。

孔子有見行可之仕。有際可之仕。有公養之仕。於季桓子。見行可之仕也。於衞靈公。際可之仕也。於衞孝公。公養之仕也。

見行可。見其道之可行也。際可。接遇以禮也。公養。國君養賢之禮也。季桓子。魯卿季孫斯也。衞靈公。衞侯元也。孝公。春秋史記皆無之。疑出公輒也。因孔子仕魯而言其仕有此三者。故於魯則兆足以行矣而不行然後去。而於衞之事。則又受其交際問餽而不卻之一驗也。○尹氏曰。不聞孟子之義。則自好者為於陵仲子而已。聖賢辭受進退。惟義所在。愚按此章文義多不可曉。不必強為之說。

× × × ×

孟子曰。君子不亮。惡乎執。

惡平聲。○亮。信也。與諒同。惡乎執。言凡事苟且。無所執持也。

孟子曰賢者以其昭昭，使人昭昭。今以其昏昏，使人昭昭。昭昭。明也。昏昏。闇也。尹氏曰。大學之道。在自昭明德。而施於天下國家。其有不順者寡矣。

孟子曰非禮之禮，非義之義，大人弗為。

孟子自范之齊，望見齊王之子。喟然歎曰居移氣，養移體，大哉居乎。夫非盡人之子與？夫音扶。與平聲。○范。齊邑。居。謂所處之位。養。奉養也。言人之居處。所繫甚大。王子亦人子耳。特以所居不同。故為士者。但知有法。而不知天

孟子曰。張鄒皆云羨文也。王子宮室車馬衣服。多與人同。而王子若彼者。其居使

之然也。況居天下之廣居者乎。廣居見前篇。尹氏曰。睟然見於面。盎於背。居天下之廣居者然也。

魯君之宋，呼於垤澤之門。守者曰。此非吾君也，何其聲之似我君也。此無他，居相似也。呼去聲。垤澤宋城門名也。孟子又引此事為證。

國家圖書館出版品預行編目資料

論語會通孟子會通 / 毛鵬基編著. -- 初版. -- 臺北市：蘭臺,
2012.12 面；公分. -- (蘭臺國學研究叢刊. 第一輯；1)
ISBN：978-986-6231-49-0（平裝）
1.論語 2.研究考訂
121.227　　101022961

蘭臺國學研究叢刊 第一輯 1

論語會通孟子會通

著　　者：毛鵬基
編　　輯：郭鎧銘
封面設計：鄭荷婷
出 版 者：蘭臺出版社
發　　行：蘭臺出版社
地　　址：台北市中正區重慶南路1段121號8樓之14
電　　話：(02)2331-1675或(02)2331-1691
傳　　真：(02)2382-6225
E—MAIL：books5w@yahoo.com.tw或books5w@gmail.com
網路書店：http://store.pchome.com.tw/yesbooks/
http://www.5w.com.tw/lanti/
http://www.5w.com.tw、華文網路書店、三民書局
總 經 銷：成信文化事業股份有限公司
劃撥戶名：蘭臺出版社 帳號：18995335
網路書店：博客來網路書店 http://www.books.com.tw
香港代理：香港聯合零售有限公司
地　　址：香港新界大蒲汀麗路36號中華商務印刷大樓
C&C Building, 36,Ting, Lai, Road, Tai,Po, New,Territories
電　　話：(852)2150-2100　傳真：(852)2356-0735
出版日期：2012年12月 初版
定　　價：新臺幣1200元整（精裝）
ISBN：978-986-6231-49-0
套書定價：新臺幣12000元整（精裝）
ISBN：978-986-6231-56-8